Kirsten Thyme-Frøkjær und Børge Frøkjær-

# Die Akzentmethode

Theorie und Praxis

# Über die Autoren

**Kirsten Thyme-Frøkjær** ist Sprachheilpädagogin und Logopädin. Sie hat als Dozentin für Rhetorik und Sprechtherapie am Jonstrup Teachers College in Kopenhagen, als Dozentin für Sprachheilpädagogik an der Royal Danish School of Educational Studies in Kopenhagen und als Dozentin für Sprechpathologie an der Abteilung für Audiologopädische Ausbildung der Universität Kopenhagen gearbeitet. Ihre Hauptbeschäftigung war jedoch eine 18 Jahre währende Zusammenarbeit mit Prof. Svend Smith als Mitbegründerin der *Akzentmethode*. Zusammen mit Svend Smith und später mit ihrem Ehemann Børge Frøkjær-Jensen hat sie in mehr als 400 Kursen die *Akzentmethode* an Universitäten, Krankenhäusern und Sprachheilkliniken, hauptsächlich in Europa, gelehrt. Als Svend Smith 1985 verstarb, vermachte er Kirsten das Copyright an den Artikeln und Büchern, welche die *Akzentmethode* betreffen. 1990 gründeten sie und ihr Mann das Dänische Stimminstitut zur Behandlung und Ausbildung in Sprechen und Stimme.

**Børge Frøkjær-Jensen** ist Magister in Phonetik und Musik. Er arbeitete mehrere Jahre mit Svend Smith am Experimentalphonetischen Laboratorium, Institut für Sprechstörungen, Kopenhagen. Ab 1966 war er am Phonetischen Institut der Universität Kopenhagen als „Associate professor" beschäftigt und lehrte und forschte hauptsächlich in Sprechakustik und Sprechphysiologie. Von 1982-1988 war er Vorsitzender der Audiologopädischen Ausbildung der Universität Kopenhagen, wo er, neben anderen Disziplinen, in der *Akzentmethode* lehrte. Seit 1980 hält er zusammen mit Kirsten Thyme-Frøkjær Lehrgänge in der *Akzentmethode*. Mit ihr war er 1990 Mitbegründer des Dänischen Stimminstitutes. Er ist Leiter der Firma F-J Electronics, wo er Instrumente konstruiert, die in der phonetischen und logopädischen Forschung, Ausbildung und in Stimmkliniken gebraucht werden.

Kirsten Thyme-Frøkjær
und Børge Frøkjær-Jensen

# Die Akzentmethode

## Theorie und Praxis

---

übersetzt ins Deutsche von

**Karl-Heinz Stier**

**Rainer Stückle**

Das Gesundheitsforum

Bibliografische Information der Deutschen Nationalbibliothek

Die Deutsche Nationalbibliothek verzeichnet diese Publikation in der Deutschen Nationalbibliografie; detaillierte bibliografische Daten sind im Internet über http://dnb.d-nb.de abrufbar.



**Besuchen Sie uns im Internet: www.schulz-kirchner.de**



2., überarbeitete Auflage 2007
1. Auflage 2003
ISBN 978-3-8248-0428-3

Illustrationen: Bent Nordberg †, Bo Ege †, Børge Frøkjær-Jensen
Fachlektorat: Prof. Dr. Jürgen Tesak
Lektorat: Doris Zimmermann
Umschlagentwurf und Layout: Petra Jeck
Druck und Bindung: Rosch-Buch Druckerei GmbH, Scheßlitz
Printed in Germany

# Inhaltsverzeichnis

# Vorwort der Autoren

Die Entwicklung therapeutischer Fähigkeiten ist ein wichtiger Aspekt der rehabilitierenden Sprech- und Sprachtherapie, die es dem Therapeuten erlaubt, theoretische Kenntnisse anzuwenden, um dem Patienten zu helfen, seine Sprech-, Sprach- oder Stimmprobleme zu bewältigen. Heilbare Dysphonien, die durch falschen Gebrauch oder Missbrauch der Stimme entstehen, nehmen in manchen Ländern bis zu 30% der Kosten für Sprech- und Sprachtherapie der HNO-Abteilungen vieler Krankenhäuser in Anspruch. Darum ist es wichtig, dass die Therapeuten effektive und zweckmäßige Behandlungsmethoden mit in möglichst kurzer Zeit messbaren Ergebnissen anbieten können.

Die *Akzentmethode*, ursprünglich von Prof. Svend Smith entwickelt, ist solch ein Verfahren. Auf klangtheoretischem Hintergrund der Phonetik und Stimmphysiologie gründend, kombinierte Svend Smith aus seinen eigenen Erfahrungen als Therapeut die erfolgreichsten Elemente verschiedener Stimmtherapien, formte und entwickelte so schrittweise zwischen 1935 und 1970 die *Akzentmethode*. Zusammen mit Kirsten Thyme-Frøkjær entwickelte er in den 70er- und 80er-Jahren die theoretischen Aspekte der Methode und führte mehrere objektive Untersuchungen durch, um die erhaltenen Ergebnisse mittels instrumentaler Messtechnik innerhalb der Phonetik und Phoniatrie zu evaluieren.

Da die *Akzentmethode* vor einem halben Jahrhundert entwickelt wurde, hielten wir es für wichtig, Hinweise auf Hintergrundliteratur zu geben, von der wir wissen, dass sie für Svend Smith wichtig war.

So bietet die *Akzentmethode* heute ein gut erforschtes Übungsprogramm für die Behandlung von Sprech- und Stimmstörungen, das Übungen zur Entspannung, Atmung und Stimme abdeckt und auch den Transfer von den Stimmübungen zum lauten Lesen und zu mündlicher Kommunikation enthält.

Während der letzten 15 Jahre, nach der Veröffentlichung der beiden Bücher *Accentmetoden* (1978, dänisch) und *Die Akzentmethode* (1980, deutsch) – die in Italien als *Il Metodo dell'Accento* (1996) überarbeitetet und übersetzt wurden – stieg die Nachfrage nach einer vollständigen Darstellung der Methode einschließlich der neuesten Forschungsergebnisse. Wir beschlossen deshalb, dieses Buch auf Wunsch vieler Therapeuten in ganz Europa zu schreiben, die sowohl in der Sprech- und Sprachtherapie als auch klinisch mit sprech- und stimmgestörten Patienten arbeiten. Wir hoffen, dass das Buch zu einem besseren theoretischen Verständnis für die Ideen unseres ganzheitlichen und vernünftigen Ansatzes führt und den Therapeuten von Nutzen ist.

Klarerweise passt sich dieses Buch nicht den erschienenen herkömmlichen Lehrbüchern über Stimmstörungen an. Es ist zuallererst ein Lehrbuch über eine ganz bestimmte Technik der Stimm- und Sprechtherapie, das Informationen enthält, die von den Autoren zum adäquaten Verständnis der Theorie und Praxis der Akzentmethode als notwendig erachtet werden.

Wir schätzen die Art, wie die beiden Illustratoren Leben in das Buch gebracht haben mittels der exzellenten anatomischen Zeichnungen des medizinischen Illustrators Bent Nordberg, und der Sketche des Hör- und Sprachtherapeuten Bo Ege, beide aus Kopenhagen. Und schließlich bedanken wir uns bei Karl-Heinz Stier und Rainer Stückle, beide Logopäden, für die intensive und fachlich korrekte Übersetzung dieses Buches. Beide haben während mehrerer Jahre Erfahrungen in der *Akzentmethode* gesammelt und wurden von uns zu examinierten Instruktoren in der *Akzentmethode* (Dänisches Stimminstitut, Kopenhagen) ausgebildet. Wir bedanken uns auch bei Doris Zimmermann und Petra Jeck für die sorgfältigen Korrekturen und das Layout des Buches.

Kirsten Thyme-Frøkjær
Børge Frøkjær-Jensen

Kopenhagen, Dänemark
Oktober 2006

# Vorwort der Übersetzer

Mit dem englischen Fach- und Lehrbuch *The Accent Method* der Dozenten Kirsten Thyme-Frøkjær und Børge Frøkjær-Jensen erschien 2001 eine zusammenfassende Beschreibung der *Akzentmethode*.

Die *Akzentmethode* wurde ursprünglich von Prof. Svend Smith (Phonetiker) entwickelt und in ca. 18-jähriger Zusammenarbeit durch Kirsten Thyme-Frøkjær zu einem therapeutisch-pädagogischen Konzept für die Behandlung kranker Sprechstimmen mitentwickelt und verfeinert. Sie ist jedoch auch zur Prävention von Stimmstörungen bei Berufssprechern oder Sängern gut anzuwenden. Kirsten Thyme-Frøkjær hat 30 Jahre an der Danish University of Education, Kopenhagen, als Dozentin für Logopädie gelehrt sowie als Dozentin in der Audio-logopädischen Abteilung der Universität Kopenhagen mitgearbeitet. Børge Frøkjær-Jensen (MA in Phonetik und Musik) brachte in den weiteren Jahren seine große Erfahrung in phonetischen und akustischen Stimm- und Sprechanalysen mit ein. Für seine Arbeiten erhielt er 2000 den Achievement Award der Pacific Voice and Speech Foundation.

Dies ist die erste umfassende Darstellung der Theorie und Praxis. 1978 erschien das weniger umfassende Buch „Die Akzentmethode und ihre theoretischen Voraussetzungen" von Svend Smith und Kirsten Thyme. Des Weiteren wurden mehrere Vorträge in Kongressberichten, einzelnen Fachartikeln in Fachbüchern und Unterrichtsmaterialien für Fortbildungskurse publiziert. Diese Veröffentlichung ist somit jedem an der Sprech- und Stimmtherapie interessierten Therapeuten zu empfehlen.

**Dieses Buch beschreibt:**

1. Die geschichtliche Entwicklung und die Prinzipien der Methode.
2. Die anatomischen, physiologischen und akustischen Grundlagen der Atmung, Phonation und Artikulation. Hier kann detailliert und zusammenfassend Fachwissen nachgelesen werden, welches sonst aus vielen anderen Fachbüchern zusammengesucht werden muss. Die Autoren berücksichtigen unter anderem wissenschaftliche Grundlagenforschungen zum Bernoulli-Effekt, dem myoelastisch-aerodynamischen Phänomen der Stimmentstehung, als zentralen Baustein in der Stimmtherapie. Ein wichtiger Schwerpunkt liegt deshalb im strukturierten Training der abdominalen Atmung und der korrekten Phonation. Hinzu kommen Aspekte des Stimmregisters und der Mechanismen der Tonhöhen- und Lautstärkemodulationen, welche immer auch auf die *Akzentmethode* bezogen werden.
3. Im praktischen Teil werden die Atmungs- und Entspannungsübungen sowie die detailliert beschriebenen Stimmübungen von langsamen Übungen in Tempo I zu schnellen Übungen in Tempo II und III dargestellt. Der Übergang von den Übungen zum Sprechen wird in einzigartiger, pädagogischer und kleinschrittiger Weise durchgeführt. Das Buch enthält mehr als 60 Illustrationen, Übungsbeispiele und eine beigefügte CD mit allen Übungen.

4. Der letzte Teil beinhaltet die Darstellung der wissenschaftlichen objektiven Ergebnisse vor und nach der Therapie in der *Akzentmethode* mittels instrumenteller Untersuchungen, welche die Wirksamkeit der Methode belegen und damit einen wichtigen Beitrag zur Qualitätssicherung leisten. Die Autoren blicken auf eine über 40-jährige Erfahrung in der Therapiemethode zurück und können eine Menge Ergebnisse vorlegen, u.a. zur Vitalkapazität, zur Luftstrommessung, zur Grundfrequenz und Intensität, Tonhöhen- und Lautstärkemodulation, zur spektralen Analyse und zur Sprechverständlichkeit.

Die *Akzentmethode* ist eine Ganzheitsmethode, rational und systematisch aufgebaut, wodurch sie theoretisch und praktisch sehr gut zu erlernen ist. Ihre Durchführung bedarf jedoch, was die Stimmübungen anbelangt, am besten einer Einführung und Fortbildung in den von den Autoren angebotenen Grund- und Fortsetzungskursen. Wenn der Therapeut die praktischen Details erfahren hat, kann er die Ziele der *Akzentmethode* anstreben: Sowohl eine Verbesserung der Stimmfunktion und damit der Stimmqualität als auch eine Verbesserung der Artikulation und damit der Sprechverständlichkeit. Die Erfahrung zeigt, dass diese Methode bei den verschiedensten funktionell und organisch bedingten Stimm- und Sprachstörungen sowie bei Stottern anwendbar ist.

Wir haben uns in dieser deutschen Übersetzung um eine möglichst „enge", direkte Übersetzung des Stiles und Wortlautes des englischen Originalmanuskriptes bemüht. Dies erschien uns wichtiger als eine elegante deutsche Formulierung, um Interpretationsfehler zu vermeiden. Die Übersetzung wurde auch mit den Autoren kritisch durchgelesen und korrigiert.

Dieses Buch ist jedoch von den Autoren um das Kapitel 13 über Stottern erweitert worden, welches im englischen Buch nicht veröffentlicht worden ist.

Es ist als Unterrichtsmaterial für HNO-Ärzte, Lehrlogopäden, Therapeuten, Sänger, interessierte Patienten, Studierende der Logopädie und Sprachheilpädagogik und Personen in Sprechberufen sehr zu empfehlen.

Die Übersetzung entstand im Rahmen unserer Ausbildung zu examinierten Instruktoren in der *Akzentmethode* durch die oben genannten Autoren. Wir danken Kirsten und Børge für die fachliche Unterstützung und herzliche Betreuung.

Karl-Heinz Stier
Rainer Stückle

Oktober 2002

# 1 Einleitung

Gesprochene Sprache ist ein einzigartiges Merkmal des Menschen. Durch Sprache können wir solche feinen Unterschiede wie z.B. Fragen, Aussagen, Meinungen und Ideen ausdrücken. Auf der Ausdrucksebene wird Sprache mittels Stimme und Artikulation ausgedrückt. Indem die Sprachproduktion hörbar wird, ist die Stimme ein wesentlicher Bestandteil der mündlichen Kommunikation. Außer, dass sie der hörbare Träger der verbalen Kommunikation ist, ist die Stimme auch etwas sehr Persönliches, Charakteristisches und Einzigartiges für jeden Einzelnen. Die Stimme verschafft uns oft Informationen über Charaktereigenschaften, über das soziale Umfeld, die Bildung und den physischen oder psychischen Zustand des Sprechers.

Daher ist es wichtig, die Stimme und mit ihr die ganze Stimmfunktion als Teil der Sprecheridentität zu betrachten. Eine nicht ordentlich funktionierende Stimme kann nicht nur die Kommunikationsfähigkeit eines Einzelnen herabsetzen, sie kann auch dessen einmalige und persönliche Merkmale verändern und so das Identitätsgefühl eines Einzelnen bedrohen.

Fehlerhafte Stimmfunktionen können entweder aus organischen Veränderungen oder aus Veränderungen der gewohnten muskulären Muster herrühren, die die Stimme erzeugen. Die Letzteren sind oft Folge von psychischer Belastung. Es bleibt – wie auch immer – sehr wichtig, dass der Therapeut den Menschen als Ganzes sehen sollte, unabhängig von Diagnose und Ätiologie der stimmlichen Dysfunktion. Es ist auch bedeutend für den Sprech- und Sprachtherapeuten, die therapeutische Wirksamkeit zu vergrößern, indem die natürlichen Begabungen des Patienten ausgenutzt werden und so die besten therapeutischen Ergebnisse mit geringstem Aufwand erreicht werden. Ebenso wichtig ist es, dass der Therapeut die Therapie so gestaltet, dass der Patient nie das Gefühl von Enttäuschung oder Misserfolg erlebt, sondern sein Selbstbewusstsein eher wächst, um sich freier und extrovertierter zu fühlen, was wiederum die ganze Kommunikation – sowohl verbal als auch nonverbal – verbessert.

Insofern ist das Ziel der Stimmtherapie der Versuch, die bestmögliche verbale Kommunikation für jeden Einzelnen zu erlangen. *Die Akzentmethode* kann dabei als Technik angesehen werden, die eine optimale Stimm- und Sprechfunktion entwickelt, indem ein perfektes dynamisches Gleichgewicht zwischen dem subglottischen Anblasedruck und der Glottisaktivität hergestellt und die akustische Flexibilität der Stimme erhöht wird. Das Ergebnis ist eine Stimme mit reichem und schönem Timbre, die angenehm zu hören ist, mit ausgezeichneter Verständlichkeit durch deutliche und genaue Prosodie und Artikulation. Die Stimme muss einen großen Dynamikbereich von leise bis laut und eine lebhafte Modulation der Grundfrequenz (Intonation) haben. Schließlich muss die Stimme in stimmlich anstrengenden und fordernden Situationen belastbar bleiben, ohne stimmlicher Anspannung zu erliegen.

Die in diesem Buch beschriebene ganzheitliche und rationale Stimmtherapie wird *Akzentmethode* genannt. *Die Akzentmethode* ist eine dynamische Stimm- und Sprechtherapie, die alle Respirations- und Phonationsmuskeln einbezieht. Es ist bekannt, dass eine leistungsfähige Stimmproduktion auf der Aktivität der abdominalen Muskeln beruht. Deswegen werden als zentraler Trainingsbestandteil der *Akzentmethode* Übungen angeboten, die einen rhythmischen Wechsel in der Aktivität dieser Muskeln trainieren. Diese Übungen fördern die Kontrolle der abdominalen Muskeln, um größere oder kleinere Kontraktionen willkürlich auszuführen. Diese spiegeln sich in der Stimmgebung als akzentuierte oder nicht akzentuierte Vokalisationen wider. Durch diese rhythmischen Übungen wird das Schwingungsmuster der Stimmlippen allmählich verändert, um eine höhere physiologische Flexibilität und Elastizität zu erzeugen. Nach Aussage von Svend Smith resultiert daraus ein perfektes dynamisches Gleichgewicht zwischen dem subglottischen Anblasedruck und der Aktivität der Kehlkopfmuskeln. Dies normalisiert nicht nur die akustische Struktur der Stimmgebung, sondern optimiert auch die Stimmfunktion und verbessert die Sprechverständlichkeit.

In der *Akzentmethode* schließt sich das Sprechtraining den basalen Stimmübungen an. Die Erfahrung zeigt, dass die gesteigerte Leistungsfähigkeit der Stimmerzeugung und Artikulation die Akzentuierung verdeutlicht sowie die Modulation und die Verständlichkeit verbessert.

Die Ergebnisse durch die *Akzentmethode* wurden in mehreren Untersuchungen dokumentiert. Ergebnisse hinsichtlich physiologischer, akustischer und hörbarer Veränderungen sowie psychologische Ergebnisse werden in Teil III dieses Buches beschrieben. Den Informationen über die Ergebnisse der *Akzentmethode* sind dokumentierte Untersuchungen zugrunde gelegt (siehe Quellennachweis).

Die Grundprinzipien *der Akzentmethode* wurden vor etwa sechzig Jahren von Professor Svend Smith entwickelt, der seinerzeit einer der hervorragendsten Stimmphysiologen war. Er war Leiter des Labors für Experimentalphonetik am Institut für Stimmstörungen in Hellerup (Dänemark) und ein bekannter Sprachpathologe, bis er 1969 zum Professor für Phonetik an der Universität Hamburg (Deutschland) ernannt wurde.

# 2 Historische Aspekte

Svend Smith war Phonetiker und somit daran interessiert, eine Erklärung für das Schwingungsverhalten der Stimmlippen zu erhalten. Schließlich machte er zahllose Experimente an frisch entnommenen Kehlköpfen (post mortem) und Gummimodellen. Er drehte vier Filme über die Modelle, um das aerodynamische und myoelastische Verhalten des Stimmlippengewebes zu demonstrieren. (Smith, S., 1961, 1966).

Smiths Theorie der Stimmerzeugung entwickelte sich in den Jahren bis 1937. Sie basierte teilweise auf eigenen Forschungen und teilweise auf Studien der traditionellen und zeitgenössischen Stimmbehandlungsmethoden. Er befand diese Methoden nicht immer als erfolgreich für die pathologische Stimme und Sprechweise.

Mehrere wissenschaftliche Entwicklungen und Übungsmethoden aus dem 19. Jahrhundert und den ersten Jahrzehnten des 20. Jahrhunderts wurden von ihm sorgfältig studiert. Diese wirkten sich sehr einflussreich auf seine wissenschaftlich fundierte Methode der Stimmübungsbehandlung, genannt *die Akzentmethode*, aus.

Mitte des letzten Jahrhunderts stammten die an Stimmtherapie interessierten Laryngologen hauptsächlich aus Österreich und Deutschland. Ihr Interesse und ihre Erfahrung, zusammen mit den italienischen Ärzten, gründeten aber fast ausschließlich auf Techniken der Stimmbildung für den Gesangsunterricht.

Nach der Entwicklung des Kehlkopfspiegels hat der berühmte spanische Gesangslehrer Manuel Garcia die Technik der indirekten Laryngoskopie angepasst. Das Wissen konnte endlich durch die reale Beobachtung der schwingenden Stimmlippen gewonnen werden. Sowohl die Laryngologen als auch die Gesangsmeister, die diese neue Entwicklung bald benutzten, stellten fest, dass es möglich war, eine Stimmstörung zu haben, ohne dass im Kehlkopfspiegel irgendwelche Zeichen pathologischer Kehlkopfveränderungen erkennbar waren. Laryngoskopien und später Stroboskopien wurden hauptsächlich von Laryngologen gebraucht, deren Patienten meist Sänger waren. Viele dieser Ärzte hatten ganz eigene Vorstellungen, wie eine gute Singstimme erzeugt werden müsste und wie Sänger mit Stimmproblemen zu behandeln seien. Die Ratschläge, die diese Ärzte ihren Sängern mit Stimmproblemen gaben, wurden dann für die Patienten mit Sprechstörungen verwendet. Demzufolge war die Stimmtherapie im späten 19. Jahrhundert gekennzeichnet durch statische Artikulationsstellungen und gegründet auf Gesangsübungen für Register und Resonanz. Außerdem passte diese Form des Stimmtrainings sehr gut zu der schwedischen Ling-Gymnastik[1] und den artikulatorischen Prinzipien der Gutzmann-Familie, einer sehr bekannten preußischen Familie, aus der zahlreiche Laryngologen und Phonetiker stammten. Diese

1 Per Henrik Ling (gestorben 1839) war ein schwedischer Fechtmeister, der ein gymnastisches Übungskonzept entwickelte. Sein Hauptanliegen war, dass die gymnastischen Stellungen anatomisch natürlich sein sollten. Im Jahre 1813 gründete er das Zentrale Institut für Gymnastik in Stockholm, Schweden.

Theorien beschrieben eine spezifische Artikulationsstellung für jeden Sprachlaut (Gutzmann, H., 1928).

Zwei Bücher von L.C.L. Merkel spielten ebenfalls eine wichtige Rolle bei der Entwicklung der Akzentmethode. „Anatomie und Physiologie des menschlichen Stimm- und Sprechorgans“ und „Der Kehlkopf“ (Merkel, L.C.L., 1863, 1873). In diesen beiden Büchern erklärt Merkel zweierlei: Es gebe einen direkten Zusammenhang zwischen der Luftmenge, die durch die geschlossenen Stimmlippen fließt, und der Stimmlautstärke. Ferner sei das Gleichgewicht zwischen subglottischem Druck und der Kehlkopfmuskelspannung sehr wichtig für die Regulierung der Stimmintensität.

In der Mitte und gegen Ende des 19. Jahrhunderts wurde die klassische Stimmphysiologie in Deutschland von Sprechphysiologen und Phonetikern wie Grützner und Eduard Sievers entwickelt (Grützner, M., 1879; Sievers, E., 1881). Ihre Erklärung für die Erzeugung der unterschiedlichen Sprachlaute basierte auf der Annahme, dass eine bestimmte, gezielte Einstellung für jeden Sprachlaut existiere. Das stimmte mit der Erziehung gehörloser Kinder überein, die jeden Laut als Artikulationsstellung lernten. Tatsächlich war dieses Artikulationstraining für Gehörlose in vielen Ländern der Grundstein für die Entwicklung einer Sprechtherapie im 19. Jahrhundert. Diese Entwicklung ist nachvollziehbar in der Arbeit von Otto Jespersen, einem Phonetiker, der von großer Bedeutung für die Sprechtherapie in Dänemark war. Dies gebührte einerseits seinem literarischen Werk (er schrieb Lehrbücher über dänische und englische Phonetik – Jespersen, O., 1879-99, Jespersen, O., 1912) und andererseits seiner Mitwirkung an den ersten Verhandlungen zur Einrichtung des Dänischen Institutes für Sprechstörungen im letzten Jahrzehnt des 19. Jahrhunderts. Dänemark ist daher eines der Länder mit der ältesten logopädischen Tradition.

Zu jener Zeit befasste sich die Sprechtherapie hauptsächlich mit Gehörlosen und Stotternden. Die Stotterbehandlung fand oft als 3-wöchiger Kurs statt und begann mit einer Schweigeperiode. Einer der wichtigsten Faktoren dieser Kurse war, dass das Sprechen durch rhythmische Bewegungen, z.B. der Arme, begleitet wurde. Unglücklicherweise wurden diese Bewegungen in sehr monotoner und metronomer Weise ausgeführt und weit entfernt von den dynamischen und elastischen Bewegungen der *Akzentmethode*. Heute sind diese dynamischen Bewegungen ein wesentlicher Bestandteil der Eutonie[2]. (Alexander, G., 1985).

---

2 Das Wort „Eutonie“ besteht aus dem griechischen Präfix „eu“, was „gut“ und „harmonisch“ bedeutet, und dem lateinischen Wort „Tonus“, was „Grundspannung“ bedeutet. Der Begriff „Eutonie“ wurde 1957 durch Gerda Alexander (geboren 1908) geprägt, die das System der Eutonie schuf (Alexander, G., 1985). Die Eutonie ist ein sehr persönliches und ganzheitliches Übungssystem für ein besseres physisches, mentales und spirituelles Erleben, auf Grund eines bewusst trainierten Gleichgewichtes zwischen dem motorischen und autonomen Nervensystem. Das wird durch eine bewusst antrainierte Ausgeglichenheit zwischen dem motorisch-willkürlich gesteuerten und dem unwillkürlich gesteuerten Nervensystem erreicht. Das erlangte Gleichgewicht zwischen diesen beiden Systemen beeinflusst unsere Körperhaltung und unsere Bewegungen ebenso wie die Art und Weise, wie wir atmen, sprechen und uns ausdrücken.

Diese Periode der klassischen Phonetik, sie reichte von ungefähr 1880 bis 1920, war ebenso wesentlich für die Gehörlosenschulung. Jeder Laut wurde als Stellung eingeübt. Diese Stellungen waren Grundlage für die Sprechübungen. In den verschiedenen Lehrbüchern jener Zeit sehen wir zahlreiche unterschiedliche Lautkombinationen, die zu Sprechübungen eingesetzt wurden. Ein typisches Lehrbuch jener Zeit war Viggo Forchhammers dänisches Buch „Taleøvelser“ (Forchhammer, V., 1917), das Sprechübungen für die Artikulationserziehung enthielt.

Um 1920 wandelte sich die Theorie der Gymnastik von statischen Haltungen zu dynamischen Bewegungen. Eine parallele Entwicklung ist in den Sprachstudien zu finden. In den zwanziger Jahren wandte sich der Wiener Laryngologe Emil Fröschels gegen die Lehre statischer Stellungen und begann eine neue, von ihm entwickelte Methode zu unterrichten, welche er die „Kaumethode“ nannte. Unter anderem enthielt diese Methode das Wangenschütteln und kauende Kieferbewegungen. Diese Übungen sollten mit plötzlichen, ruckartigen Bewegungen der Arme kombiniert werden. Er hoffte, dass diese Rucke die laryngealen Funktionen kräftigen würden (Fröschels, E., 1952).

Das wichtigste Ergebnis von Fröschels Arbeit war, dass die Vorherrschaft der Stellungstheorie durchbrochen wurde.

Zur selben Zeit veränderte sich auch die Phonetik. Stetson veröffentlichte das Buch „Motor Phonetics“ (Stetson, R.H., 1928), welches die dynamischen Aspekte des Sprechens nicht nur als eine Menge statischer Stellungen betont, sondern vielmehr die Interaktion der motorischen Bewegungen, die durch das Sprachzentrum des Gehirns kontrolliert werden. In den Dreißigern wurde dieses neue Verständnis der Phonetik von Phonetikern wie J. Forchhammer und P. Menzerath unterstützt. So stellte Menzerath die Vokale als Öffnungsbewegungen und die Konsonanten als Schließbewegungen dar.

Die Elektro-Akustik entwickelte sich und mit ihr kamen neue Mikrofon-Techniken, so dass allmählich, Schritt für Schritt, als Alternative zum klassischen Gesang eine neue Art zu singen entstand. Durch die akustische Verstärkung war es nun möglich, eine kräftige Stimme ohne die besonderen Resonanzphänomene des allgemeinen klassischen Gesangs zu erzeugen – des Sängerformanten (um etwa 3000 Hz – Sundberg, J., 1972, 1987) – und dennoch die mit dem Sprechen assoziierten modulierten Ausdrucksweisen zu erhalten.

Auf diese Weise wurde ein neuer Stil geschaffen, der „Sprechgesang“. Diese besondere Art des Sprechens oder Singens findet im Brustregister statt, im selben Rhythmus wie das Sprechen und mit begrenztem Stimmumfang. Weil auf die Verständlichkeit des Sprechens so viel Wert gelegt wurde, konnte die Resonanz beim Sprechgesang nicht genauso entwickelt werden wie beim traditionellen Gesang. Diese neue Qualität des Sprechgesangs wurde besonders im Jazz und später in Liedern aus der Rockmusik angewendet. Zusammen mit der Entwicklung des Jazz entstand auch eine neue Art von Körperbewegungen, deren Grundlage größtenteils afrikanische Tänze waren. Häufig begleiten afrikanische Bongos (Trommeln) diese Bewegungen. 1938 besuchte Josephine Baker in Begleitung ihres Trommlers, einem Afrikaner namens Bogana, Kopenhagen und führte eine „Jam Session" auf. Svend Smith, der das Konzert besuchte, war so begeistert, dass er mit Bogana nach der „Jam Session" Kontakt aufnahm und ihn noch am selben Abend zu sich nach Hause einlud. Bei diesem Treffen wurde eine unkomplizierte Sammlung von Trommelübungen erarbeitet, die genau zu den Stimmübungen der *Akzentmethode* und zur Prosodie des Sprechens passten.

Der obige historische Abriss zeigt klar, dass es keine Stimmbehandlung für pathologische Stimmen gab. Vor 1935 waren Übungen für Gesang und nicht-pathologische Stimmen Grundlage all der verschiedenen Theorien des Stimm- und Sprechtrainings.

In den dreißiger Jahren erkannte Svend Smith infolge seiner intensiven Studien der Sprechphysiologie und seiner Kenntnis der derzeitigen Theorien der Stimmschulung, dass Bedarf für eine neue Therapieform speziell für pathologische Stimmen bestand. Da er selbst Sprachpathologe war, konnte er seine Ideen an Patienten ausprobieren.

Schließlich, im Jahre 1937, hatte er seine Theorie genau ausformuliert und er konnte das gesamte Behandlungssystem für pathologische Stimmen und Stottern errichten. Es bestand aus Entspannungsübungen, Ruheatmungsübungen, dem Transfer von Ruheatmung zu Phonationsatmung, den verschiedenen Stimmübungen und dem Sprechen. Ein Jahr später kamen die Trommelübungen hinzu, wie bereits oben erwähnt. Wir können daher davon ausgehen, dass dieses Lehrsystem zum Training pathologischer Stimmen abgeschlossen war und dass während der folgenden Jahre das System gefestigt und die Theorie überprüft wurde, indem Svend Smith eigene Erfahrungen mit Patienten machte (Smith, S., 1954, 1957, 1959, 1959, 1964).

1967 begann die forschende Zusammenarbeit von Svend Smith und Kirsten Thyme-Frøkjær. Während dieser Zeit wurde das System weiterentwickelt, da Kirsten Thyme-Frøkjær, eine praktizierende Sprachpathologin, einen Weg finden musste, der es den Patienten ermöglichte, das im klinischen Stimmtraining Gelernte in die Spontansprache zu überführen. Aus der Zusammenarbeit ergaben sich umfassende Studien zur Prosodie und Überlegungen, wie diese in Übungen umgesetzt werden konnten.

Während dieser Zeit veränderte Svend Smith den Namen seines Systems von *Svend Smiths Stimmtrainingsmethode* zur *Akzentmethode*, entsprechend dem wichtigsten prosodischen Merkmal, der Akzentuierung (Betonung).

In den folgenden Jahren verbreiteten sich die Theorie und die Stimmübungen der *Akzentmethode* durch zahlreiche Kurse, die Svend Smith und einige seiner Kollegen, die die *Akzentmethode* direkt bei ihm gelernt hatten, durchführten. Zwischen 1967 und 1980 veranstalteten Svend Smith und Kirsten Thyme-Frøkjær Kurse für über 2000 europäische Logopäden, Sprachpathologen, HNO-Ärzte und Psychologen.

Die Methode entwickelte sich langsam in den späten 60er- und Anfang der 70er-Jahre. 1978 erarbeiteten Svend Smith und Kirsten Thyme-Frøkjær zusammen die „Accentmetoden“ (in dänisch). Zum ersten Mal wurde die vollständige theoretische Grundlage der *Akzentmethode*, die Stimmübungen sowie der Übergang von den Übungen zu Lesetexten und zur Spontansprache dargestellt. Das Buch stieß auf großes Interesse, wurde überarbeitet und ins Deutsche übersetzt (1980). 1983 erstellte Svend Smith eine Sammlung speziell für den Transfer von den Stimmübungen zum Sprechen gedachter (deutscher) Texte (Smith, S.,1983).

Svend Smith verstarb plötzlich am 13. November 1985 im Alter von 78 Jahren. Zuvor vermachte er Kirsten Thyme-Frøkjær die Rechte an den Büchern und am Material über die *Akzentmethode*.

# 3 Hauptprinzipien der Akzentmethode

## 3.1 Psychologische und pädagogische Aspekte

Das Hauptziel der *Akzentmethode* ist, pathologische Symptome durch normale Funktionen aufzulösen. Dies soll durch die bestmögliche Koordination zwischen Atmung, Stimmgebung, Artikulation, Körperbewegung und Sprache für jeden Einzelnen erreicht werden.

In dieser Hinsicht brach die *Akzentmethode* radikal mit den früheren traditionellen Stimmtrainingsmethoden, welche überwiegend für die Rehabilitation einzelner Funktionen zuständig waren.

Das Ziel ist es, physiologische, natürliche Funktionen der Stimmerzeugung zu trainieren, die bei Patienten mit organischen als auch funktionellen Stimmstörungen gestört sein können. Das Ergebnis der Therapie sollen eine klare, resonanzreiche Stimme und eine flüssige Sprechweise bei guter Verständlichkeit sein.

Für die Lehre und das Lernen der *Akzentmethode* ist es wichtig, die Patienten nicht zu kritisieren und die Aufmerksamkeit nicht unangemessen auf fehlerhafte Stimmmuster zu richten.

Die Methode versucht nicht die stimmliche Pathologie/Ineffektivität direkt zu behandeln, sondern trainiert normale Muster der Stimmproduktion, indem falsche Stimmmuster dekonditioniert werden. Die Aufmerksamkeit des Patienten wird damit immer auf normale, gesunde Bedingungen für Stimme und Sprechweise gerichtet.

Der indirekte Lernprozess ist von grundlegender Bedeutung für die *Akzentmethode.* Die Übungen werden vom Stimmtherapeuten vorgemacht und vom Patienten nachgeahmt. Dadurch verändern sich die Stimmfunktionen des Patienten unbewusst zu einem gesunden Muster. Auf diese Weise wird die Stimme des Patienten geübt, ohne dass er Kenntnisse vom theoretischen Hintergrund der Methode benötigt.

Die Stimmtherapeuten müssen das Programm so strukturieren, dass der Patient sich niemals unterlegen fühlt. Im Ergebnis wächst das Selbstvertrauen und die Übungen können positiv erweitert werden.

Der sich wiederholende Rhythmus und die kontrollierte Atmung während der Übungen wirken beruhigend auf den Patienten. Die Übungen werden zu einer angenehmen und positiven Erfahrung.

Das Trainingsprogramm besteht aus verschiedenen Phasen, die von einfachen zu komplexeren Rhythmen abgestuft sind und es ermöglichen, von den Übungen zur Textarbeit und zum Gespräch überzugehen, indem man die natürliche Prosodie des

Sprechens in die Übungen einbindet. Der Therapeut analysiert die betonten Muster in den benutzten Texten und fügt sie in die Übungen ein.

Die *Akzentmethode* ist eine ganzheitliche Therapie, deren Grundlagen pädagogische, psychologische, physiologische, akustische und linguistische Elemente sind. Sie hat eine genau definierte Struktur trotz ihrer scheinbaren Flexibilität. Die resultierende Leichtigkeit der Stimmfunktion wird für jeden einzelnen Patienten durch ein sorgfältig vorbereitetes, rationelles und systematisches Trainingsprogramm erreicht und ergibt im Ergebnis eine verbesserte und unbewusst erworbene Stimmfunktion.

Die Behandlung wird normalerweise mit denselben Grundübungen begonnen. Entsprechend dieser Übungen wird der Sprachtherapeut jene Teile des Trainingsprogramms auswählen, die den individuellen Bedürfnissen jedes Patienten entsprechen.

Den Therapeuten wird dringend geraten, an einem Kursus in der *Akzentmethode* teilzunehmen, um mit der Praxis und der Theorie der Methode vertraut zu werden.

## 3.2 Physiologische Aspekte

Die *Akzentmethode* gründet auf kinästhetischem[3] Feed-back, um Körperbewegung, Atmung, Phonation und Artikulationsmuster zu kontrollieren und zu koordinieren. Anfangs trainiert der Therapeut langsame große Bewegungen. Hat der Patient die grundlegende motorische Kontrolle entwickelt, werden schnellere, kleinere Bewegungen eingeführt.

Diese erfordern eine feinere Kontrolle und ein perfektes Gleichgewicht zwischen den kleinen Muskeln und den Muskelgruppen, die agonistisch und antagonistisch zueinander wirken. Die Übungen der *Akzentmethode* beginnen erst mit minimaler Spannung, die beträchtlich gesteigert wird, bevor sie wieder zum ursprünglichen Zustand / Spannungszustand zurückkehrt. Der Wechsel von langsamen zu schnellen Bewegungen und von geringerer zu größerer Spannung stimmt mit den Prinzipien der Eutonie (Glaser, V.,1981) und den Bewegungen in der modernen „Aerobic“ überein.

Bei normaler Ruheatmung in liegender Stellung ist die diaphragmale Einatmung aktiv und die abdominale Ausatmung ist passiv (Abb. 3.1), weil das Gewicht der Bauchdecke und die Elastizität der Lungen die Ausatmung besorgen.

Bei normaler Ruheatmung im Stehen kann man beobachten, dass der Körper sich bei der Einatmung leicht vorwärts und bei der Ausatmung leicht rückwärts bewegt.

---

3 *Kinästhetisches Feed-back liefert ein „inneres“ Bewusstsein von Muskelbewegungen und Stellungen. In der Akzentmethode wird kinästhetisches Bewusstsein als bewusster Teil des Trainings verwendet.*

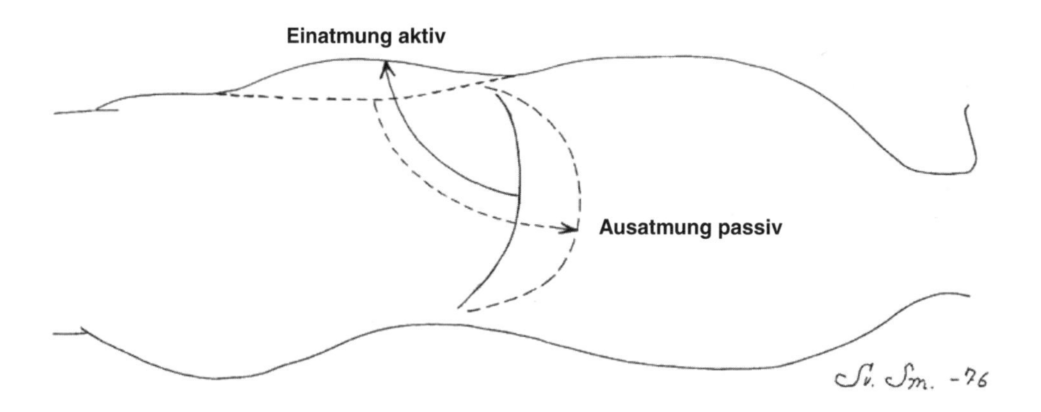


*Abb. 3.1* *zeigt die Bewegung des Diaphragmas und der Bauchdecke während der Ruheatmung in Rückenlage*

(Der Patient steht in leichter Schrittstellung – ein Fuß steht ca.10-15 Zentimeter vor dem anderen.) Diese Bewegungen werden automatisch erzeugt, während der Schwerpunkt verschoben wird. Während des Atemzyklus wechseln sich Kontraktionen des Zwerchfells mit Kontraktionen der abdominalen Muskeln ab. Der Druck auf das Abdomen durch die Kontraktion des Zwerchfells bewegt die abdominale Wand während der Einatmung nach unten und vorwärts, somit verlagert sich der Körperschwerpunkt nach vorne. Bei der Ausatmung bewegen die abdominalen Muskeln im Zusammenwirken mit der Zwerchfellentspannung das Abdomen zu seiner Ruheposition zurück und so wird auch der Schwerpunkt zurückverlagert.

Anfangs werden die Stimmtherapieübungen in einem *langsamen Rhythmus* (Largo) – ohne Pausen – mit begleitenden, langsamen und großen Körperbewegungen durchgeführt.

Dies ist notwendig, um:

a) das korrekte abdominale Atmungsmuster ohne eine übermäßige Muskelspannung im oberen Brustkorbbereich zu trainieren, und

b) ausreichend Zeit zu gewähren, um das perfekte Gleichgewicht zwischen der Ausatmung, die den subglottalen Luftdruck erzeugt, und der Stimmlippenspannung, die dem Druck widerstehen muss, zu entwickeln. (Die laryngealen Muskeln kontrahieren teilweise automatisch durch Reflexschleifen, die von Drucksensoren in der subglottischen Schleimhaut ausgelöst werden.)

*Die Patienten dürfen keinesfalls zu den schnelleren Stimmübungen und Bewegungen übergehen, bevor sie diese langsamen und kontrollierten Stimmübungen und Bewegungen beherrschen. Diese Reihenfolge im Trainingsprogramm (d.h. von langsam zu schnell) ist einerseits nötig, um ein kontrolliertes Training der neuro-motorischen Steuerung der Atmungs- und Kehlkopfmuskeln zu erlangen, und andererseits, um unbeabsichtigte Muskelspannungen zu vermeiden.*

Es ist am Anfang wichtig, die Übungen im Brustregister und in tiefer Tonlage auszuführen. Dadurch sind die physiologischen Bedingungen für die entspannte Stimmfunktion und die volle Dicke der Stimmlippen gegeben (Sonesson, B., 1960; Sundberg, J. & Gauffin, J., 1979; Sundberg, J., 1987). Man betrachtet die Tonhöhe gewöhnlich als kontrolliert durch die antagonistischen Funktionen der zwei Stimmlippenspanner (der Thyro-Arytenoid-Muskeln [Musculus vocalis] und der Crico-Arytenoid-Muskeln) und der Abduktorenmuskeln (der posterioren Crico-Arytenoid-Muskeln) (Arnold, G.E., 1961; Faaborg-Andersen, K.,1965; Zemlin, W., 1988). In tiefer Tonlage werden die Cricothyroideus-Muskeln und die posterioren Cricoarytenoideus-Muskeln auch entspannt. Zur Durchführung der Stimmübungen in tiefer Tonlage ist nur relativ wenig Spannung nötig, um die korrekte Akzentuierung zu erzeugen, im Vergleich zur erhöhten Muskelspannung, die zur Aufrechterhaltung einer bestimmten Tonhöhe nötig ist. (Berg, J. van den & Tan, T.S., 1953).

Anfangs werden die Stimmübungen mit entspannter weicher Phonation erzeugt. Dies stimmt mit der Kinästhetik-Theorie überein. Sie betont die Wichtigkeit, eine Übung nicht mit maximaler Spannung zu beginnen, sondern immer von niedriger Spannung, über mittlere Spannung zu hoher Spannung stufenweise zu steigern. Die *Akzentmethode* verfährt nach demselben Muster. Sie beginnt die Stimmübungen immer mit weicher Phonation, die erst vollkommen beherrscht werden muss, bevor der Patient zu stärkerer Phonation übergehen kann, um dann durch weiter abgestufte Übungen zu intensiver Stimmleistung zu gelangen. (Glaser, V., 1981). Für viele Patienten, die an hypertoner Dysphonie leiden, besonders diejenigen mit Stimmlippenknötchen oder Ödemen, ist die Einführung einer weichen und sanften Phonation in den Übungen ganz wesentlich, um die Stimmlippen vor Schaden oder Verschlechterung des bestehenden Zustands zu bewahren.

*Die verhauchte Phonation in den Übungen wird durch den Gebrauch eines starken Luftstromes mit einer bewussten Vertiefung der abdominalen Atmung erzielt.* (Zur Kontrolle der tiefen Atmung ohne Pause können die Patienten deshalb anfangs gebeten werden, deutlich hörbare Ein- und Ausatemzüge zu erzeugen.)

Es gibt zwei Gründe, um diese tiefen Atemzüge zu trainieren:

(1) Wenn der Patient einmal gelernt hat, die richtigen Ein- und Ausatmungsbewegungen zu beherrschen, werden diese Bewegungen intensiv mit voller und tiefer Atmung geübt. Auf diese Weise können die Patienten das richtige Atmungsmuster viel schneller erlernen, als es ihnen möglich wäre, wenn sie sich nicht bewusst auf ihre Atmung konzentrieren würden. Dies spiegelt Glasers (1981) Erklärung wider, *dass Verhaltensweisen schneller gelernt werden, wenn sie bewusst und intensiv geübt werden.*

(2) Die Betonung der Ausatmungsaktivität hat hohen subglottischen Anblasedruck zur Folge, der wiederum bewirkt, dass viel Luft durch die Glottis strömt, wenn sich die Stimmlippen in ihrer Öffnungsphase befinden. Die Luftgeschwindigkeit erzeugt einen Unterdruck zwischen den medialen Rändern der Stimmlippenschleimhäute, gerade unterhalb der oberen Stimmlippenränder. Diese werden dann, abhängig von der Luftströmungsgeschwindigkeit, gegeneinander gesaugt (Bernoulli-Effekt)[4] (Sundberg, J., 1987). Ein optimaler Stimmlippenschluss hängt von ausreichender Exspirationsaktivität ab und bestimmt die Amplitude der Obertöne im Klangspektrum (Fant, G., 1979). Je abrupter der Verschluss ist, desto kräftiger sind die höheren Obertöne im Klangspektrum. Im Laufe des Trainings erleben die Patienten nach und nach, wie sich gesteigerte Exspirationsaktivität direkt in der Intensität des erzeugten Klanges widerspiegelt.[5] Die verhauchte Phonation ist notwendig, um die Randkanten der Stimmlippen nicht durch kräftige Ausatmungsaktivität zu schädigen (siehe auch Kap. 6).

Die ersten Übungen werden alle mit den engen Vokalen [i:], [y:] und [u:] durchgeführt (einige Sprachen haben keinen [y:]-Laut, was für Trainingszwecke unbedeutend ist). Der Grund dafür ist, dass sich der Druckabfall entlang des Vokaltrakts in eine Druckverminderung entlang den Stimmlippen und eine Druckverminderung über dem Artikulationsort untergliedert. Wenn also der Druck über dem Artikulationsort steigt – wie bei der Artikulation von engen Vokalen – wird er entlang der Stimmlippen vermindert. So kann der Patient eine starke Ausatmungstätigkeit anwenden, selbst wenn die Stimmlippen schwach und untrainiert sind. Denn wenn die Übungen mit engen Vokalen durchgeführt werden, wird die physikalische Belastung an den Stimmlippenrändern verringert, auch wenn die Ausatmung in der Therapie übertrieben wird.

Infolge der beträchtlichen Schwankungen des subglottischen Luftdruckes durch die akzentuierte Ausatmungstätigkeit werden die Schleimhäute und das Muskelgewebe sozusagen „massiert" und die notwendige Blutversorgung wird stimuliert.

---

4 wird in Kapitel 6.1.a) erklärt.

5 Nach Ladefoged, P. & McKinney, N. P. (1963) ist der subglottische Anblasedruck (subglottal pressure [$P_s$]) während der Phonation proportional zum Schalldruckpegel (sound pressure level SPL) in der 0,6ten Potenz, d.h. $P_s \approx k^*SPL^{0,6}$.

# 4 Atmung

## 4.1 Biologische Funktion

Die wichtigste Aufgabe der Atmung ist der *Gasaustausch.* Er wird durch zwei neurogene Mechanismen gesteuert: Während der normalen, unwillkürlichen Atmung wird die Kontrolle durch modifizierte Reflexe aufrechterhalten, während des Sprechens oder Singens steht die Atmung unter willkürlicher kortikaler Kontrolle. *Das Atemzentrum in der Medulla oblongata* ist verantwortlich für die Atemsteuerung. Es reagiert *empfindlich auf die Konzentration von Kohlendioxid und den pH-Wert des Blutes.* Die roten Blutkörperchen setzen Kohlendioxid frei, das sie in die Lunge transportieren, und nehmen Sauerstoff auf. Eine bereits um 0,2% erhöhte Kohlendioxidkonzentration im Blut regt das Atemzentrum an, die Einatmung zu vergrößern (Millic-Emili, J. & Tyler, J.,1963; Freedman, S. et al., 1974; Hixon, T. J., Thomas J., 1987).

Die Atmung wird in eine Einatmungsphase und eine Ausatmungsphase unterteilt. Die Inspiration ergibt sich als Ergebnis der Diaphragmaabsenkung, kombiniert mit der Brustkorbbewegung nach oben und außen. Das Volumen des Brustraumes wird so vergrößert.

Der Hauptteil des Brustraumes ist unterteilt in zwei Pleuralsäcke, die vollständig voneinander getrennt sind. Jeder Pleuralsack enthält eine Lunge, die durch einen dünnen Film seröser Pleuralflüssigkeit von den Membranen des Sackes getrennt ist. Die Hauptfunktion der Pleuralsäcke besteht darin, reibungslose freie Lungenbewegungen im Brustraum zu ermöglichen, wenn sie sich beim Atmen vergrößern und verkleinern. (Wyke, B., 1974; Zemlin, W., 1988).

Anatomisch können die Lungen als zwei kegelförmige Luftsäcke beschrieben werden, die durch den pleuralen Unterdruck im linken und rechten Thorax aufgehängt sind. Die beiden Lungen bestehen aus porösem, schwammartigem und elastischem Gewebe und nur wenigen Muskelfasern. Die Lungen sind also passiv, aber das innere elastische Gewebe kann den Luftdruck verändern, indem es das Lungenvolumen verändert. Die Volumenveränderung hängt bis zu einem gewissen Grad von den elastischen Eigenschaften des Lungengewebes ab (Abb. 4.1).

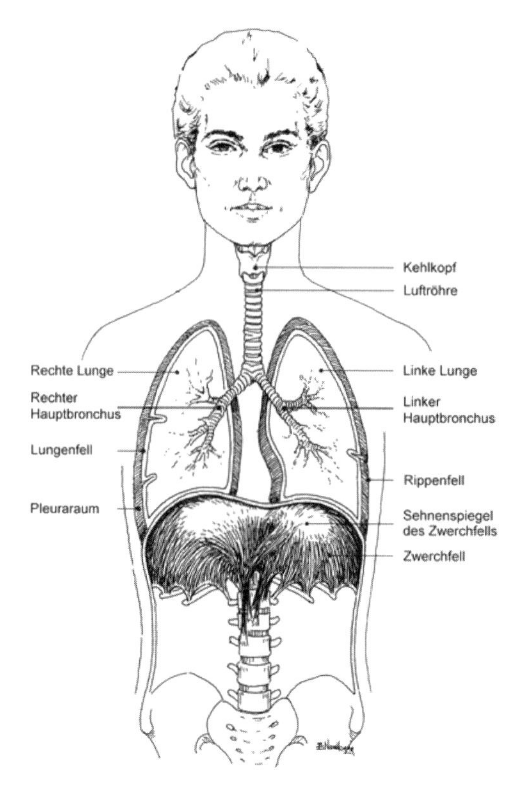


*Abb. 4.1 Die Respirationsorgane*

## 4.2 Einatmung

*Die primären Inspirationsmuskeln sind das Zwerchfell (Diaphragma) und die äußeren Zwischenrippenmuskeln.* Der wichtigste einzelne Muskel der Einatmung ist zweifellos das Zwerchfell. Dieses ist ein großer, dünner, gewölbter Muskel, der sich unterhalb der Lunge, zwischen Brustkorb und Bauchraum befindet. Es gleicht einer Kuppel. Der zentrale Teil des Zwerchfells, direkt unterhalb des Herzens, besteht aus einer Sehnenplatte. Der Rand besteht aus Muskelsträngen, die an den unteren Enden des Brustkorbes ansetzen. *Bei der Inspiration kontrahiert das Zwerchfell und bewegt sich nach unten.* Als Folge davon erweitert sich das Volumen im Brustraum und der Luftdruck nimmt ab. Durch den abnehmenden Luftdruck in den Lungen entsteht ein Sog; die Luft wird durch den Vokaltrakt (Mund, Nase, Pharynx, Larynx und Trachea) in die Lungen gesogen. Gleichzeitig nimmt das Volumen im Bauchraum ab, der Druck steigt an, so dass die Organe im Bauchraum bei der Inspiration nach unten und nach vorne verschoben werden.

Eine abdominale Atmung kann bei allen neugeborenen Babys oder bei Tieren, z.B. bei Katzen und Hunden, beobachtet werden.

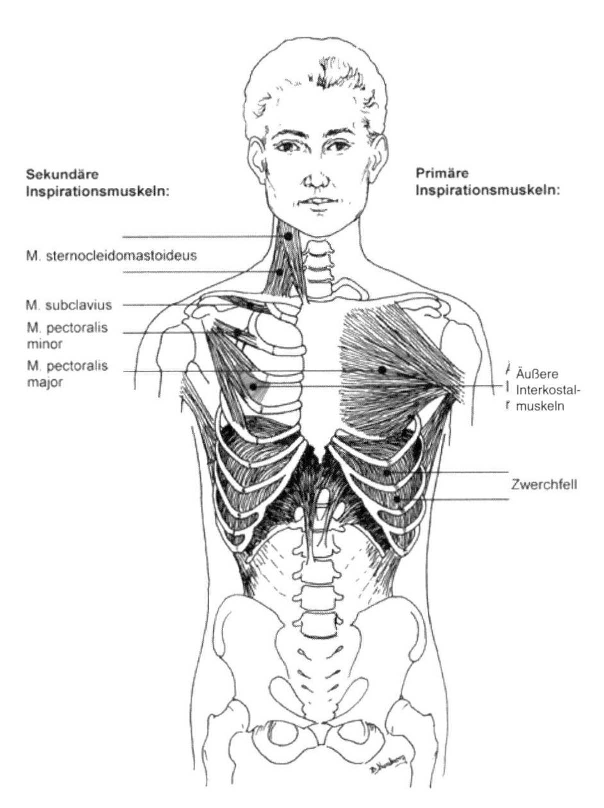


*Abb. 4.2 Die Inspirationsmuskeln*

Die Weitung des Brustraumes wird sowohl von den primären als auch von den sekundären Inspirationsmuskeln erzeugt (Abb. 4.2). Die sekundären Inspirationsmuskeln umgeben den Brustkorb. Sie bestehen aus den Schulter- und Nackenmuskeln sowie den inneren Zwischenrippenmuskeln. Die Hauptfunktion dieser Muskeln ist es, die Körperhaltung aufrecht zu erhalten und den Kopf und die Arme zu bewegen, aber sie können ebenso eingesetzt werden, um den oberen Bereich des Brustkorbes bei der Atmung zu weiten. Diese Atmungsweise nennt man *klavikulare oder kostale Atmung.*

Da der obere Brustkorbbereich fixiert und verhältnismäßig steif ist, ist die mögliche Ausdehnung während der klavikularen oder hohen kostalen Atmung gering. Die Sauerstoffaufnahme ist eingeschränkt, was die Häufigkeit der Atemzüge erhöht. Dieser Atemtypus genügt weder jemandem, der in guter körperlicher Verfassung sein will, noch genügt sie jemandem, der gezwungen ist, seine Stimme professionell zu gebrauchen.

Die klavikulare oder kostale Atmung kann jedoch in besonderen Situationen eingesetzt werden, in denen eine extra hohe Sauerstoffaufnahme erforderlich ist, z.B. bei der Ausübung sportlicher Tätigkeiten oder in Situationen, in denen die primären Inspirationsmuskeln gelähmt sind.

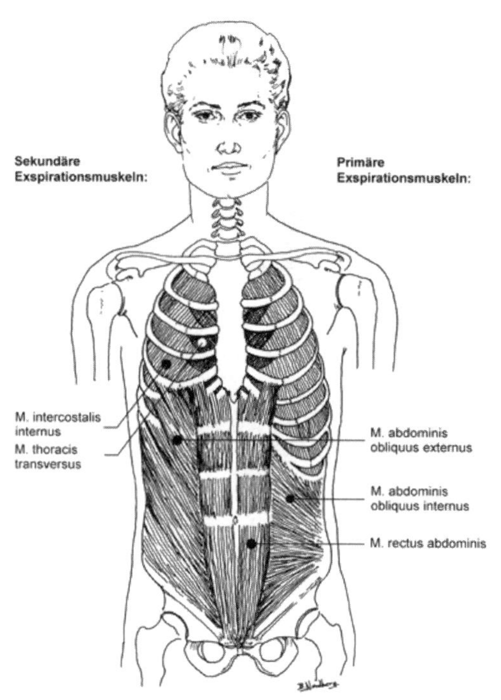


*Abb. 4.3 Die Exspirationsmuskeln 1*

## 4.3 Ausatmung

Die Exspiration kann entweder aktiv oder passiv sein. In Ruhe, z.B. beim Schlafen, ist die Atmung passiv. Physiologisch betrachtet dauert die Ausatmung annähernd doppelt so lange wie die Einatmung. Wenn der Therapeut den Patienten unterrichtet, kann die Atmung auch so betrachtet werden, als sei sie in drei gleich lange Teile unterteilt:

Einatmung, Ausatmung und eine Pause. Dies ist so, weil die meiste Luft zu Beginn der Ausatmung entweicht, während das Ende der Ausatmung als Pause erlebt wird. Beim Sprechen und Singen wird die Ausatmung aktiv kontrolliert.

Die Exspirationsmuskeln können auch in primäre und sekundäre Muskeln unterteilt werden:

1. Die primären Exspirationsmuskeln (Abb. 4.3) bilden die abdominale Wand und bestehen aus:
   M. obliquus externus abdominis
   M. obliquus internus abdominis
   M. rectus abdominis (Abb. 4.4 und 4.5) und
   M. transversus abdominis (Abb. 4.5).

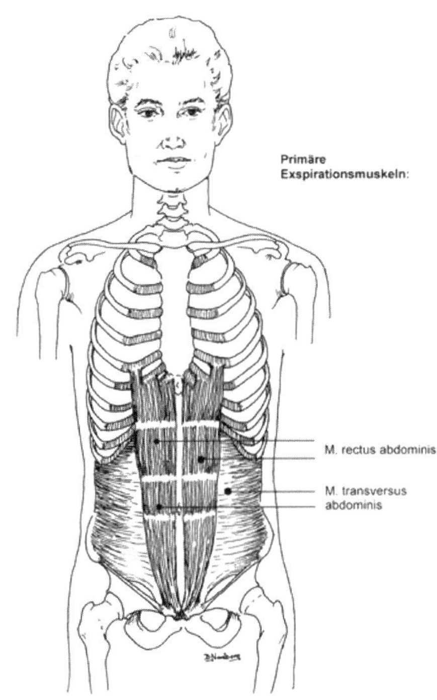


*Abb. 4.4 Die Exspirationsmuskeln 2*

2. Die sekundären Exspirationsmuskeln (Abb.4.3) sind:
   M. transversus thoracis und möglicherweise die Mm. intercostales interni[6].

Alle Muskeln, die an der Atmung beteiligt sind, sind quer gestreifte Muskeln und werden durch den somatischen Teil des peripheren Nervensystems willkürlich gesteuert. Eine Ausnahme ist das Zwerchfell, welches in bestimmten Situationen der willkürlichen Kontrolle nur teilweise unterliegt.

Die Grundlage einer guten Stimmfunktion ist ein gutes Atemmuster, d.h. ein Muster, das den Larynx mit dem notwendigen Luftstrom für eine gute Stimmlippenschwingung versorgt. Daher ist es wichtig, dass die Lungen einen ausreichenden und konstanten Luftdruck unter der Stimmquelle (dem Larynx) aufrechterhalten können, auch wenn der Luftstrom durch die Glottis variiert, der von den Veränderungen der Intensität, der Frequenz und der Stimmqualität abhängig ist.[7]

6 Früher wurde angenommen, dass die äußeren Zwischenrippenmuskeln zu den primären Inspirationsmuskeln und die inneren Zwischenrippenmuskeln zu den sekundären Muskeln gehören. Diese Ansicht wurde bis ca. 1950 und wird noch heute von einigen Physiologen vertreten. Neuere Erkenntnisse scheinen darauf hinzudeuten, dass beide Muskelgruppen zusammenarbeiten und sowohl bei der Ein- wie auch bei der Ausatmung aktiv sind. Sie regulieren gemeinsam die Luftdruckverhältnisse beim Sprechen oder Singen (Draper, M. u.a., 1959; Taylor, A., 1960).

7 Messungen an der Stimme des Autors (BFJ) haben ergeben, dass bei einer Phonation um 128 Hz mit einer Stimmstärke von 75,3 dB und einem subglottischen Druck von 6,44 cm $H_2O$, aerodynamische Energie von 74 Milliwatt/cm$^2$ (mW/cm$^2$) verbraucht wird. Der Wirkungsgrad der Stimme beträgt 64 ppm (parts per million) und der glottische Widerstand beträgt 53,8 Ns/m$^5$.

Die abdominale Atmung ist die natürlichste Form der Atmung. Abb. 4.4 zeigt, dass die abdominale Atmung von den primären Exspirationsmuskeln ausgeführt wird:

Vom M. rectus abdominis, der die Vorderseite der Bauchdecke formt, und vom M. transversus abdominis, der sich um das Abdomen lagert und sich wie ein Ringmuskel kontrahiert.

Alle Kinder werden mit einer abdominalen Atmung geboren. Die meisten Sprechberufler und Sänger haben gelernt, abdominal zu atmen. Sie würden niemals den oberen Teil des Brustkorbes zur Stimmerzeugung einsetzen. (Sataloff, A.T., 1991; Sundberg, J. et al., 1983; Leanderson, R. et al., 1983; Seidner, W. & Wendler, J., 1997).

Viele Menschen atmen ihr ganzes Leben lang auf diese natürliche Weise, aber oft genug entwickeln manche schlechte Gewohnheiten, die sie daran hindern, natürlich zu atmen.

Veränderte Respirationsmuster können durch eine schlechte Körperhaltung entstehen, die gewöhnlich bei Personen auftritt, die beruflich viel Schreibarbeit leisten oder anderen Formen einseitiger, bewegungsarmer Arbeitshaltungen ausgesetzt sind. Diese Veränderung kann auch durch jahrelangen Stress eintreten. Auch wenn der Alltag die Stimme oft beträchtlich beansprucht, sind viele Menschen trotz fehlerhafter Atemmuster imstande zu sprechen, weil sie Wege gefunden haben, die schlechte Atemfunktion zu kompensieren. Man kann jedoch beobachten, dass sich ein schlechtes Respirationsmuster häufig schädlich auf die Stimmproduktion auswirkt.

Des Weiteren führen die kompensierten Atmungsgewohnheiten oft zu anderen körperlichen oder psychischen Problemen wie muskulärer Anspannung und Stress. Darum lernt man in den Übungen zuerst einmal, natürlich und physiologisch-ökonomisch zu atmen.

Eine tiefe zentrale abdominale Atmung ist viel effizienter als eine klavikulare oder kostale Atmung. Speziell die klavikulare Atmung kann zu einem stark überhöhten Tonus im Nackenbereich, in der Kehle und auch zu einer unzureichenden Luftversorgung führen. Sie sollte daher vermieden werden. Weil das Volumen im unteren Bereich der Lunge größer ist, verringert sich die Atemfrequenz durch die abdominale Atmung, was eine beruhigende Wirkung auf den Sprecher hat.

Während des Einatmens kontrahiert das Zwerchfell und bewegt sich abwärts, wodurch es die Bauchorgane nach vorne schiebt. Das kann bei jedem gesunden Menschen in Rückenlage beobachtet werden, wo die Bauchdecke sich bei der Einatmung nach oben hebt (s. Abb. 3.1). Bei der Ausatmung senkt sich die Bauchdecke durch das Gewicht der Bauchorgane, durch die Entspannung des Zwerchfells und die Eigenelastizität des Lungengewebes nach unten. Somit ist in der Rückenlage die Einatmung aktiv, während die Ausatmung passiv ist; dies geschieht im Wesentlichen durch die Elastizität des Lungengewebes und durch das Gewicht der Bauchorgane.

In allen anderen Positionen, z.B. in der Seitenlage oder beim Sitzen oder Stehen, kann eine Aktivität der abdominalen Muskeln beobachtet werden.

Abb. 4.5 zeigt die Bewegung des Diaphragmas und der Bauchdecke bei aktiver Einatmung in der Seitenlage, beim Sitzen oder Stehen.

Das synergetische Zusammenspiel zwischen dem Zwerchfell und den abdominalen Muskeln kann mit einer Pumpbewegung verglichen werden. Während der Einatmung ist das Zwerchfell aktiv und gleichzeitig sind die abdominalen Muskeln entspannt. Während der Ausatmung sind die Bauchmuskeln aktiv und das Zwerchfell entspannt sich.

Dieses Zusammenspiel der beiden Muskelgruppen nennt man agonistisch-antagonistische Beziehung und ist ein natürlicher Zustand der Atmung.

Störungen dieser Funktion können sich auf das Sprechen auswirken und sogar das individuelle psychologische Wohlbefinden beeinflussen.

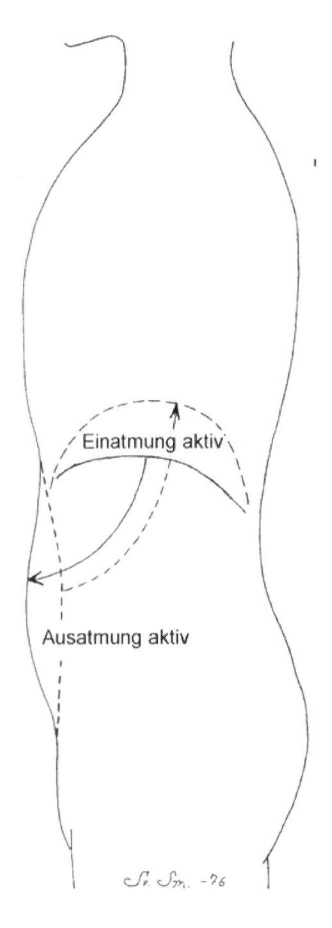


*Abb. 4.5 zeigt die Bewegung des Diaphragmas und der Bauchdecke bei aktiver Einatmung*

# 5 Kehlkopf

Der Larynx bildet den Durchgang vom Pharynx zur Trachea und ist vor dem 2. und 3. Halswirbel positioniert. Der Kehlkopf ist aus 4 Knorpeln zusammengesetzt, die ein Skelett formen, welches Ansatzpunkte für die Kehlkopfmuskeln, Bänder (Ligamente) und Membranen bietet, die für die physiologische Funktion des Larynx notwendig sind (Abb. 5.1).

Der Larynx hat die primäre biologische Funktion eines spezialisierten Doppelventils (durch die kombinierte Funktion von Taschenfalten und Stimmlippen) für den Luftdurchfluss. Wenn das Ventil bei der Ausatmung (mit Hilfe der Stimmlippen) verschlossen wird und dann plötzlich gesprengt wird (durch Husten), entweicht die in der Lunge komprimierte Luft explosionsartig und befreit dadurch den Luftweg (Pharynx, Larynx, Trachea und Bronchien) von Fremdkörpern und Schleim.

Beim Stimmlippenschluss, z.B. wenn etwas Schweres angehoben wird oder beim Stuhlgang, stabilisiert die Luftdrucksäule im Brustraum den Körper und fixiert die Haltung. (Loebell, E. und Brahm, K., 1950). Wird bei der Einatmung das Ventil mit Hilfe der Taschenfalten (dem inspiratorischen Ventil) reflektorisch verschlossen, sind die Lungen gegen das Eindringen von Fremdkörpern geschützt (Rabine, E. und Seiler, R., 1989).

Die sekundäre Funktion des Kehlkopfes besteht darin, die benötigte akustische Energie zu liefern, die für die Tonerzeugung und Artikulation bestimmt ist.

## 5.1 Kehlkopfknorpel

Der Schildknorpel (Cartilago thyroidea) ist der größte Kehlkopfknorpel. Er besteht aus zwei relativ flachen hyalinen Knorpelplatten (Laminae), die den vorderen und seitlichen Teil des Kehlkopfes bilden. Die beiden vorderen Schildknorpelplatten verbinden sich vorne zu einem V-förmigen Schildknorpelwinkel und bilden die Prominentia laryngea, auch „Adamsapfel" genannt.

Der Schildknorpel hat keine Hinterwand, aber zwei Hörnerpaare sind vom hinteren Teil der Schildknorpelplatten nach oben und unten gerichtet.

Am wichtigsten sind die zwei kleineren Hörner, die nach unten gerichtet sind, weil sie die Thyroid-Cricoid-Gelenke zwischen Schildknorpel und Ringknorpel (Cartilago cricoidea) bilden.

Der Ringknorpel liegt direkt unter dem Schildknorpel und sieht aus wie ein Siegelring, mit der Platte nach hinten. An der Außenseite des hinteren Teiles des Ringes verbindet sich der Ringknorpel mit den unteren Hörnern des Schildknorpels zu den beiden erwähnten Gelenken.

Die Stellknorpel (Aryknorpel, Cartilagines arytenoideae) bestehen aus zwei kleinen paarigen pyramidenförmigen hyalinen Knorpeln, die hinten am oberen Rand des Ringknorpels Seite an Seite mit zwei Cricoarytenoid-Gelenken verbunden sind. Diese Knorpel können sich bis zu einem gewissen Grad drehen und Seitwärts- und Vorwärtsbewegungen auf dem oberen Rand der Ringknorpelplatte ausführen. Von jedem Aryknorpel gehen 3 Spitzen (Processus) aus. Der nach vorne gerichtete Processus vocalis ist der wichtigste und dient als Ansatz für das Stimmband (Ligamentum vocale) und den inneren Stimmbandmuskel (M. vocalis).

An den Außenseiten der Knorpel befindet sich der seitwärts gerichtete Processus muscularis. Sein vorderes Teil fungiert als Ansatz für den M. cricoarytenoideus lateralis und das hintere Teil für den M. cricoarytenoideus posterior. Auf dem oberen Teil der Aryknorpel sitzen die pyramidenförmigen, funktionell bedeutungslosen Cartilaginae corniculateae. Etwas anterior und lateral davon – innerhalb der aryepiglottischen Falte – liegen die Cartilaginae cuneiformeae (Wirth, G.,1987; Zemlin, W., 1988).

Die Epiglottis (Cartilago epiglottica) liegt direkt über dem Larynx und ist wie ein Myrtenblatt geformt.

Innen ist sie durch ein kurzes Band (Ligamentum thyroepiglotticum) mit dem vorderen Teil des Schildknorpels verbunden und vorne verbindet sie ein anderes elastisches Band mit dem Zungenbein.

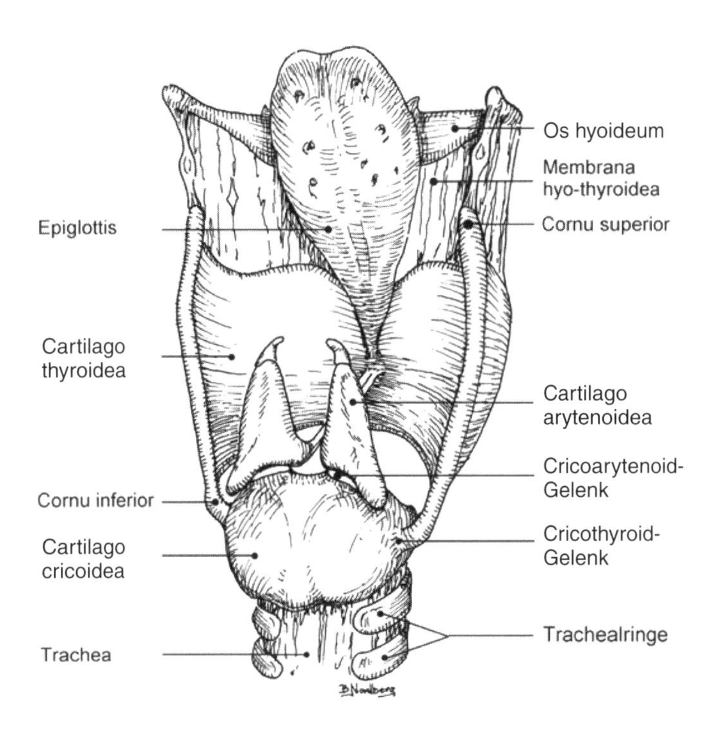


*Abb. 5.1 Knorpel und Gelenke des Kehlkopfes*

Zusammen mit der viereckigen Membran (Membrana quadrangularis), die von den Seitenrändern der Epiglottis ausgeht, dient sie als Klappe, die den Kehlkopfeingang beim Schlucken von Nahrung verschließt.

Das Zungenbein (Os hyoideum) stützt den Kehlkopf und ist als hufeisenförmiger Knochen oberhalb des Schildknorpels, vorne und um die Epiglottis herum gebogen. Es dient als Ansatz für die äußeren Kehlkopfmuskeln und Ligamente, wodurch die Abstände zwischen den anatomischen Strukturen reguliert werden.

Die in Abb. 5.1 erwähnten Knorpel werden durch Gelenke, Bänder und Membranen aufeinander ausgerichtet, eingestellt und entsprechend ihrer Beziehung zueinander durch Muskeln bewegt.

## 5.2 Gelenke

Der Schildknorpel, der Ringknorpel und die Stellknorpel sind durch Gelenke, Bänder und Membranen miteinander verbunden. Die bereits erwähnten Gelenke befinden sich zwischen den unteren Hörnern des Schildknorpels und dem Ringknorpel und zwischen den Aryknorpeln und dem oberen Teil der Ringknorpelplatte (Leden, H. van & Moore, P., 1961).

Die Bewegungsfreiheit der Gelenke wird durch ringförmig umschließende Membranen begrenzt. Die Gelenkschmiere in den Gelenkkapseln ermöglicht reibungsfreie Bewegungen der Gelenke.

## 5.3 Ligamente und Membranen

Die laryngealen Knorpel sind untereinander und mit den benachbarten anatomischen Strukturen durch faserige Bänder und fiberelastische Membranen verbunden. Die Hauptaufgabe der Bänder und Membranen ist es, die Gelenke vor exzessiven Bewegungen in Beziehung zueinander zu bewahren.

Solche Ligamente kann man auch in den Stimmlippen finden. Das Stimmband (Ligamentum vocale) liegt im oberen Teil einer Membran, die Conus elasticus genannt wird. Das Stimmband besteht an den Rändern hauptsächlich aus einer intermediären Schicht elastischer Fasern (Lamina propria) und aus einer tiefer liegenden, dichteren Schicht, die meist aus Kollagenfasern aufgebaut ist, siehe Abb. 5.4. (Hirano, M., 1976).

Das Stimmband verbindet jeweils einen Processus vocalis der Aryknorpel mit dem Vorderteil des Schildknorpels direkt unterhalb der V-förmigen Vertiefung.

Oberhalb der Stimmlippen finden wir die Taschenfalten oder „falschen Stimmlippen“, die ebenfalls aus elastischem Gewebe bestehen. Die Ligamenta ventriculares, die wiederum das untere verdickte Ende der viereckigen Membran bilden, formen die Seitenränder des Eingangs zum Laryngopharynx.

Beim Schlucken kommen die falschen Stimmlippen (Taschenfalten) mit den echten Stimmlippen in Kontakt. Dabei werden die echten Stimmlippen durch Sekretion aus zahlreichen kleinen Drüsen im Taschenfaltengewebe geschmiert.

Die wichtigste innere Membran ist der Conus elasticus, der den Schildknorpel, Ringknorpel und die Aryknorpel miteinander verbindet. Der vordere Teil wird Ligamentum cricothyroideum genannt. Er verbindet den vorderen Teil des Ringknorpels mit dem Schildknorpel, während die Seitenteile aus zwei dünneren Membranen bestehen, die den oberen Rand des Ringknorpels mit den Ligamenta vocalis der Stimmlippen verbinden.

Die Membrana hyothyroidea ist eine fiberelastische Membran. Sie bildet die Aufhängung des Kehlkopfes, indem sie den oberen Rand des Schildknorpels mit dem Zungenbein verbindet und so die pharyngeale Röhre (Laryngopharynx) formt.

Eine weitere wichtige Membran ist die viereckige Membran. Sie steigt von den Seitenrändern der Epiglottis auf und verbindet sich mit dem V-förmigen Schildknorpelwinkel und nach hinten mit der medialen Fläche der Aryknorpel. Wie gerade erwähnt wurde, formt die viereckige Membran die innere Struktur, das so genannte Ligamentum ventricularis, in den Taschenfalten.

## 5.4 Muskeln

Muskeln haben normalerweise einen Ursprung und einen Ansatz. Oft ist der Ursprung eines Muskels etwas breiter als der Ansatz. Bei der Muskelkontraktion wird der Ansatzpunkt auf den Ursprung zubewegt, dabei wird der Muskel dicker und kürzer. Sind der Ursprung und der Ansatz fixiert, erhöht sich die Spannung bei der Kontraktion.

Alle Kehlkopfmuskeln sind quer gestreifte Muskeln, die durch das somatische Nervensystem, einem Teil des peripheren Nervensystems, innerviert werden und somit willkürlich kontrolliert werden. Zwar sind wir nicht in der Lage, einzelne laryngeale Muskeln bewusst zu kontrollieren, aber wir haben eine bewusste Kontrolle über die hörbaren (auditiven) Ergebnisse der glottalen Tonerzeugung durch auditive Feedback-Mechanismen.

Obwohl wir nicht genau wissen, welche Muskeln wir bei den verschiedenen Phonationsvarianten angespannt haben, sind wir dennoch fähig, die Funktion des Tonerzeugers durch geeignetes Stimmtraining zu verbessern, weil wir den produzierten Ton hören und kontrollieren können.

Alle laryngealen Muskeln außer dem M. arytenoideus transversus bilden Paare.

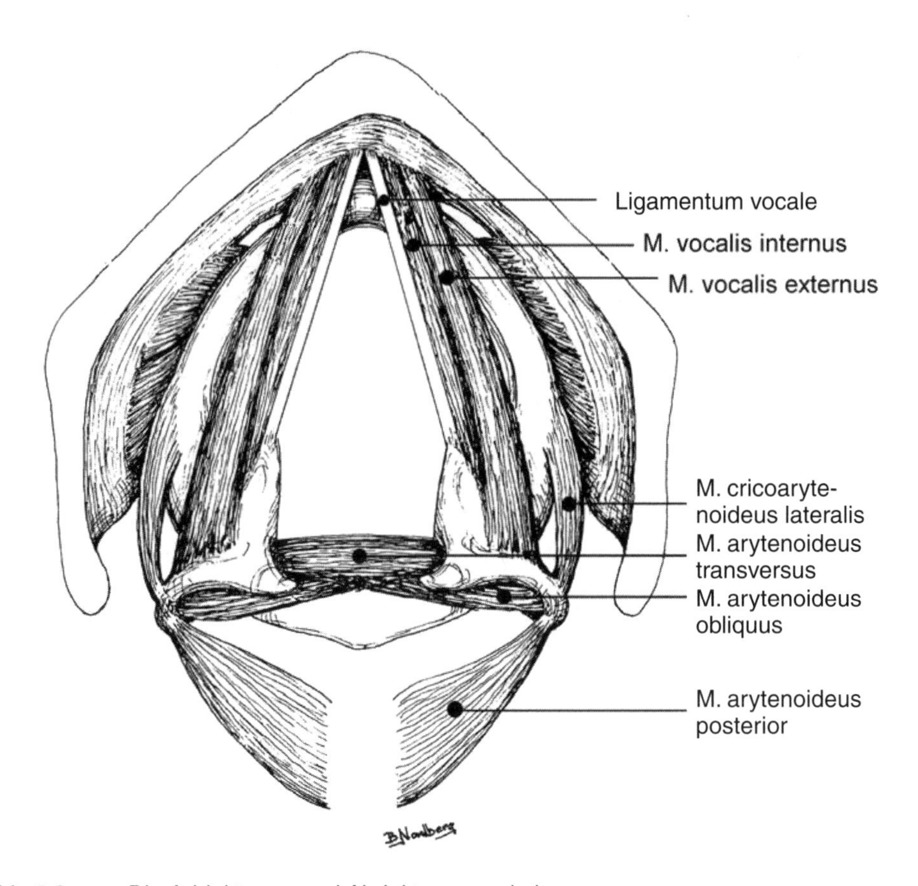


*Abb. 5.2 Die Adduktoren- und Abduktorenmuskeln*

Es gibt verschiedene Möglichkeiten, die inneren Kehlkopfmuskeln nach ihrem Einfluss auf Form und Schwingungsmuster der Stimmlippen (Abb.5.2) zu gliedern.

Zunächst kann man sie in Adduktoren und in Abduktoren unterteilen. Mit der Bezeichnung „Adduktion" ist gemeint, dass die Stimmlippen aus einer offenen Glottisstellung in die Phonationsstellung (Glottisschluss) übergehen. Dagegen bezeichnet „Abduktion" einen Vorgang, bei dem die Stimmlippen sich voneinander weg bewegen und eine offene Position einnehmen. Die Adduktoren wirken antagonistisch zu den Abduktoren.

Zweitens ist eine Unterscheidung nach anspannenden und entspannenden Muskeln möglich. Die Bezeichnungen „Anspanner" und „Entspanner" beziehen sich auf den Spannungs- und Entspannungszustand der Stimmlippen.

Letztlich scheint es, als könnten alle Kehlkopfmuskeln dazu beitragen, einen Glottisschluss herzustellen, man nennt diese Funktion eine Sphinkterfunktion (Smith, S., 1980).

## 5.4.1 Adduktionsmuskulatur

Der M. cricoarytenoideus lateralis hat seinen Ursprung an der vorderen Seitenwand des Ringknorpels. Der Ansatzpunkt befindet sich am Processus muscularis des Aryknorpels. Bei einer isolierten Kontraktion bewegen sich die beiden Processi vocalis nach innen und nach unten, wodurch der vordere Teil der Glottis geschlossen wird.

Für die Brustregisterfunktion ist es wichtig, dass diese Bewegung die Form des Conus elasticus verändert, die Spannung sowohl horizontal als auch vertikal reduziert wird und somit die Stimmlippenschwingung im tieferen Register erleichtert wird (s. Abb. 5.3).

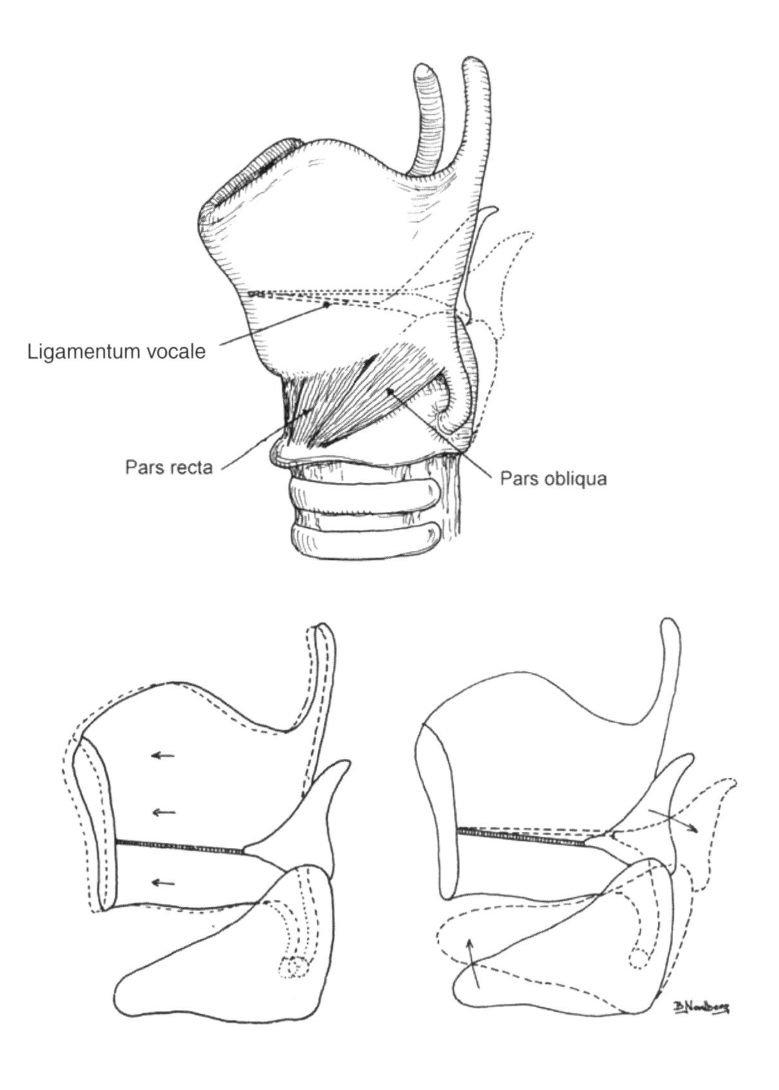


*Abb. 5.3 Die Funktion des Cricothyroidmuskels*

Bei einer isolierten Kontraktion des M. cricoarytenoideus lateralis bewegen sich auch die Aryknorpel etwas nach vorne. Diese Bewegung bewirkt eine Verkürzung der Stimmlippen, welche dicker und entspannter werden.

Eine isolierte Kontraktion des M. cricoarytenoideus lateralis ist daher als Entspannungsfunktion der Stimmlippen zu verstehen (Hirano, M. & Ohala, J., 1969,1976,1981; Buchthal, F., 1960; Faaborg-Andersen, F., 1965; Hirano, M., Vennard, W. & Ohala, J., 1970).

Der M. arytenoideus transversus verläuft horizontal zwischen den hinteren Flächen der beiden Aryknorpel. Eine Kontraktion dieses Muskels bewegt die beiden Aryknorpel aufeinander zu.

Der M. arytenoideus obliquus hat seinen Ursprung an der Hinterfläche des Processus muscularis eines Aryknorpels, verläuft nach oben, kreuzt den anderen Aryknorpel, bevor er schließlich an der Spitze ansetzt.

Die Kontraktionen des M. arytenoideus transversus und des M. arytenoideus obliquus unterstützen sich gegenseitig und stellen einen effizienten Verschluss des hinteren Teiles der Glottis her.

### 5.4.2 Abduktionsmuskulatur

Der M. cricoarytenoideus posterior ist ein paariger Muskel, der seinen Ursprung auf der hinteren Fläche des Ringknorpels hat, von wo aus die Muskelfasern sowohl lateral als auch vertikal verlaufen und an der Hinterfläche der Processus muscularis der beiden Aryknorpel ansetzen.

Bei einer isolierten Kontraktion dieses Muskelpaares werden die Processus muscularis rückwärts und abwärts gezogen. Dies erzeugt eine Rotation und eine Gleitbewegung im Gelenk zwischen Ring- und Stellknorpel. Dementsprechend bewegen sich die Processi vocalis seitlich hoch und etwas zurück (Sonesson, B., 1959; Leden, H. von, 1961).

Also dient der M. cricoarytenoideus posterior als Stimmritzenöffner.

Diese Kontraktion kann bei forcierter Inspiration beobachtet werden, wenn die Glottis wie in Abb. 5.2 weit geöffnet ist.

Bei der synergetischen Kontraktion, während der Phonation, kann dieser Muskel als Stimmlippenspanner fungieren, weil er die Spannung vom M. cricothyroideus überträgt.

### 5.4.3 Innere Stimmlippenspanner

Der M. thyroarytenoideus besteht aus zwei kleinen Muskelfaserbündeln, die als äußerer und innerer Teil der Thyromuskulatur bezeichnet werden und die Stimmlippen bilden: Der externe Teil der Thyromuskulatur hat seinen Ursprung am vorderen Teil des Schildknorpels am Thyroidwinkel und verläuft hinten zu der vorderen-seitlichen Fläche zum Processus muscularis, wo die meisten Muskelfasern ansetzen. Manche Fasern legen sich noch um den Aryknorpel und bilden einen Teil des M. arytenoideus obliquus. An der Vorderseite führen einige wenige Muskelfasern noch von der Schildknorpelvertiefung vertikal nach oben und setzen am seitlichen Rand an der Epiglottis an (er wird auch thyroepiglottischer Muskel genannt). Es ist dieser komplexe Verlauf des Muskels, der zu der bereits erwähnten Verschlussfunktion der Glottis mit beiträgt.

Ob der externe Muskel als Spanner oder Entspanner dient, hängt vom Grad der Kontraktion bestimmter anderer Muskeln ab. Wenn die Gesamtkontraktion der drei Muskeln, welche die innere Spannung der Stimmlippen bewirken (M. cricothyroideus, M. cricoarytenoideus posterior und der M. internus), gering ausfällt, werden durch eine isolierte Kontraktion des externen M. thyroarytenoideus die Aryknorpel dichter an den Schildknorpel gezogen, wodurch die Stimmlippen verkürzt und entspannt werden, wie es bei tiefen Tönen im Brustregister der Fall ist.

Wenn andererseits die Gesamtspannung der drei besagten Muskeln hoch ist, beeinflusst eine entsprechend gesteigerte Kontraktion des externen M. thyroarytenoideus kaum die Stellung der Aryknorpel. Jedoch kann die gesamte Kontraktion aller Muskeln einschließlich des externen Anteils des M. thyroarytenoideus eine größere Steifigkeit des Gewebes und eine Verdickung der Stimmlippen verursachen, wobei die erhöhte Spannung der Stimmlippen diese schädigen kann.

Der interne Anteil des M. thyroarytenoideus bildet den Hauptteil der Stimmlippen und wird daher oft M. vocalis genannt. Der Muskel verläuft parallel und medial zum externen thyroarytenoiden Bündel, dessen Ursprung am hinteren Teil des Schildknorpelwinkels sitzt und dessen Ansatz sich am Processus vocalis der Aryknorpel befindet.

Dieser Muskel ist wichtig für die Feinregulierung von Tonhöhe und Stimmstärke. Je höher die Spannung des M. thyroarytenoideus ist, desto höher ist die Tonfrequenz (Hirano, M., Vennard, W. & Ohala, J., 1970). Diese Spannung wird entweder durch Kontraktion dieses Muskels erreicht oder durch eine von außen einwirkende Spannung, die vom M. cricothyroideus ausgeht.[8]

8 Histologische Untersuchungen von Stimmlippenpräparaten scheinen die Existenz von Fasern anzuzeigen, die schräg, beinahe senkrecht zum M. thyroarytenoideus verlaufen und am Ligamentum vocale ansetzen (Görrtler, K., 1950). Andere Physiologen konnten diese Fasern nicht finden. Sie haben aber einige Muskelfasern gefunden, die im Conus elasticus ansetzen (Sonneson, B., 1960). Durch Kontraktion dieser Fasern wird der Conus elasticus seitlich nach oben gezogen, was in Kombination mit anderen Muskeleinstellungen die Registerfunktion verändert.

### 5.4.4 Äußere Stimmlippenspanner

Der M. cricothyroideus hat seinen Ursprung am oberen vorderen Rand des Ringknorpels und verläuft nach hinten oben und setzt am Schildknorpel als zwei getrennte Muskeln an (Abb. 5.3). Der untere Muskel, Pars obliqua genannt, hat seinen Ursprung am vorderen seitlichen Ringknorpelbogen und setzt an der Vorderseite des unteren Horns des Schildknorpels an. Der vordere Teil, Pars recta genannt, hat seinen Ursprung ebenfalls am vorderen seitlichen Teil des Ringknorpels und verläuft vertikal nach oben, wo er am unteren Rand des Schildknorpels ansetzt. Die Kontraktion dieser beiden Teile der Cricothyroidmuskeln ist verantwortlich für zwei verschiedene Funktionen:

Eine isolierte Kontraktion der Pars recta verkürzt den Abstand zwischen dem vorderen Ring- und Schildknorpel, während eine Kontraktion der Pars obliqua den Schildknorpel etwas vorwärts auf den Ringknorpel schiebt.

Beide Kontraktionen vergrößern den Abstand zwischen Schildknorpel und Aryknorpeln, wodurch die Stimmlippen gestreckt werden (die beiden unteren Zeichnungen in Abb. 5.3 zeigen beide Bewegungen). Die Muskeln dienen also als Stimmlippenspanner. Im Brustregister bewirkt eine Stimmlippenverlängerung eine höhere Spannung, was wiederum die Tonfrequenz erhöht.

Obwohl die Beschreibung der genannten Muskeln aus pädagogischen Gründen auf isolierten Kontraktionen basiert, darf nicht vergessen werden, dass die laryngealen Muskeln als eine Einheit funktionieren und niemals isoliert betrachtet oder behandelt werden können. In der Stimmtherapie muss mit den inneren Kehlkopfmuskeln als einem großen Schließmuskel gearbeitet werden.[9]

## 5.5 Schleimhaut

Das Innere der Nase, des Rachens, des Kehlkopfs und der Luftröhre ist vollständig mit Schleimhaut ausgekleidet, die entweder aus Flimmer- oder Plattenepithel besteht.

Das Flimmerepithel kleidet die Trachea, die Morgagnischen Ventrikel zwischen den falschen und den echten Stimmlippen und die oberen Luftwege aus, wo dessen Hauptaufgabe darin besteht, die inneren Wände zu reinigen.

Das Flimmerepithel besteht aus Zellen mit Flimmerhärchen, die kleine Fremdkörperchen wie bspw. Staub etc. von den unteren und oberen Atemwegen in den Mund transportieren können.

---

9 Manche Stimmtherapiemethoden behandeln nur einzelne Muskeln und Funktionen. Svend Smith glaubte nicht an diese Methoden und fand, dass sie auf veralteten Sichtweisen begründet sind.

In den Morgagnischen Ventrikeln enthält das Epithel viele Schleim produzierende Drüsen, die die Stimmlippen befeuchten.

Am wichtigsten für die Tonerzeugung ist das Plattenepithel an der Oberfläche der freien Stimmlippenränder. „Die freien Ränder der Stimmlippen sind mit einem dünnen geschichteten Plattenepithel bedeckt das ca. 50 µm dick ist, sich durchschnittlich 1,8 mm seitlich der Ränder und 2,3 mm nach unten hin ausdehnt. Aus mechanischer Sicht kann dieses Epithel als eine Art Kapsel betrachtet werden, um die Form der Stimmlippen zu erhalten.“ (Hirano, M., 1976). Die Schleimhaut an den Rändern, die beim Sprechen zwischen ca. 65-400 mal pro Sekunde[10] bei der Phonation fest aufeinander treffen, besteht aus mehrschichtigem Plattenepithel ohne Drüsen und Blutgefäße. Direkt unterhalb der Ränder der beiden Stimmlippen ist die Schleimhaut fest mit der unter ihr liegenden elastischen Membran, dem Conus elasticus, verbunden (wie bei Reinke gezeigt wird). Die Kontaktstelle wird Linea arcuata inferior genannt. Um Töne mit hoher Stimmintensität zu erzeugen, ist es wichtig, dass nicht nur die Schleimhaut, sondern die gesamte darunter liegende Masse mitschwingen muss.

Die Forschung mit theoretischen Modellen der Stimmlippen zeigt ferner die Wichtigkeit der Interaktion zwischen den Massen der Stimmlippen, wenn kinetische Energie zwischen den Massen gekoppelt ist: Ishizaka, K. und Flanagan, J. (1972) betrachteten die schwingenden Stimmlippen als gekoppeltes 2-Massen-System. Titze, I. und Talkin, D. (1979) betrachteten die Stimmlippen als System mit Interaktion zwischen 16 gekoppelten Massenanteilen der Stimmlippen. Diese theoretischen Überlegungen bestätigen, dass die Übertragung der kinetischen Energie zwischen der schwingenden Schleimhaut und dem darunter liegenden Stimmlippengewebe, besonders im Brustregister hervorragend ist, weil der M. internus (M. vocalis) medial mit dem Conus elasticus und somit auch mit schwingender Schleimhaut verbunden ist.

## 5.6 Struktur der Stimmlippen

Abb. 5.4 zeigt eine schematische Darstellung des inneren Aufbaus der menschlichen Stimmlippen (Hirano, M., 1975; Hirano, M. und Bless, D. M., 1993). Die elektronenmikroskopischen und video-stroboskopischen Untersuchungen, die von Hirano und Bless durchgeführt wurden, zeigen die Stimmlippen als eine nicht gleichmäßige doppellagige Struktur, die aus einer lockeren Decke und einem festen Körper besteht. Diese Decke wird Mucosa genannt. Sie bedeckt den oberflächigen Teil der Stimmlippen mit Plattenepithel, darunter liegt die superfiziale Schicht der Lamina propria, mit dem Reinke-Raum. Sie ist hoch geschmeidig und nur leicht an dem festen unten liegenden Stimmlippenkörper befestigt. Der obere Teil der tieferen Schicht ist mäßig beweglich. Er besteht aus dem Ligamentum vocale (es formt die mittlere und tiefere

10 Im Gesang werden Grundfrequenzen von hohen Frauenstimmen bis 2300 Hz erreicht.

Schicht der Lamina propria), welches unten mit dem M. vocalis eng verbunden ist. Dieser Körper hat die geringste Beweglichkeit. Die Fasern der tiefen Schicht der Lamina propria sind mit den Muskelfasern des M. vocalis verflochten.

Die Schichten können in 3 Lagen unterteilt werden: 1) Die Hülle besteht aus dem Epithel und die obere Schicht aus der Lamina propria. 2) Der Übergang besteht aus der intermediären und tiefen Schicht der Lamina propria und 3) der Körper aus dem M. vocalis. Jeder Abschnitt hat seine eigenen mechanischen Eigenschaften. Der äußere Teil wird passiv kontrolliert und ist locker mit dem unten liegenden Körper durch den Übergang verbunden, während der Körper aus Muskeln besteht und sowohl aktiv als auch passiv reguliert wird (Hirano, M., 1976). Fast alle Pathologien der Stimmlippen betreffen die Hülle, das Übergangsgewebe oder die Körpersektion.

Schließlich sind die Stimmlippen mit einer losen Schleimhaut bedeckt, was sehr wichtig für die Entstehung von Schwingungsbewegungen besonders im Brustregister ist. Die „Beweglichkeit der Stimmlippenschleimhaut ist in der Membranmitte am größten, gefolgt von der des Processus vocalis und am geringsten an der vorderen Kommissur." Zitat von Haji (Haji, T. et al., 1991). Schwingungsvoraussetzung ist die Existenz einer solchen losen Membran. Wenn sie nicht existiert, können die Stimmlippen nicht durch die Luftstromgeschwindigkeit durch die Glottis aneinander gesaugt werden.

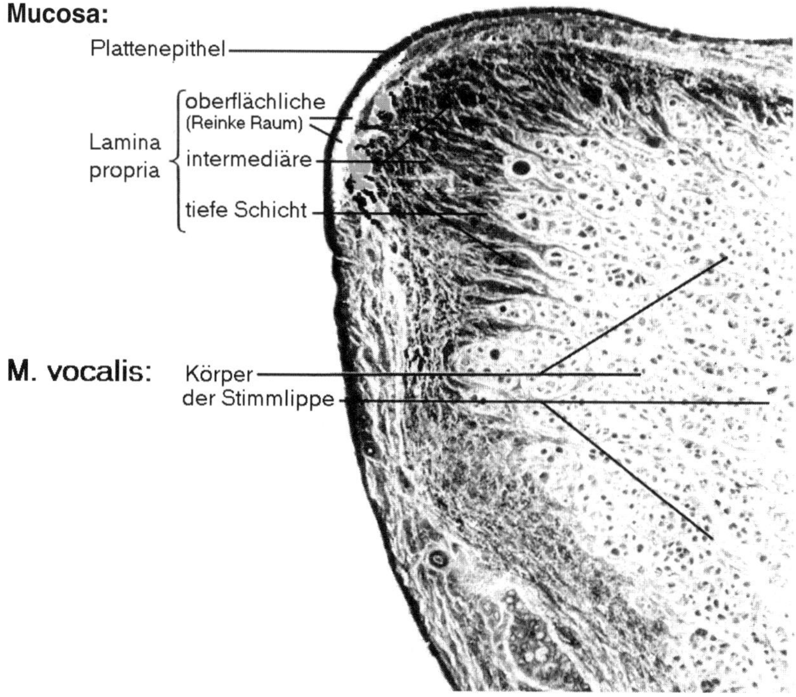


*Abb. 5.4 Ein frontaler Schnitt einer menschlichen Stimmlippe (mit Erlaubnis von M. Hirano).*

## 5.7 Nerven

Ein wichtiger Teil des Nervensystems ist das periphere Nervensystem. Man kann es als ein Kommunikationssystem definieren, das motorische Befehle vom Zentralnervensystem an die Muskeln, z.B. zu den Kehlkopfmuskeln leitet, und in der Gegenrichtung Informationen von den Rezeptoren zum Gehirn und dem neuralen Reflexsystem leitet, z.B. den mechanischen Rezeptoren, die den Luftdruck unter der Glottis registrieren (Wyke, B., 1976).

Acht der zwölf paarigen Hirnnerven sind mehr oder weniger in die Sprachproduktion involviert, d.h. sie kontrollieren die Respiration, die Phonation und die Artikulation. Abb. 5.5 und 5.6 zeigen den wichtigsten Nerv für die Innervation der Kehlkopfmuskeln, den Nervus vagus (10. Hirnnerv).

Im Hals nimmt der N. vagus motorische Fasern des N. accessorius (11. Hirnnerv) auf. Zwei Hauptäste des N. vagus kontrollieren die Kehlkopfmuskulatur und die Rezeptoren: Der N. laryngeus superior liefert die motorische Kontrolle über den M. cricothyroideus und versorgt die Schleimhaut sensorisch oberhalb der Stimmlippen. Der innere Ast dient als sensorischer Nerv für das Feed-back aus den laryngealen Rezeptoren unterhalb der Stimmlippen. Der N. recurrens, der so heißt, weil er vom Vagus her nach oben verläuft, dient der motorischen Kontrolle der restlichen inneren Kehlkopfmuskulatur und bringt Informationen von den Propriozeptoren (mechanische Rezeptoren) in den Muskeln und der Schleimhaut zurück.

Propriozeptoren wie die Spindeln sind hauptsächlich Teile von Reflexbögen, welche automatische Kontrolle und Einstellungen der muskulären Aktivität hervorbringen.

Ein sehr wichtiger Reflexmechanismus besteht zwischen den Rezeptoren, die den subglottalen Luftdruck, die Spannung der Stimmlippen und die Atmungsaktivität registrieren: Eine durch eine erhöhte expiratorische Aktivität der abdominalen Muskeln verursachte Zunahme des subglottalen Luftdruckes resultiert in dem Reflex, die Spannung in den Stimmlippen zu erhöhen, so dass die Stimmlippen dem erhöhten Druck von unten standhalten können, ohne auseinander gesprengt zu werden. (Wyke, B., 1974; Wyke, B. & Kirchner, J., 1975; Wyke, B., 1976; Glaser, V., 1981).

Die *Akzentmethode* nutzt diese Kontrollsysteme. Wenn sie korrekt ausgeführt werden, dienen die Übungen der *Akzentmethode* der Reprogrammierung der Reflexbögen, so dass die richtige Balance zwischen dem subglottischem Druck, verursacht durch die Ausatmungsaktivität, und der Spannung und Adduktion der Stimmlippen die ganze Phonation hindurch anhält.

Das Ergebnis ist, dass die Stimmlippenschwingungen dauernd in der günstigsten medialen Kompression gehalten werden.

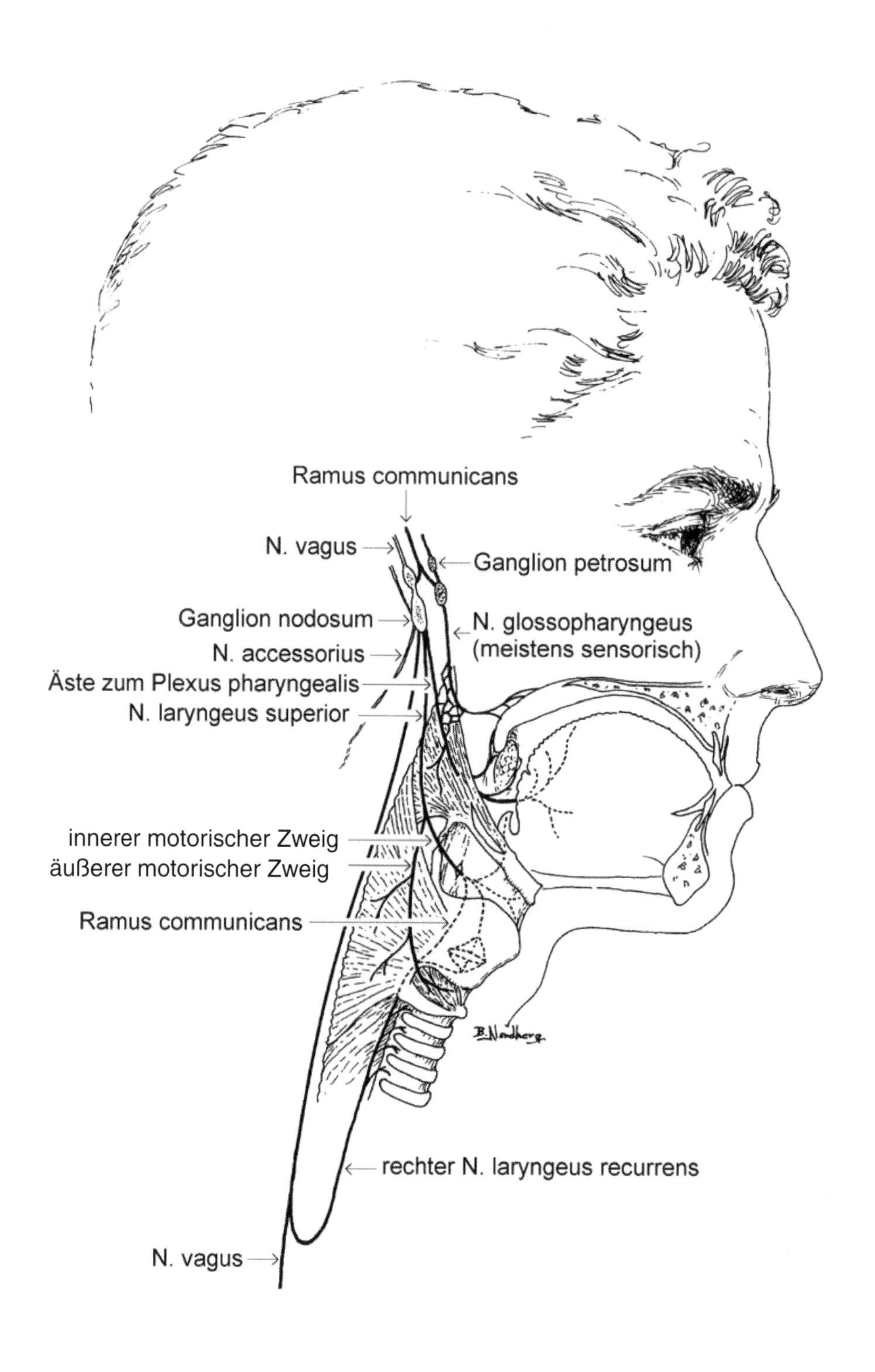


*Abb. 5.5 Nervus vagus I*

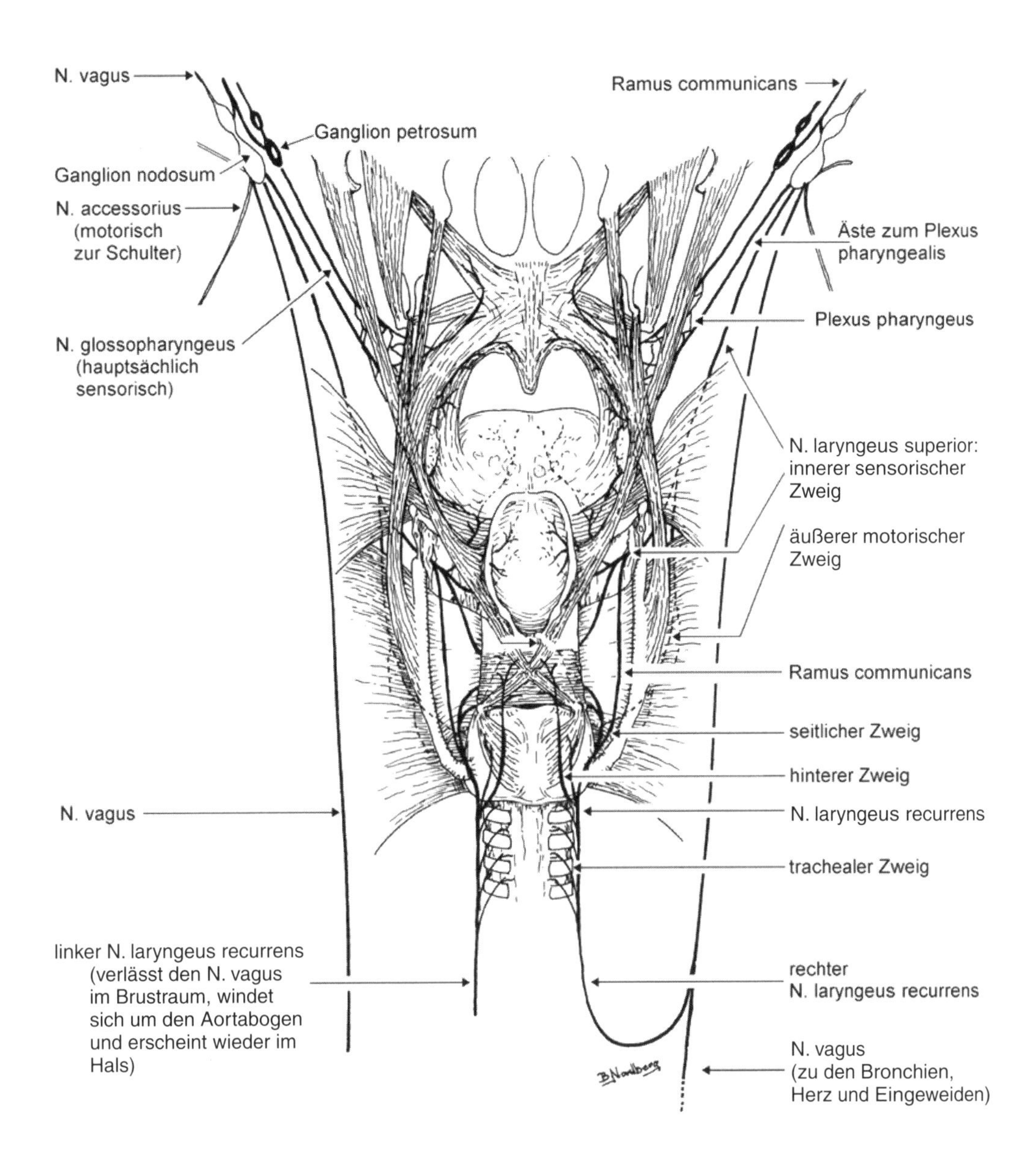


*Abb. 5.6 Nervus vagus II*

# 6 Phonation

Phonation wird als Schallerzeugung im Larynx definiert. Die menschliche Sprache wird durch das Sprachzentrum im linken Temporallappen des Gehirns kontrolliert. Von hier senden motorische Nerven Informationen durch das periphere Nervensystem zu den verschiedenen Respirations-, Phonations- und Artikulationsmuskeln, die den Sprechapparat kontrollieren. Der Sprechvorgang kann als komplexes 3-teiliges System betrachtet werden. Es besteht aus:

*(1)* *Dem Respirationssystem*, welches den nötigen Luftdruck und die Luftströmung für die Konsonantenartikulation bereitstellt, um die Phonation einzuleiten und aufrechtzuerhalten.

*(2)* *Den Stimmlippen* im Kehlkopf, die als Vibrator wirken, indem sie genügend Energie und ein passendes Klangspektrum produzieren, um die Artikulation von stimmhaften Lauten zu ermöglichen.

(3) *Den Artikulatoren* (Zunge, Lippen, Kiefer, Velum und Pharynx), die das Ansatzrohr verändern und die verschiedenen Sprachlaute (Diphthonge, Vokale, Halbvokale, stimmhafte und stimmlose Konsonanten, Plosive und Nasale) produzieren.

Die Koordination dieses komplexen Systems produziert menschliche Sprache.

Die Sprache des Menschen ist also, wie alle anderen akustischen Phänomene, eine Serie von Luftdruckwellen, die durch ihre *Frequenz und ihre Schalldruckpegel* definiert sind. Um vom Hörer erkannt zu werden, muss die Frequenz innerhalb des wahrnehmbaren Frequenzbereichs des menschlichen Ohres liegen, d.h. 20 Hz bis ungefähr 20.000 Hz[11]. Die Grundfrequenz variiert zwischen ungefähr 65 Hz (tiefe Bässe) und 2.600 Hz (höchste Soprane) (Wirth, G., 1987), wogegen die Obertöne im akustischen Spektrum bis hinauf zu wenigstens 15.000 Hz bei den meisten Sprechern registriert werden können. Der Schalldruckpegel schwankt um den durchschnittlichen atmosphärischen Luftdruck von 760 mm Hg oder 1 bar. Das menschliche Ohr ist nur für Schalldruckpegel ab ca. 20 µPa (der Hörschwelle) bis ca. 20 Pa (der Schmerzschwelle) sensibel[12]. Dieser Bereich wird üblicherweise durch eine logarithmische Skalierung ausgedrückt und ist bekannt als Dezibelskala[13]. Die Skala vom leisesten hörbaren Ton – gerade an der Hörschwelle – bis zum lautesten Ton – gerade an der Schmerzschwelle – misst den Bereich zwischen 0 dB und 120 dB SPL[14]. In 30

11 Hz bedeutet Schwingungen pro Sekunde, oft auch als cps (cycles per second) abgekürzt.

12 Pa ist die Abkürzung für die Einheit Pascal und wird normalerweise zur Messung des Schalldruckpegels verwendet.

13 Dezibel ist benannt nach dem Erfinder des Telefons (1876) Alexander Graham Bell. Eine Verdoppelung des Schalldruckpegels entspricht einer Erhöhung um 6 dB. 1 Dezibel ist 1/10 Bel.

14 SPL steht für sound pressure level (Schalldruckpegel) und zeigt an, dass der dB-Wert bezogen auf 20µPa gemessen wird, also der Hörschwelle. Früher war der Standardbezug 0,0002 dyn/cm$^2$, was ebenfalls dem Schalldruckpegel der Hörschwelle entspricht.

cm Abstand von den Lippen kann die menschliche Stimme einen Schalldruckpegel von 35 dB bis ungefähr 120 dB erzeugen (der letztere Wert wird nur von trainierten Sängern erreicht).

Die Stimmerzeugung kann am besten verstanden werden, wenn sie in die folgenden Stufen eingeteilt wird:

1) Die *Präphonation* beschreibt die vorausgehenden erforderlichen Bedingungen, um die Stimmlippenschwingungen einzuleiten.

*2) Die Stimmlippenschwingung* beschreibt die Vibration auf Grundlage der myoelastisch-aerodynamischen Theorie der Stimmerzeugung und die Mechanismen, die eine Veränderung von Tonhöhe, Intensität, Register und Stimmqualität (Timbre) betreffen.

## 6.1 Präphonatorische Stufe

Vor dem Einsatz der Stimmlippenschwingungen müssen drei wichtige Voraussetzungen erfüllt sein:

6.1 a) Die vorhergehende Einstellung des Muskeltonus der Stimmlippen und ihre Annäherung zur Mittellinie,

6.1 b) der Einsatz des exspiratorischen Luftstroms und

6.1 c) die zeitlich präzise Koordination dieser beiden Aktivitäten.

**Ad 6.1 a)** Anfangs sind die Stimmlippen abduziert oder seitlich weit gestellt bei ruhiger Atmung. Bei Männern beträgt die durchschnittliche Öffnung zwischen den Stimmlippen am weitesten Punkt ungefähr 13 mm. Bei verstärkter Einatmung kann sich diese bis auf 25 mm vergrößern (Zemlin, W., 1988). Die Dauer der präphonatorischen Phase variiert stark, sie ist abhängig von der linguistischen Situation und der Stimmung des Sprechers, aber im Durchschnitt wird ein Wert von 150 ms gefunden. Während der präphonatorischen Phase verengt sich die Glottis, indem sich die Stimmlippen von 13 mm bis auf ca. 2-3 mm annähern. Der Prozess der Stimmlippenannäherung von vollständiger Öffnung zur Phonationsstellung ist ein Kontinuum. Einige der gemeinsamen glottalen Funktionen sind in Fig. 6.1 zu sehen und illustrieren die typischen Glottisstellungen bei der forcierten Inspiration, der normalen Inspiration, dem Flüstern, der Produktion stimmloser Konsonanten, der normalen Phonation, der gepressten Phonation und bei einigen insuffizienten Muskelfunktionen.

Mit der Exspiration beginnt die Luft durch die Glottis zu fließen. Die Annäherung der Stimmlippen zur Mittellinie behindert den transglottalen Luftstrom und vergrößert den Luftdruck unter der Glottis. Der vergrößerte subglottale Druck führt zu einer Geschwindigkeitserhöhung der zwischen den Schleimhäuten der Stimmlippen fließenden Luft. Als Folge entwickelt sich ein negativer Luftdruck rechtwinklig zu den

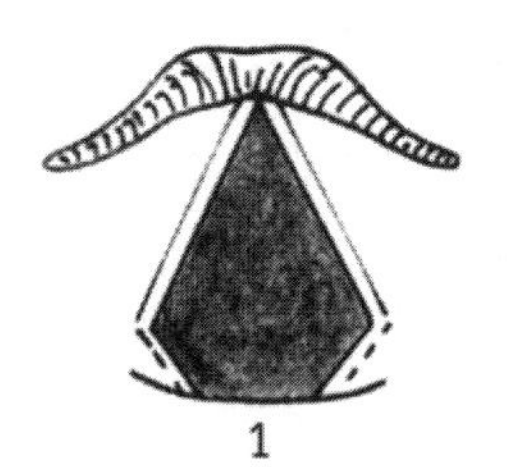


forcierte Inspiration

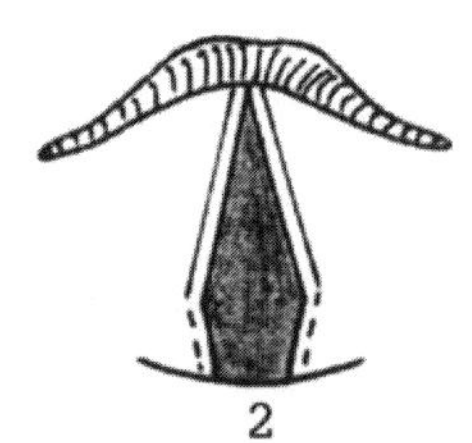


normale Inspiration

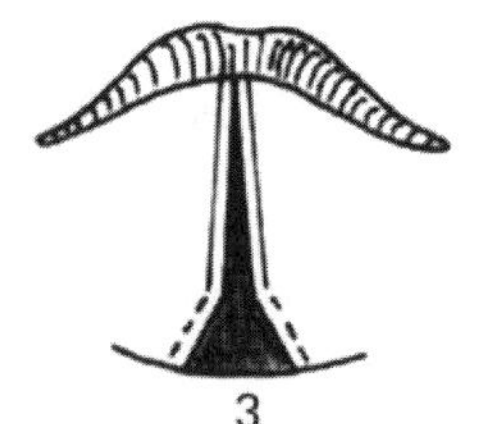


Flüstern

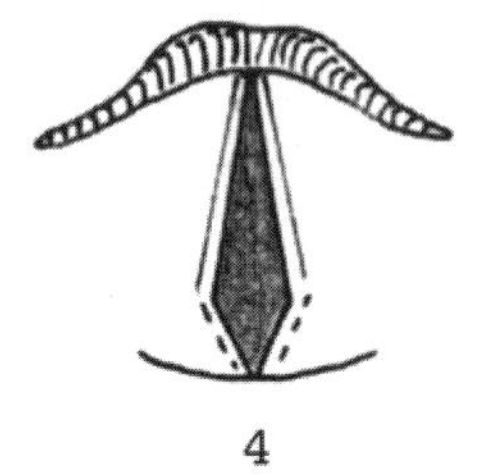


stimmlose Konsonanten

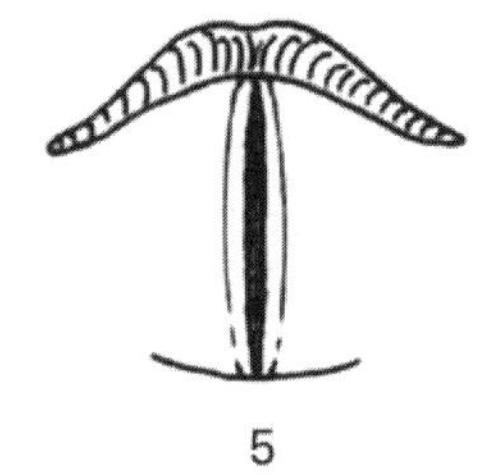


normale Phonation

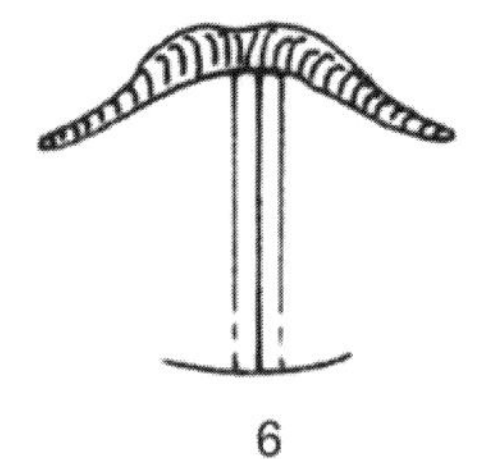


gepresste Phonation

**Allgemeine Lähmungen**

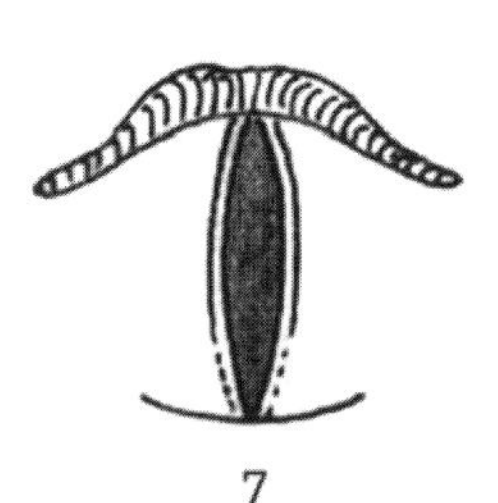


Internusinsuffizienz

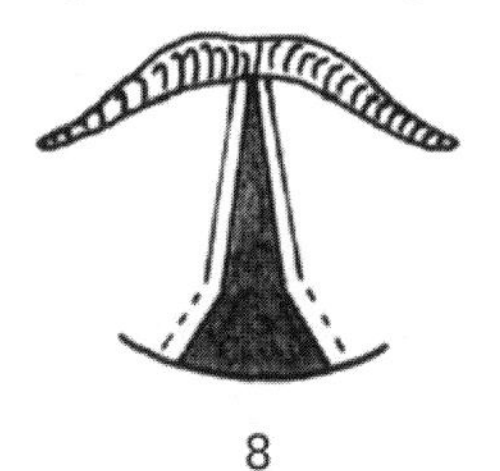


Transversusinsuffizienz

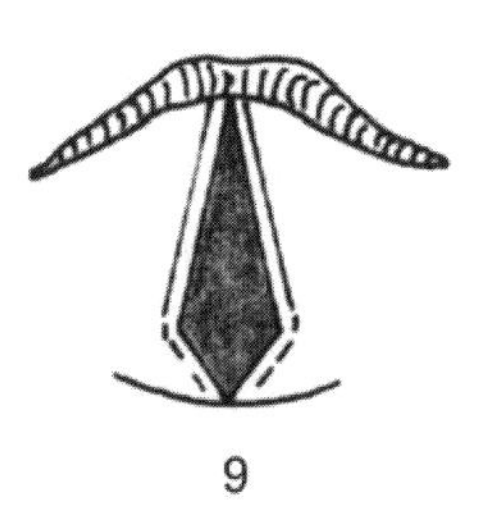


Lateralisinsuffizienz

**Stimmlippenstellungen**

1. Mediale Position (Phonation)
2. Paramediale Position (Rekurrensparese)
3. Indermediäre Position (Lähmung des N. laryngeus superior und inferior)
4. Laterale Position (Einatmung)

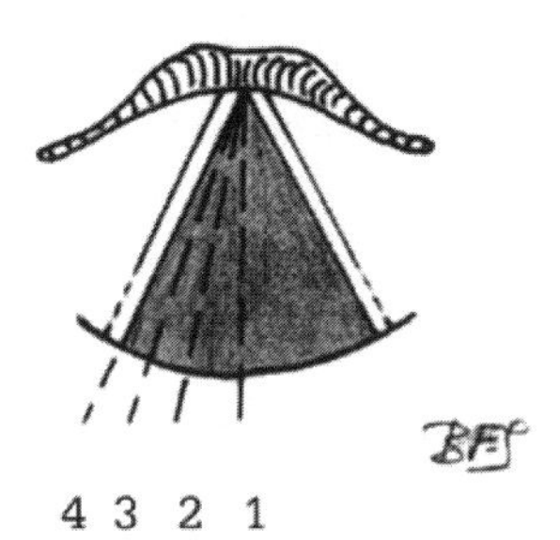


*Abb. 6.1* *Glottisstellungen*

Schleimhäuten und saugt sie in der Mittellinie zusammen (der Bernoulli-Effekt[15]).

Bernoullis Formel beschreibt, dass $c = d/2 \cdot (v^2 \cdot p)$ ist, dabei ist *c* konstant, *p* ist Luftdruck rechtwinklig zum Luftstrom, *d* ist die Dichte der Luft und *v* ist die Luftströmungsgeschwindigkeit. Diese Formel kann für die Phonation folgendermaßen interpretiert werden: Je kleiner die glottale Öffnung ist, desto schneller fließt die Luftströmung hindurch. Die Luft, die an den Stimmlippenrändern vorbeifließt, muss jedoch eine größere Strecke zurücklegen als die Luft, die an der Mittellinie entlangfließt. Die folgende Geschwindigkeitsvergrößerung verringert die Dichte der Luftmoleküle an den Stimmlippenrändern. Der Dichteunterschied zwischen den Luftmolekülen an den Stimmlippenrändern und denen in der Mittellinie bewirkt, dass die Schleimhaut gegen die Mittellinie gesaugt wird und die Herstellung eines Gleichgewichts versucht wird. Da *d* in Bernuollis Formel in der Phonationssituation ziemlich konstant ist, kann die Formel reduziert werden auf: $k = v^2 \cdot p$, wobei k die Konstante ist ($k = 2 \cdot c/d$). Dies bedeutet, dass der Druck drastisch verringert wird, wenn die Luftströmungsgeschwindigkeit vergrößert wird. Wenn zum Beispiel die Geschwindigkeit sechs mal vergrößert wird, wird der Druck 36 mal reduziert. Ein Luftdruckunterschied von 2 cm $H_2O$ (gemessen über einem 2 mm breiten Glottisspalt) genügt, um die Luftgeschwindigkeit auf ca. 12 m/sec zu erhöhen und Stimmlippenschwingungen zu erzeugen. Diese Beobachtung stützt sich auf eine Arbeit an frisch entnommenen Kehlköpfen mit intakten Schleimhäuten (Leden, H. von,1961). Basierend auf Messungen anderer Forscher (z.B. Kunze, B.,1962), scheint sie aber auch für lebendige Gewebe zu gelten.

Die *Adduktion* der Stimmlippen wird gebildet durch die Kontraktion der *internen* (und möglicherweise der externen) *Thyroarytenoidmuskulatur*[16], des *M. cricoarytenoideus lateralis*, des *M. interarytenoideus transversus* und der *Mm. arytenoidei obliqui*. Diese Muskeln kontrahieren simultan in unterschiedlichen Graden während der präphonatorischen Phase. Der M. cricoarytenoideus posterior kann auch in einem geringeren Grad kontrahiert sein um als Antagonist des M. thyroarytenoideus zu wirken und verhindert, dass die Processi vocalis nach vorne gezogen werden solange der M. thyroarytenoideus kontrahiert ist. *Die primäre Funktion des M. cricoarytenoideus posterior ist jedoch die Stimmlippen zu öffnen.*

Diese Muskeln können in zwei funktionelle Einheiten eingeteilt werden: Jene Muskeln, die die *Adduktion oder mediale Kompression steuern*[17] (M. cricoarytenoideus lateralis und M. thyroarytenoideus externus) und jene, die die Stimmlippen*spannung* kontrollieren (M. cricothyroideus, M. vocalis, und bis zu einem gewissen Grad der M. thyroarytenoideus lateralis). Die Mm. cricothyroidei sind die Hauptspanner der

---

15 Daniel Bernoulli (1700-1782) war Anatomieprofessor in Basel, Schweiz, seit 1733 und seit 1750 Physikprofessor. Die wichtige Arbeit: „Hydrodynamica“ (1738) beschäftigt sich mit der Bewegung von Flüssigkeiten.

16 Der interne Anteil des M. thyroarytenoideus wird oft M. vocalis genannt.

17 Mediale Kompression ist ein unbestimmter Begriff (van den Berg, J. & Tan, T., 1959), er bedeutet die benötigte Kraft, um die Stimmlippen entlang der Mittellinie der Glottis in Kontakt zu bringen.

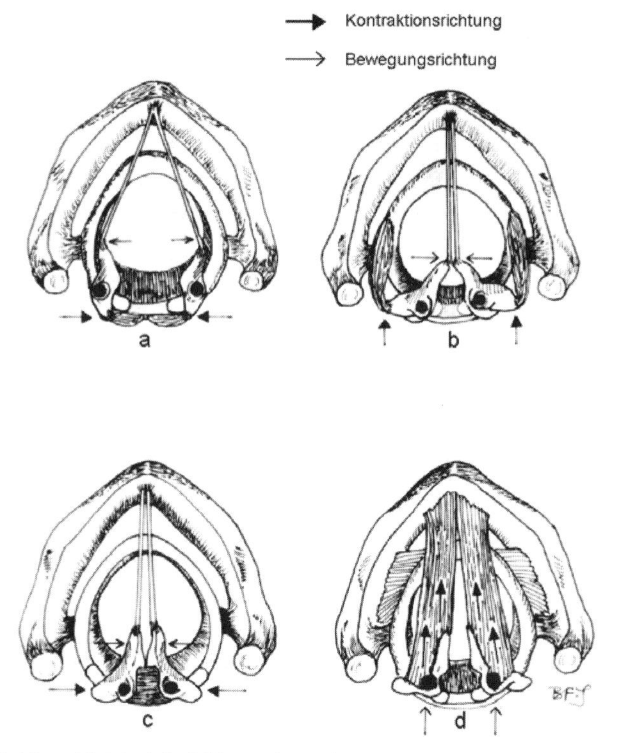


*Abb. 6.2 (a-d)* Kehlkopftätigkeit bei Phonationseinsatz

Stimmlippen, die Mm. vocalis und thyroarytenoideus externus bewirken eine Verdickung der Stimmlippen.

Die Stimmlippenschließung erfordert die Kontraktion der für die mediale Kompression verantwortlichen Muskulatur, während die Tensormuskeln, die die Stimmlippen spannen, hauptsächlich für die Frequenz der Phonation zuständig sind.

In Wirklichkeit kontrahieren die laryngealen Muskeln in den ihnen zugehörigen funktionellen Gruppen. Kein einzelner Muskel kann alleine kontrahieren ohne antagonistische Kontraktion in anderen Muskeln zu erzeugen.

Um jedoch ein klareres Verständnis der einzelnen Funktionen zu schaffen, ist es einfacher, die Tätigkeiten jedes einzelnen der vier inneren Muskelpaare[18] isoliert zu betrachten. Abb. 6.2 zeigt die Auswirkung der präphonatorischen Kontraktion bei jedem dieser Muskeln im Einzelnen.

Wie bereits erwähnt, ist der M. cricoarytenoideus posterior der hauptsächliche Öffnungsmuskel. Seine Wirkungsweise ist ersichtlich in Abb. 6.2a. Die Kontraktion dieses Muskels zieht den Processus muscularis des Aryknorpels nach hinten und unten,

18 Unter dem Fachbegriff „intrinsische (innere) Kehlkopfmuskeln" verstehen wir Muskeln, die sowohl ihren Ursprung als auch ihren Ansatz an den Kehlkopfknorpeln haben, wogegen die „extrinsischen (äußeren) Kehlkopfmuskeln" einen der Befestigungspunkte an einem nicht-laryngealen Knorpel haben.

dabei werden die Processi vocalis nach oben und außen gedreht und die Glottis geöffnet. Einer der Antagonisten dieses Muskels ist der M. cricoarytenoideus lateralis in Abb. 6.2b, der bei Kontraktion den Processus muscularis nach vorne und unten zieht und den medialen Verschluss der Stimmlippen bewirkt. Gleichzeitig bleibt die Pars intercartilaginea frei (Sonesson, B., 1960). Die Kontraktion des M. transversus und des M. arytenoideus obliquus, siehe Abb. 6.2c, schließen die Pars intercartilaginea der Stimmlippen. In Abb. 6.2d regeln die Kontraktionen der inneren und äußeren Fasern des M. thyroarytenoideus die Spannung und Dicke der Stimmlippen. Sie bestimmen die feine Anpassung der medialen Kompression und der Spannung der Stimmlippen (Sonesson, B., 1960; Berg, J. van den & Moll, J., 1955)[19].

Die Stimmphysiologie macht klar, dass die vier in Abb. 6.2 erläuterten Kontraktionen nicht isoliert betrachtet werden können, da sie mehr oder weniger gleichzeitig kontrahieren. Die *Akzentmethode* unterscheidet sich daher von vielen Stimmtherapien, indem sie den Stimm-Mechanismus als Ganzes ansieht und nicht versucht Übungen für einzelne Muskeln oder Muskelgruppen bereitzustellen. Alle Larynxmuskeln werden gleichzeitig mit der Exspiration trainiert und koordiniert, so dass das richtige Gleichgewicht zwischen hypo- und hypertoner Phonation mit verschiedenen subglottischen Anblasedrücken erreicht wird, d.h. die Stimmlippen werden trainiert, um unter Anwendung der leistungsfähigsten medialen Kompression zu schwingen.

**Ad 6.2 b)** Die oben erwähnten Einstellungen können nicht selbstständig Stimmlippenschwingungen erzeugen. Dies kann nur erfolgen, wenn ausreichend Luftströmung und subglottaler Anblasedruck vorhanden sind. Wenn der subglottale Anblasedruck zu hoch ist, nachdem die Stimmlippen in ihrer Phonationsstellung eingestellt sind, kann die Stimme eine hörbare glottale Reibung [h] bekommen. Diese wird oft als hauchige oder flüsternde Qualität beschrieben. Wo der subglottale Anblasedruck zu niedrig ist, wird die Stimme eine knarrende Qualität annehmen oder gar nicht schwingen. Der wirksamste Stimmeinsatz verlangt deshalb ein Gleichgewicht zwischen der exspiratorischen Aktivität (welche für den subglottischen Anblasedruck und den glottalen Luftstrom verantwortlich ist) und der Stellung und dem Tonus der Stimmlippen. In der präphonatorischen Phase besteht eine gemäßigte Exspirationsaktivität. Die Phonation benötigt mindestens einen Luftdruck von 2 cm $H_2O$ und einen Luftstrom von ungefähr 100 ml/Sekunde[20] (Frøkjær-Jensen, B., 1992). In einer normalen Phonation beträgt der benötigte Luftstrom ungefähr 150 ml/Sek. bei einem subglottischen Luftdruck von 6 cm $H_2O$. Um jedoch die für das Sprechen notwendigen Variationen (Wechsel der Tonhöhe und Lautstärke) zu schaffen, müssen die Exspirationsmus-

19 Van den Berg und Moll befürworteten die Existenz zweier Muskeln, des M. thyreovocalis und des M. thyreomuscularis, während Sonesson nur Beweise für einen Muskel fand.

20 Der Luftstrom (gemessen in Liter pro Minute oder ml pro Sekunde) ist eine Funktion des Luftdruckes und des Luftwiderstandes in der Glottis. Der transglottale Luftstrom entspricht dem Luftdruckunterschied über der Glottis geteilt durch den Glottiswiderstand gegenüber dem Luftstrom: Luftstromgeschwindigkeit = Luftdruckunterschied/glottaler Luftwiderstand. Also ist die Luftgeschwindigkeit durch die Glottis direkt proportional zur Luftdruckdifferenz unter und über der Glottis und umgekehrt proportional zum Glottiswiderstand.

keln den subglottalen Luftdruck über einen viel größeren Bereich ändern können. Dieser soll ungefähr 2-30 cm $H_2O$ betragen[21]. Bei Öffnung der Verschlusslaute muss die Exspirationsaktivität eine kurzzeitige maximale Luftstromrate von mehr als 1000 ml/Sek. liefern[22]. Wie die benötigte Exspirationstätigkeit diese Bedingungen schafft und erreicht, ohne unnötige Anspannungen zu entwickeln, ist in Kapitel 3 erklärt und soll hier nicht wiederholt werden.

**Ad 6.2 c)** Es ist sehr wichtig, die glottale Adduktionsbewegung und den Exspirationseinsatz zeitlich genau abzustimmen:

(1) Wo Luft entweicht, wenn die Stimmlippen adduzieren, beginnt die Phonation mit einem verhauchten [h]. Dieser Phonationstyp wird als *verhauchter Stimmeinsatz* beschrieben. Der verhauchte [h]-Klang nimmt zu, während die Stimmlippen sich nähern, und hört auf, wenn sie die vollständige Phonationsstellung erreichen. Der häufige oder gewohnheitsmäßige Gebrauch des verhauchten Stimmeinsatzes gilt als leistungsschwach, besonders wenn sich die verhauchte Stimmqualität auf den folgenden Vokal überträgt und diesen in schwacher und schlechter Qualität wiedergibt.

(2) Der leistungsstärkste Stimmeinsatz ereignet sich, wenn die Exspiration beginnt, während die Stimmlippen die vollständige Phonationsstellung erlangen. Genau diese zeitliche Abstimmung zwischen Atmungs- und Phonationseinsatz übt die *Akzentmethode im Tempo II – Andante und Tempo III – Allegro*. Das Ziel ist, das *richtige Gleichgewicht zwischen hyperton und hypoton zu erreichen*. Dieser Stimmeinsatztyp ist bekannt als *fester Stimmeinsatz* – siehe Abb. 6.3. Elektromyografische Untersuchungen haben gezeigt, dass die Stimulation der Exspirationsmuskeln präzise mit der Stimulation der Larynxmuskeln koordiniert werden muss. Bei isolierten Vokalen beginnt die EMG-Aktivität des M. cricoarytenoideus lateralis 50-500 ms vor Phonationseinsatz (Harvey, N., 1985). Dann beginnt 50-100 ms später die abdominale Aktivität den subglottischen Druck aufzubauen (Wyke, B., 1974).

(3) Wenn die Glottis schließt, bevor die Ausatmung beginnt, findet der Phonationseinsatz plötzlich und explosionsartig statt. Der Stimmlippenwiderstand muss durch hohen subglottischen Druck überwunden werden, bevor regelmäßige Schwingungen einsetzen. Dieser Stimmeinsatztyp wird oft als *harter Stimmeinsatz* bezeichnet. Er wird normalerweise als unnötige Belastung für die Stimmlippen angesehen und kann schädlich sein, wenn sie schon angegriffen sind (z.B. bei leichter Laryngitis oder sichtbarer Blutgefäße). Der harte Stimmeinsatz ist gewöhnlich in Wörtern mit einem Vokal als Initialphonem zu finden und liegt fast immer bei der hypertonen Dysphonie vor. In extremen Fällen kann er zu Stimmlippenödemen, Knötchen, polypösen Entartungen der Stimmlippenränder oder übermäßiger kompensatorischer Muskelanspannung

---

21 Ca. 70 cm $H_2O$ beträgt der maximale registrierte subglottische Luftdruck von Tenören in veröffentlichten Studien.

22 Bei gut trainierten Versuchspersonen haben die Autoren höchste Luftstromgeschwindigkeiten von über 11.000 ml/Sek. gemessen.

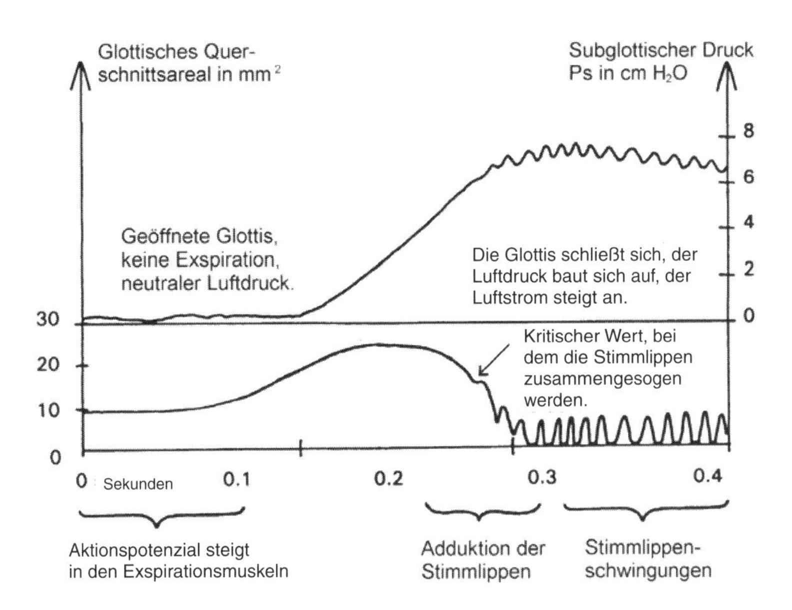


Abb. 6.3 *Die experimentelle Beobachtung mehrerer Untersucher (z.B. van den Berg, J. & Tan, T., 1959) bestätigt, dass die ersten Schleimhautbewegungen der Stimmlippen (überlagert von der Schließbewegung) medial verlaufen. Des Weiteren, je größer die Luftströmungsgeschwindigkeit ist, desto deutlicher ist die mediale Bewegung der Stimmlippenschleimhaut.*

führen. Die Übungen der *Akzentmethode* sind dafür entworfen, sowohl den harten als auch den verhauchten Stimmeinsatz zu korrigieren, indem sie die Koordination zwischen Exspiration und Phonation und die Fähigkeit, die mediale Kompression der Stimmlippen zu variieren, trainieren. Wie in Kapitel 15 gezeigt wird, haben die Übungen eine normalisierende Wirkung auf das Gleichgewicht zwischen hypo- und hypertoner Phonation.

## 6.2 Stimmlippenschwingung

In der Vergangenheit wurden viele Theorien vorgestellt, die sich mit den notwendigen Larynxeinstellungen der verschiedenen phonatorischen Funktionen befassen. Die meisten Theorien fußten auf praktischer Erfahrung des Gesanges – nur ein paar gründeten auf objektiven physiologischen und akustischen Messungen. Während der letzten 35-40 Jahre jedoch hat die Elektromyografie (Hirano, M. & Ohala, J., 1969) der intrinsischen und extrinsischen Larynxmuskulatur viele neue Daten geliefert. Diese spezielle „Hook-wire"-Technik[23] hat die Untersuchung des laryngealen Verhaltens während des Sprechens und Singens erleichtert und unser Verständnis für die Regulationsmechanismen bezüglich der Aufrechterhaltung des Registers, der Tonhöhe, der Intensität und der Stimmqualität vergrößert.

Wie schon beschrieben bewegen sich die Stimmlippen während der präphonatorischen Phase von ihrer geöffneten Stellung zu einem Glottisspalt von ungefähr 2mm. Diese Einstellung ist 350-450 ms nach einem plötzlichen Aktionspotenzialanstieg der Adduktorenmuskeln abgeschlossen (Buchthal, F., 1960). Gleichzeitig beschleunigt die Exspiration den Luftstrom und wenn der Glottisspalt 2-3 mm Abstand erreicht, ist die Luftgeschwindigkeit hoch genug, um die Schwingungen einzuleiten. Unter normalen Bedingungen können 3-5 Schwingungszyklen während der präphonatorischen Phase beobachtet werden, bevor die Stimmlippen stabile Schwingungen aufbauen (von den Autoren mittels Glottografie beobachtet, siehe Abb. 6.3). Der Bernoulli-Effekt ist die Ursache für diese anfängliche mediale Bewegung. Ist erst ein stabiles Schwingungsmuster aufgebaut, dann verändert sich der Schwingungsmodus nur, wenn die Beziehung zwischen den Kontraktionen der intrinsischen Larynxmuskulatur und der Exspirationsaktivität verändert wird. Diese Beziehung wird verändert, um die Grundfrequenz, den Schalldruckpegel, die Zusammensetzung des Klangspektrums oder des Stimmregisters zu wechseln.

### 6.2.1 Brustregister oder Modalregister

Die gewöhnliche Form der Stimmlippenschwingungen ist bekannt als *Brustregister* oder *Modalregister*. Der überwiegende Teil der Umgangssprache in angemessener, gewöhnlicher Tonhöhe und gewöhnlichen Schalldruckpegeln wird im Brust- oder Modalregister erzeugt. Die Stimmlippenschwingungen des Brustregisters wurden erstmals in Zeitlupenablichtung im „Bell Film" gezeigt (Steinberg, J., Farnsworth, D. und Smith, S., 1948). Später wurden sie unter Stroboskopbeleuchtung von Svend Smith in vier Demonstrationsfilmen dargestellt, die er auf einem Stimmseminar in Paris (1954) und danach auf einer Konferenz der *La Soçieté de Phoniatrie* in Paris zeigte (Smith, S., 1975).

Andere Autoren haben sich mit einer wissenschaftlichen Erklärung des Stimmlippenverhaltens beschäftigt. In Kapitel 5 wurde ein Frontalschnitt der menschlichen Stimmlippen in mikroskopischer Ansicht gezeigt und die Bedeutung der lockeren Schleimhaut betont. Mit einer lockeren Membran laufen die Schwingungen ab wie in Abb. 6.4. Dargestellt ist ein einzelner, in 10 Phasen unterteilter Schwingungszyklus im Brustregister.

---

23 Bei der „Hook-wire"-EMG werden zwei dünne Kupferleitungen mit Hilfe einer Kanüle in einen Muskel eingestochen. Die Kanüle wird wieder herausgezogen, aber die Kupferleitungen stecken im Muskel, weil die Enden der Leitungen kleine Haken haben. Die elektrischen Potenziale können abgeleitet werden, wenn sich der Muskel bewegt, ohne ihn zu schädigen.

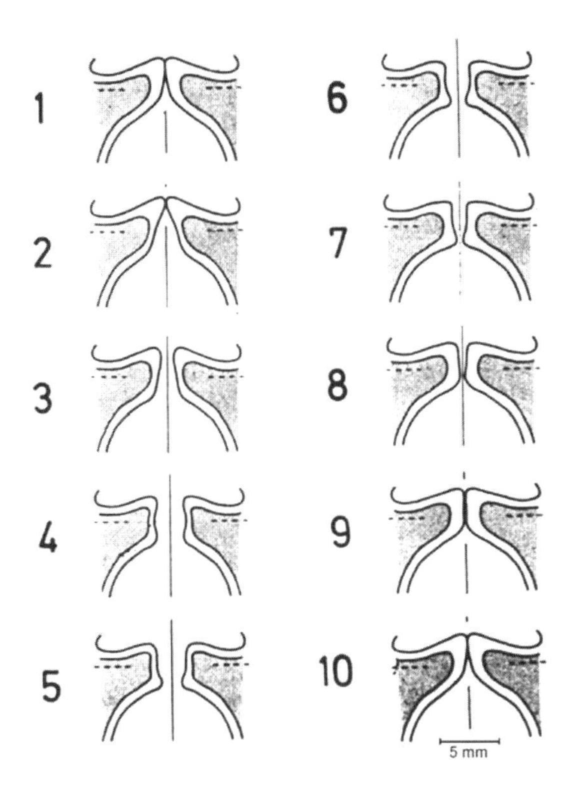


*Abb. 6.4 Eine schematische Schritt-für-Schritt Darstellung der Stimmlippen im Brustregister. Grundfrequenz 75 Hz., max. Glottisöffnung 2,0 mm (Bild 4). (Mit freundlicher Genehmigung von Hirano, M., 1976).*

Die Grundfrequenz dieser Probe beträgt 75 Hz (Männerstimme). In (1) baut sich der Luftdruck unter den geschlossenen Stimmlippen auf, die sich dadurch an ihren subglottischen Rändern trennen. Der Luftdruck (2) beginnt die Stimmlippen beiseite zu zwingen, indem er die lockere Schleimhaut nach oben zur Oberfläche der Stimmlippen treibt, wo sie wie eine kleine zusammenbrechende Welle aussehen (3), während die oberen freien Randbereiche zur Seite geblasen werden und eine kleine Luftmenge entweicht. Da die höchste Luftströmungsgeschwindigkeit jetzt die Membran anstößt, verringert sich hier der Druck relativ zum Druck in der Glottismitte und erzeugt eine Zugkraft rechtwinklig zur Luftströmungsrichtung. Diese saugt das lockere Epithel an den unteren Rändern der Stimmlippen wieder zusammen (4). Die Elastizität des Gewebes trägt auch zu diesem Effekt bei. Die Bewegung beschleunigt sich (5 & 6) bis die Stimmlippen wieder in subglottischen Kontakt gebracht werden (7). Mit dem Verschluss der Subglottis geht der transglottale Luftstrom zu Ende. Die Luft zwischen den freien Rändern wird nach oben ausgestoßen, während das Moment der sich schließenden Stimmlippen eine Vergrößerung ihrer Kontaktfläche nach oben verursacht (8 & 9), bis die Glottis den vollständigen vertikalen Verschluss erlangt. Auf Grund des größeren Widerstandes der geschlossenen Stimmlippen baut sich der subglottische Luftdruck erneut auf (10) und die Stimmlippen beginnen wieder von ihrem tiefer liegenden Kontaktbereich zur Seite zu ziehen (1). Das System wird vom transglottalen Luftstrom aus den Lungen, durch den Bernoulli-Effekt und von der Elastizität des Ligamentum vocale und des Conus elasticus in ständiger Vibration gehalten. Wenn die Schwingungen laufen, kann man mit der Stroboskopie kleine Wellen in der Schleimhaut sehen. Sie wandern über die Oberfläche der Stimmlippen (Schönhärl, E., 1960). Tatsächlich entstehen sie an den unteren Enden der Stimmlippen und bewegen sich vertikal. Dabei erhöhen und senken sie die Stimmlippenränder während der Phonation um ca. 2 mm (oft mit dem Terminus „Randkantenverschiebungen" bezeichnet), bevor sie lateral über die Oberfläche wandern (s. Abb. 6.4, 2-4). Am einfachsten sind sie mit der Stroboskopie zu beobachten. Ihre Anwesenheit ist ein Hinweis für gesunde Stimmlippen und eine zufrieden stellende Funktion. Nach einem Training mit der *Akzentmethode* wird bei den Patienten für gewöhnlich eine gesunde Erzeugung der Schleimhautwellenbewegungen festgestellt.

Diese Theorie der Stimmproduktion ist als myoelastisch-aerodynamische Theorie bekannt. Andere, die Erzeugung von Stimmlippenschwingungen betreffende Theorien sind in der Vergangenheit vorgestellt worden, wie Hussons neuro-chronaxische Theorie (Husson, R., 1950). Die Forschung ist jedoch der Ansicht, dass die myoelastisch-aerodynamische Theorie die genaueste verfügbare Beschreibung ist (van den Berg, J. & Jarnwillen, 1958). Sie ist die bis heute einzige anerkannte Theorie (Titze, I., 1979).

### 6.2.2 Registerwechsel

Wenn die Stimmhöhe ansteigt, ist ein deutlicher Wechsel der Stimmqualität wahrnehmbar. *Diese Qualitätsänderung wird Registerwechsel genannt.* Die Stimmqualität der tieferen Stimmgebung heißt gewöhnlich *Brustregister oder Modalregister*, während die hellere Qualität der Höhen als *Kopfregister oder Falsett* bezeichnet wird. Untrainierte Stimmen zeigen oft eine hörbare Bruchstelle zwischen der Brustregisterqualität und der helleren Kopfregisterqualität. Die Stelle, an der das Brustregister in das Kopfregister wechselt, ist nicht bei jedem Einzelnen festgelegt oder absolut.

Elektromyografische Untersuchungen der intrinsischen laryngealen Muskelaktivität in gleicher Tonhöhe im Kopfregister und Brustregister zeigen eine geringere Aktivität des M. vocalis im Kopfregister, jedoch eine größere Aktivität des M. cricothyroideus, welcher eine ausgeprägte Stimmlippendehnung erzeugt (Hirano, M. & Ohala, J., 1969; Hirano, M., Vennard, W. & Ohala, J., 1970), (siehe Abschnitt 6.2.3 Tonhöhenregulierung). Durch die Spannungszunahme infolge der Dehnung sind die *Stimmlippen im Kopfregister dünner als im Brustregister.* Der Cricoarytenoideus lateralis und der M. arytenoideus transversus zeigen ebenfalls weniger aktive Kontraktion und geringere mediale Kompression im Kopfregister als in gleicher Tonhöhe des Brustregisters.

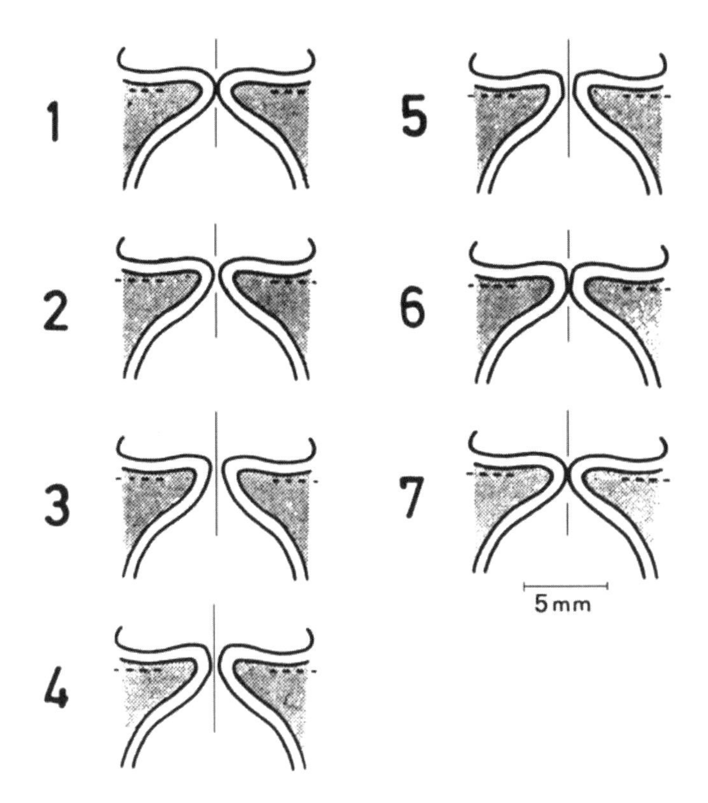


*Abb. 6.5* *Eine schematische Schritt-für-Schritt-Darstellung der schwingenden Stimmlippen im Kopfregister. Grundfrequenz 280 Hz, maximale Glottisweite 0,7 mm (Bild 3). (Mit freundlicher Erlaubnis von Hirano, M., 1976).*

Die steiferen und dünneren Stimmlippen des Kopfregisters erzeugen kleinere Vibrationsbewegungen und eine Verringerung des Kontaktbereiches im Vergleich zum Brustregister. *Tatsächlich nehmen nur die glatten runden Stimmlippenränder am Schwingungsablauf im Kopfregister teil.*

Abbildung 6.5 zeigt sieben auftretende Phasen während eines Schwingungsablaufes im Kopfregister. In (1) baut sich der subglottische Luftdruck auf und drängt die Stimmlippen schnell zur Seite (2 und 3). Der Luftdruck unterhalb der Stimmlippen fällt, da die Luft durch die Glottis entweicht, die Spannung und Elastizität des Ligamentum vocale und Gewebes veranlassen die Stimmlippen, in ihre geschlossene Stellung zurückzukehren (6 und 7). Der Bernoulli-Effekt ist bei der Stimmgebung im Kopfregister stark verringert und liefert wenig Unterstützung für die Schließungsbewegung der Stimmlippen, wie in (4), (5) und (6) zu sehen ist (s. auch Abb. 6.5, 2-4). Oft finden wir einen inkompletten Verschluss. Messwerte der Luftströmung im Kopfregister sind normalerweise doppelt so hoch wie diejenigen im Brustregister (Hirano, M., 1981) und stützen die Beobachtung des inkompletten Verschlusses. Die Stimmlippenschwingungen im Kopfregister hängen deshalb vom subglottischen Luftdruck und der Elastizität der Stimmlippen ab.

Das Übungsprogramm der *Akzentmethode* konzentriert sich nur auf das Brustregister, denn dieses ist das normale Register des Gespräches. Obwohl es in erster Linie ein therapeutisches Stimm- und Sprechprogramm darstellt und weniger eine Gesangsmethode, profitieren Sänger oft äußerst gut von einer Trainingsperiode in der *Akzentmethode.* Sie berichten über Verbesserungen in der Stimmqualität und im Tonhöhenumfang. Das Kopfregister wird meistens von Sängerinnen benutzt und ist auch manchmal in ihren Gesprächen zu hören. Die Anspannung, die das Kopfregister an den Stimmlippenrändern hervorruft, macht es zu einem ineffektiven und potenziell schädigenden Phonationsmuster. Viele junge Knaben entwickeln Stimmlippenknötchen, wenn sie in hohen Tönen im Kopfregister schreien.

Gesangslehrer bemerken oft ein Mittelregister zwischen Brust- und Kopfregister. Ein allmählicher Anstieg der äußeren Spannung des M. cricothyroideus externus mit einer Tonhöhenzunahme im Brustregister wird normalerweise von einer Spannungszunahme im M. vocalis begleitet, um einen plötzlichen Sprung in das höhere Kopfregister zu vermeiden. Dies erlaubt dem Sänger einen weichen Übergang zwischen Brust- und Kopfregister. Dieses Mittelregister wird durch ein sorgfältiges Gleichgewicht zwischen der Kontraktion des M. thyroarytenoideus und M. cricothyroideus zustande gebracht (Miller, R., 1986).

Die Existenz anderer Register wurde schon oft in der Gesangsliteratur diskutiert, da sie jedoch der praktischen Sprechtherapie nicht sachdienlich sind, werden sie in diesem Buch nicht erörtert.

### 6.2.3 Tonhöhenregulierung

Untrainierte Sprecher haben gewöhnlich keinen größeren Stimmumfang als 2 Oktaven. Die mittlere Sprechstimmlage liegt ungefähr ein Drittel über der unteren Grenze des Stimmumfanges. In Westeuropa ist die *durchschnittliche Sprechstimmlage ca. 110 Hz für Männer, 200 Hz für Frauen und höher für Kinder (Frank, W., zitiert in Habermann, G., 1986).* In normaler Unterhaltung variiert die Tonhöhe bei der Intonation zwischen 5 und 8 Halbtönen, in Abhängigkeit von der Stimmung und dem linguistischen Hintergrund des Sprechers.

Trainierte Sänger können einen Stimmumfang von mehr als 3 Oktaven vortragen. Jedoch ist der maximal benötigte Stimmumfang der meisten Sänger selten größer als 2 Oktaven. Für hohe Soprane betragen die höchsten aufgezeichneten Grundfrequenzen ungefähr 2600 Hz (Wirth, G., 1987).

Wenn man die Stimmlippenveränderungen während des Tonhöhenanstieges im Brustregister beobachtet, zeigt sich eine allmähliche Verlängerung der Stimmlippen. Die Beobachtung im Kopfregister zeigt, dass der Tonhöhenanstieg normalerweise mit einer Verkürzung der Stimmlippen verbunden ist. Dies weist darauf hin, dass die

Veränderung der Stimmlippenlänge nicht allein für die Tonhöhenregulierung im Falsett (Kopfregister) verantwortlich ist. Die durch Röntgen-Laminagrafie gewonnenen Ergebnisse unterstützen diese Beobachtung. Frontale Aufnahmen der Stimmlippen mittels Laminagrafie zeigen, dass der Querschnitt der Stimmlippen verkleinert wird, wenn sie verlängert werden. Die aufgrund der Querschnittmessungen berechnete Masse alleine jedoch wird nicht genügend verkleinert, um den Tonhöhenanstieg zu rechtfertigen (Hollien, H. & Curtis, J., 1962). Es scheint deshalb, dass die Elastizität des Stimmlippenkörpers und die Spannung der Stimmlippen ebenso wichtige Faktoren für die Tonhöhenregulierung im Kopfregister sind.

Mehrere Untersuchungen haben gezeigt, dass Veränderungen der Stimmlippenspannung im Brustregister ein wichtiger Faktor der Tonhöhenregulierung sind (Hollien, H. & Curtis, J., 1963; Sundberg, J., 1988). In Abschnitt 5.4.3 und 5.4.4 ist die Aktivität des M. cricothyroideus ersichtlich. Die Kontraktionen der rektalen Fasern dieses Muskels (Pars recta) bringen den Cricoidbogen und den unteren vorderen Rand des Thyreoidknorpels einander näher, indem sie eine Drehung um die Cricothyroidgelenke auslösen. Diese posteriore Drehung führt die Arytenoidknorpel, welche posterior-superior auf Gelenkflächen auf dem Cricoidhauptteil verankert sind, nach hinten. Diese relative Rückwärtsbewegung der Arytenoide verlängert die Stimmlippen und verringert ihren Querschnitt. Die Cricothyroidgelenke erlauben auch eine gewisse anterior-posterior Bewegung und deshalb lassen die Kontraktionen des M. cricothyroideus obliquus den Cartilago thyroidea auf dem Cricoid nach vorne gleiten. Dadurch werden die Stimmlippen ebenfalls verlängert.

Die isolierte Kontraktion des M. cricothyroideus kann die Stimmlippen nicht verlängern. Um die Stimmlippenlänge zu vergrößern, und dadurch die Spannung, müssen zwei weitere Muskelgruppen aktiv sein. Die gleichzeitige Aktivität in dem M. cricoarytenoideus posterior verankert die Arytenoidknorpel und verhindert, dass sie nach vorne über den Körper des Cricoidknorpels gleiten, wenn die Cricoidmuskeln kontrahieren. So werden die Stimmlippen nach posterior verlängert und dünner. Die isolierte Aktivität des M. thyroarytenoideus steht im Gegensatz zur Verschmälerung der Stimmlippen, indem sie die freien Ränder nach unten und medial zieht und so den Vibrationsanteil der Stimmlippen verkürzt. Der bündelnde Effekt dieses Muskels verdickt und festigt die Stimmlippen und vergrößert den potenziellen Kontaktbereich zwischen den freien Stimmlippenrändern.

Die antagonistische Beziehung zwischen diesen drei Muskelgruppen, *dem M. cricothyroideus, dem M. cricoarytenoideus posterior und dem M. thyroarytenoideus, ist also verantwortlich für die Aufrechterhaltung der Stimmlippenspannung und die Tonhöhenregulierung*. Röntgenuntersuchungen bestätigen, dass alle drei Muskelgruppen während der Tonhöhenregulierung aktiv sein können. Elektromyografische Aufzeichnungen unterstützen die Hypothese, dass der M. vocalis für die feine Tonhöheneinstellung verantwortlich ist und für die Tonhöhenänderungen der Prosodie gebraucht wird, wogegen der M. cricothyroideus die Stimmlippen unter konstanter

Spannung hält. Die Spannung nimmt im Brustregister mit steigender Tonhöhe durch einen begrenzten Tonhöhenbereich zu. Wenn man diesen Tonhöhenbereich überschreitet, ist plötzlich eine Aktivitätssteigerung zu beobachten (Hirano, M., Vennard, V. und Ohala, J., 1970).

*Im Allgemeinen führt eine Steigerung des subglottischen Druckes zu einem Anstieg der Lautstärke und in einem gewissen Grad zu einer Tonhöhensteigerung.* Eine Steigerung des subglottischen Druckes jedoch erhöht die mediale Kompression der Stimmlippen und insofern die Spannung, um effiziente Vibrationen aufrechtzuerhalten. Sehr wahrscheinlich ist dieser Spannungsanstieg für die geringe Tonhöhenzunahme verantwortlich, die bei größerem subglottischen Luftdruck beobachtet wird[24]. Man sieht keine Tonhöhensteigerung bei größerem subglottischen Luftdruck, wenn die Stimmlippenspannung konstant gehalten wird (Kunze, L., 1962).

### 6.2.4 Lautstärkeregulierung

Die Lautstärkevariationen sind für die Akzentuierung und die Betonung verantwortlich. Sie stellen deshalb einen wichtigen Anteil der mündlichen Kommunikation dar. Für ein allgemeines Verständnis der Stimmproduktion ist es wichtig zu verstehen, wie die Lautstärke physiologisch verändert wird. Untersuchungen mit Hochgeschwindigkeitsfilmaufnahmen der Stimmlippen zeigten ein mit der Lautstärke (ein Crescendo) steigendes Anwachsen der Verschlussphasendauer (mediale Kompression) entsprechend der Lautstärkesteigerung (Fletcher, W., 1950). Eine ähnliche Beziehung ist mittels fiberstroboskopischen Aufnahmen auf Video (Södersten, M. & Lindestad, P., 1990; Södersten, M., 1994) nachgewiesen. Eine positive Beziehung wurde ebenfalls zwischen subglottischem Druck und Lautstärke festgestellt (van den Berg, J., 1956; Kunze, L., 1962; Isshiki, N., 1964). Kunze fand heraus, dass eine Verdoppelung des subglottischen Anblasedrucks eine Lautstärkesteigerung von 8-12 dB bewirkte. Die wichtigste Beobachtung machte jedoch Isshiki, N. (1964), der herausfand, dass Lautstärkeveränderungen der tiefen und hohen Frequenzen von verschiedenen Steuermechanismen kontrolliert werden. Dies wurde später (Charron, R.,1965) bestätigt:

(1) Wenn die mediale Kompression im Brustregister bei tiefen Frequenzen erhöht wird, wird der Glottiswiderstand verstärkt und der durch die Glottis austretende Luftstoß wird kürzer und stärker. Dabei verlängert sich die Dauer der Schlussphase und die Lautstärke steigt.

(2) Auf hohen Frequenzen im Brustregister sind die Muskeln schon kontrahiert, um die höheren Frequenzen beizubehalten. Deshalb bedarf es einer anderen Methode der Lautstärkeregulation. Um für die größere

24 Eine Steigerung des subglottischen Druckes von 1 cm $H_2O$ entspricht grob gerechnet einer Tonhöhensteigerung um 4 Hz innerhalb des normalen Stimmumfanges.

Lautstärke die längere Schlussphase in dieser Situation herzustellen, muss die Luftströmung vergrößert werden, was wiederum den Bernoulli-Effekt intensiviert.

(3) In anderen Untersuchungen wurde durch Beobachtung bewiesen, *dass Lautstärkesteigerungen im Kopfregister/Falsett von einem entsprechenden Anstieg der Luftströmung begleitet werden* (Hirano, M., Vennard, W. & Ohala, J.,1970).

Dieselben elektromyografischen Studien demonstrierten verstärkte Kontraktionen des M. cricoarytenoideus lateralis und M. vocalis bei Lautstärkesteigerung auf tiefen und mittleren Tönen im Brustregister. Die Kontraktion des M. cricothyroideus reagierte nicht auf Lautstärkeveränderungen, zeigte jedoch etwas Kompensationsaktivität, um die Tonhöhe stabil zu halten, wenn die Lautstärke verändert wurde.

Wie oben erwähnt ist die Lautstärke der Phonation durch den subglottischen Luftdruck bestimmt (Kunze, L.,1962). Da die Amplituden der Obertöne direkt von der Verschlussrate des transglottischen Luftstromes abhängen, kann klarerweise der subglottische Luftdruck die Verschlussrate ändern: Ein größerer Luftstrom verursacht eine größere Geschwindigkeit, vorausgesetzt der glottische Widerstand bleibt unverändert. Dies aktiviert den Bernoulli-Effekt, verstärkt die saugende Wirkung über den medialen Seiten der Stimmlippen und steigert die Verschlussrate. Forschungen zeigen ebenfalls, dass die höheren Obertöne während des letzten Teiles der Verschlussphase erzeugt werden (Smith, S., 1954). Je schneller die Verschlussrate ist, desto stärker werden die Obertöne erzeugt.

### 6.2.5 Regulierung der Stimmqualität

Die Stimmqualität (oder Timbre) ist in erster Linie ein Begriff der Perzeption. Die Stimmen werden manchmal als von „dumpfer“ oder „klarer“ Qualität beschrieben. Wenn die als „dumpf“ bewerteten Stimmen mittels Spektrografie analysiert werden, finden wir die Stimmenergie im tieferen Bereich des Frequenzspektrums konzentriert (besonders unterhalb 1000 Hz), während jene als „klar“ bewerteten dazu tendieren, ihre Energie im mittleren Teil des akustischen Spektrums zu vereinigen.

Abb. 6.6 vergleicht zwei Aufnahmen eines Patienten, die vor und nach 10 Unterrichtseinheiten in Stimmtherapie (*Akzentmethode*) hergestellt wurden. Die Abbildung zeigt den Unterschied zwischen einer schwachen und dumpfen Stimmqualität und einer klaren und sonoren Stimmqualität. Das FFT Energiespektrum[25] zeigt mehr Energie im Bereich von 1000-5000 Hz. Wichtig ist auch, dass das spektrale Gewicht sich verändert hat. Vor der Therapie bestand zwischen dem ersten und zweiten Ener-

25 Das FFT Energiespektrum ist ein Lang-Zeit-Durchschnitts-Spektrum des analysierten Satzes (eine LTAS Kurve genannt). Jeder Durchschnitt wird aus 512 Datenpunkten berechnet.

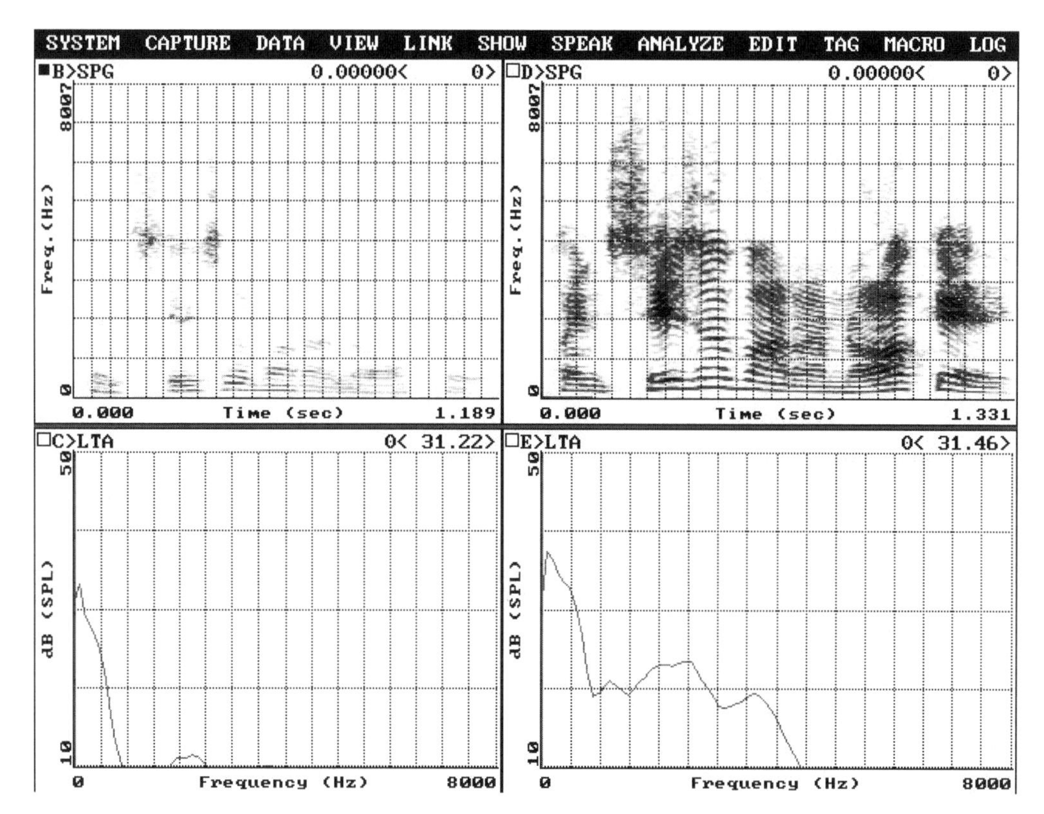


*Abb. 6.6 Zwei Aufnahmen eines Spektrogrammes mit LTAS-Analysen einer Patientenstimme vor (links) und nach (rechts) Stimmtraining (Akzentmethode). Der Schalldruckpegel ist während des Trainings um 12,7 dB angestiegen. Die Veränderung der Stimmqualität ist aus den Kurven ersichtlich: Die Stimme im linken Spektrogramm und die dazugehörende LTAS-Analyse klingt schwach, dunkel und dumpf aus Mangel an höheren Harmonischen. Die Stimme im rechten Spektrogramm und die dazugehörende LTAS-Analyse klingt hell und sonor wegen des höheren Energieniveaus im mittleren Bereich des Spektrums. Die Energiespektren sind über den dänischen Satz „Prinsesser var der nok af." gemittelt. (Aufgenommen mit dem CSL-System der Kay Elemetrics Corp.)*

giemaxima auf 200 Hz und 2300 Hz ein Unterschied von 21 dB. Nach der Therapie beträgt der Unterschied nur 13,6 dB. Solche Untersuchungen können benutzt werden, um Veränderungen in der Stimmqualität des Patienten zu beurteilen.

Während des Sprechens erzeugen die Stimmlippenschwingungen die stimmhaften Laute, die jedem Individuum seine einzigartige Stimmqualität geben. Wenn ein „kleiner Luftstoß" durch die vibrierenden Stimmlippen freigegeben wird, erzeugt er eine Wellenform, bestehend aus einer Öffnungsphase, einer Schlussphase und einem Verschluss. Diese „Luftstöße", die man als Strömungsglottogramm aufzeichnet, bilden die akustischen Schallwellen und sind als Phonation erkennbar. Die „Luftstöße" enthalten deshalb genügend Informationen, um sie in ihre Teilkomponenten – d.h.

in Grundfrequenz und in Obertöne (z.B. durch eine Fourier Analyse) – zu zerlegen, um das akustische Spektrum des primären Stimmklanges darzustellen.

Die Amplitude der Grundfrequenz ist von der Amplitude der Luftströmungskurve abhängig (Sundberg, J., & Gauffin, J., 1979). Je höher die Spitzen der Strömungskurve liegen (d.h. je größer die Amplitude der medialen Stimmlippenbewegungen ist), desto stärker ist der Grundton. Es scheint so, als korrelieren die Amplitudenspitzen der Strömungskurve mit der hypo-/hypertonen Dimension. Bei einer kleinen Amplitude wird die Stimme wahrscheinlich hyperton sein und gepresst klingen. Bei einer großen Amplitude wird die Stimme wahrscheinlich hypoton und überhaucht sein mit einer starken Grundfrequenz. Diese theoretischen Feststellungen bestätigen die praktischen Erfahrungen von Anwendern der *Akzentmethode*. Das Anfangstraining (Tempo 1 – Largo) vergrößert den transglottischen Luftstrom und daraufhin den Bernoulli-Effekt, womit in den Stimmen eine vollere Stimmqualität festgestellt wird. Akustische Analysen dieser Veränderungen weisen eine größere Intensität des Grundtones nach, während laryngoskopische Untersuchungen eine größere Beweglichkeit der Stimmlippen und gut ausgeformte Wellenbewegungen der Schleimhaut zeigen.

### 6.2.6 Subglottische Dämpfung

Die Dämpfung der Resonanzen im Ansatzrohr ist ein weiterer wichtiger Faktor der Stimmqualität. Es ist wichtig zu bemerken, dass durch einen *schwachen Stimmlippenverschluss eine beträchtliche Dämpfung der Resonanzen im Ansatzrohr und daraufhin eine Reduktion der Formantspitzen erfolgt* (Fant, G., 1972; Hanson, H. & Stevens, K., 1995). Diese Dämpfung erfolgt durch die akustische Koppelung an die subglottischen Räume (Trachea unterhalb des Larynx). Die Dämpfung erfolgt auch durch die weiche Schleimhaut im Ansatzrohr. Das perzeptive Ergebnis ist eine dumpfe Stimmqualität mit undeutlicher Aussprache und dürftiger Verständlichkeit. Dies ist ein gemeinsames Merkmal untrainierter Stimmen, deren Muskeln zu schwach sind, um einen wirkungsvollen Verschluss während der Phonation aufrechtzuerhalten. Deshalb geht die klare sonore Stimmqualität verloren. Die Übungen im Tempo II und III der *Akzentmethode* (s. Kap. 10) stärken die intrinsische Larynxmuskulatur und fördern die effektive abdominale Exspiration für die Erhöhung des subglottischen Luftdruckes. Die verbesserte glottische Funktion verringert die Dämpfung im Ansatzrohr, stellt eine klare Stimmqualität, eine deutliche Artikulation und eine angemessene Lautstärke wieder her.

## 6.2.7 Hypertone, normale und hypotone Phonation

Das akustische Resultat steht in direkter Beziehung zur Art und Weise, wie die Stimmlippen geöffnet und geschlossen werden. Die Einstellungen der intrinsischen und extrinsischen Larynxmuskulatur verursachen eine variierende Spannung im Stimmlippengewebe, in den Ligamenten und der Schleimhaut, die die Größe und die Zeitbeziehungen der glottischen Öffnungsphase verändern. In Abb. 6.7 sind einige wichtige Veränderungen, die das akustische Spektrum beeinflussen, zu sehen.

Die drei Glottogramme zeigen hypertone, normale und hypotone Phonationen bei gleicher Tonhöhe derselben Person. Die hypertone Phonation hat eine kurze Öffnungsphase, die hypotone Phonation die längste Öffnungsphase. Die drei verschiedenen Funktionen ergeben drei verschiedene akustische Spektren, die in Abb. 6.8 zu sehen sind.

Die mittlere Kurve in Abb. 6.7 zeigt eine normale Phonation mit korrektem Gleichgewicht zwischen dem subglottischen Anblasedruck und der Stimmlippenspannung. Dies ist die ökonomischste Phonation, da sie das höchste akustische Resultat mit einem auf gute Artikulation zugeschnittenen akustischen Spektrum ergibt.

Wenn die Stimmlippen stark geschlossen sind, braucht der Luftdruck längere Zeit, um die Glottis zu öffnen, und die gespannten Stimmlippen bedingen auch eine schnellere Schließung. Die Diphtonge, Vokale und Halbvokale sind in der linken Kurve zu sehen. Das akustische Resultat ist ineffektiv und genügt nicht, um die Artikulation zu unter-

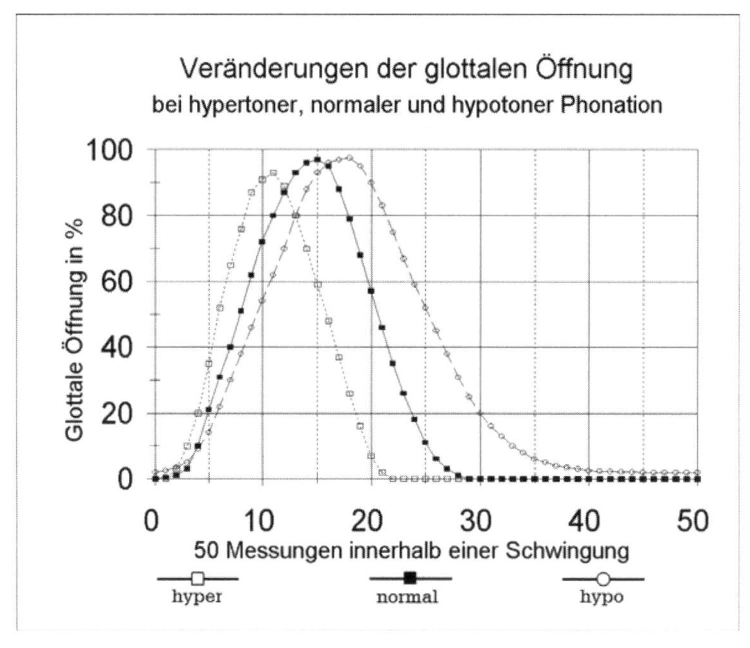


*Abb. 6.7 zeigt die drei Glottogramme, die in Abb. 6.8 zu sehen sind*

stützen, da wenig Energie im tiefen und teilweise im mittleren Teil des akustischen Spektrums vorhanden ist. Die Stimme klingt gepresst, knarrend und hell.

Wenn die Stimmlippen schwach geschlossen sind, kann der Luftdruck die Stimmlippen einfach zur Seite blasen und die Schließbewegung ist langsam. Dies ist in der rechten Kurve dargestellt. Bei langer Öffnungszeit entweicht viel Luft durch die Glottis, was als Überhauchung zu hören ist. Die Stimmqualität ist weich und dunkel. Es besteht zu wenig Energie für deutliche Artikulation.

So verursacht die Balance zwischen subglottischem Druck und Spannung der Stimmlippen verschiedene akustische Spektren, wie in Abb. 6.8 zu sehen ist.

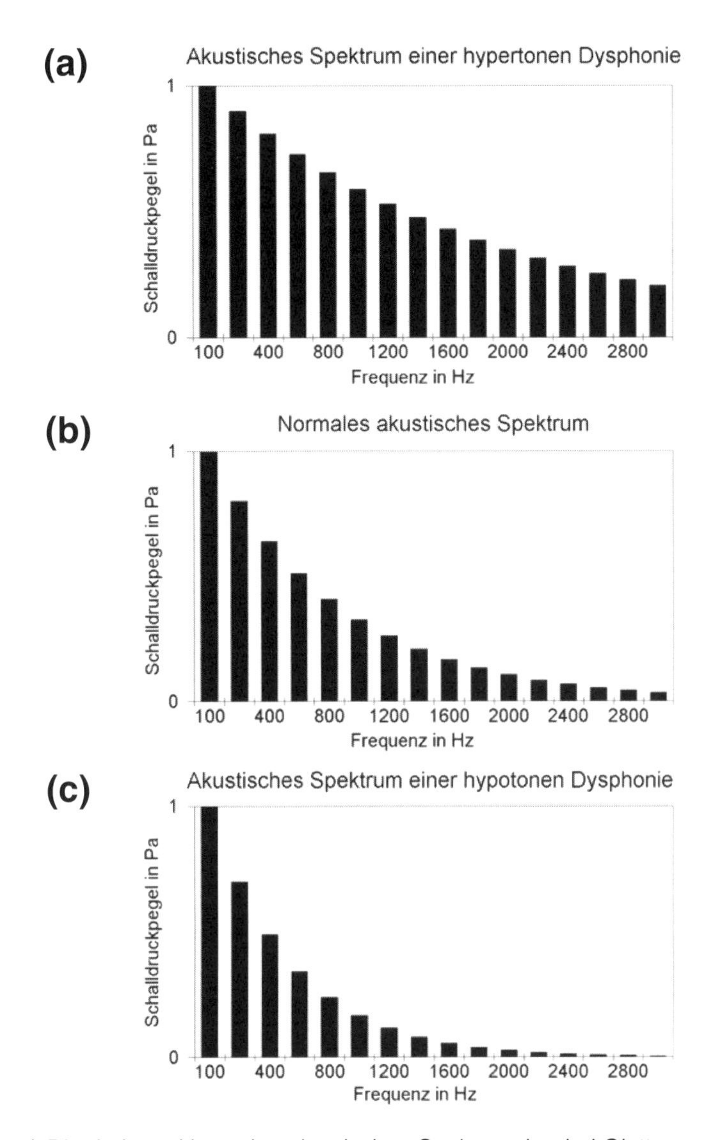


*Abb. 6.8 (a-c) Die drei resultierenden akustischen Spektren der drei Glottogramme aus Abb. 6.7*

Die Balance zwischen subglottischem Druck und der Stimmlippenspannung hat auch andere wichtige Konsequenzen. Wenn die glottale Öffnung verkleinert wird, ist die Behauchung verringert und der Dämpfungseffekt für die Resonanzen in den supraglottischen Räumen wird reduziert. Das bedeutet also, dass die Formanten stärker und ausgeprägter werden, wodurch ein verständlicheres Sprechen erzeugt wird.

Im Stimmtraining mit der *Akzentmethode* werden die ersten Übungen (im Tempo I – Largo) in tiefer Stimmlage mit einer weichen, sehr überlüfteten Stimmqualität und engen Vokalen durchgeführt. Deshalb ergibt sich anfangs ein Stimmtimbre, das der Qualität in Abb. 6.8c ziemlich gleicht. Dieses anfängliche Training stärkt die Schleimhaut der Stimmlippen und verbessert die Mobilität und Elastizität der Stimmlippen (der Bernoulli-Effekt wird verstärkt). Später wird das Training mit Tempo II – Andante und Tempo III – Allegro fortgesetzt (Abb. 6.8b), wodurch ein sonores Timbre gefördert wird, weil die Schleimhaut und die Stimmlippen gestärkt worden sind und das Gewebe einem kräftigeren Training widerstehen kann. *Diese Art des Trainings schützt die Stimmlippen und ergibt das schnellstmögliche positive Resultat.*

Abschließend stellen wir fest, dass die akustischen Verbesserungen, die wir nach einer Behandlung mit der *Akzentmethode* bemerken, sowohl gut mit den laryngoskopischen, elektroglottografischen und akustischen Befunden als auch mit den theoretischen Erklärungen übereinstimmen.

# 7 Artikulation

Das menschliche Sprechorgan ist imstande, eine Vielzahl verschiedener Laute zu produzieren. Einige dieser Laute werden in der mündlichen Kommunikation verwendet. Sie werden deshalb als Sprachlaute bezeichnet. Es ist wichtig, dass Sprachlaute präzise artikuliert und phoniert werden, zumal die Verständlichkeit der Sprache komplett davon abhängig ist, wie ein Sprecher die komplexe Koordination der an dem artikulatorischen und phonatorischen Prozess beteiligten Muskeln beherrscht.

Vereinfacht könnte man sagen, dass im Artikulationsprozess die Sprachlaute im Ansatzrohr[26] geformt werden, während der Kehlkopf nur für die Produktion von

- Grundfrequenz
- Intensität (Lautstärke)
- Stimmqualität und
- Tonhaltedauer

verantwortlich ist.

Sprachlaute können in drei Gruppen eingeteilt werden, die mittels der Energie des Atemstromes, der in akustische Energie umgewandelt wird, identifiziert werden.

*1. Freie Passage durch das Ansatzrohr:*

Die Diphthonge, Vokale und Halbvokale sind physiologisch als Sprachlaute definiert, die eine freie Passage im Ansatzrohr haben. Die Vokale sind durch die Schwingung der Stimmlippen charakterisiert, die durch eine scheinbar periodische Modulation des Ausatemluftstromes verursacht wird.

Das akustische Spektrum des primären Kehlkopftones ist scheinbar periodisch. Das harmonische Spektrum, d.h. Töne die periodisch wiederholt werden, besteht aus einem Grundton mit einer hohen Anzahl harmonischer Anteile[27].

Das Linienspektrum und der glottale Luftstromstoß für einen solchen Ton werden in Abb. 7.1 (1a und 1b) gezeigt.

---

26 *Der Begriff Ansatzrohr wird allgemein für die Resonanzräume zwischen den Stimmlippen und den Lippen verwendet.*

27 *Theoretisch ist die Anzahl der Harmonischen unbegrenzt. Praktisch sind sie darauf begrenzt, was gehört oder registriert werden kann.*

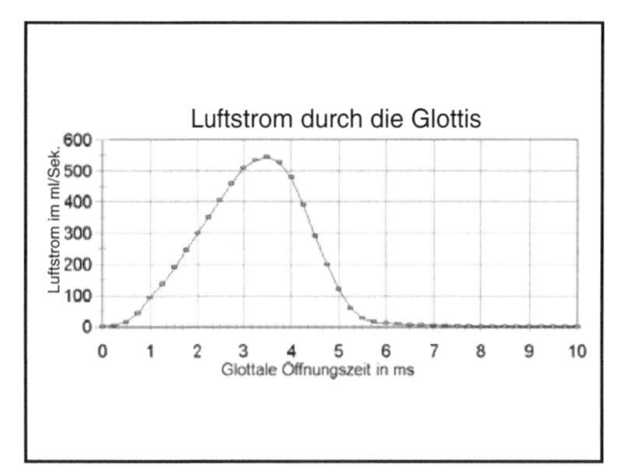


*1a: Kurve der Luftströmung durch die Glottis im Laufe der glottalen Öffnungszeit.*

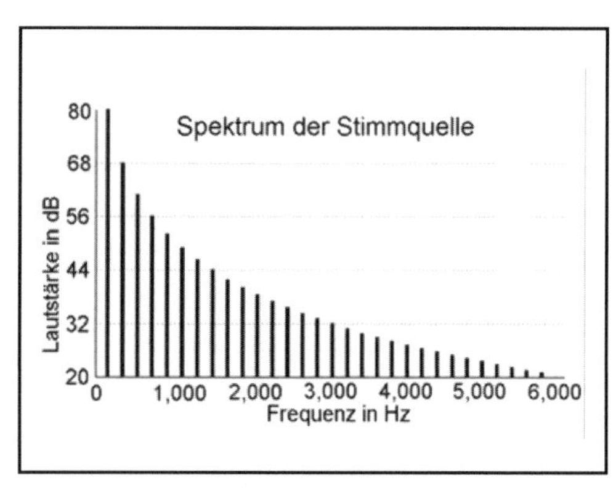


*1b: Die Abbildung im Frequenzbereich der primären Stimmquelle stellt in einem harmonischen Linienspektrum ein Gefälle von -12 dB/Oktave dar.*

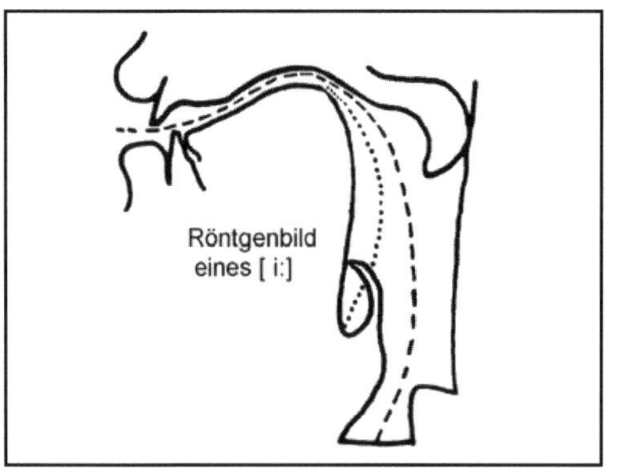


*1c: Die Gestalt des Resonanzsystems nach einem Röntgenprofil für den [ i ]-Laut.*

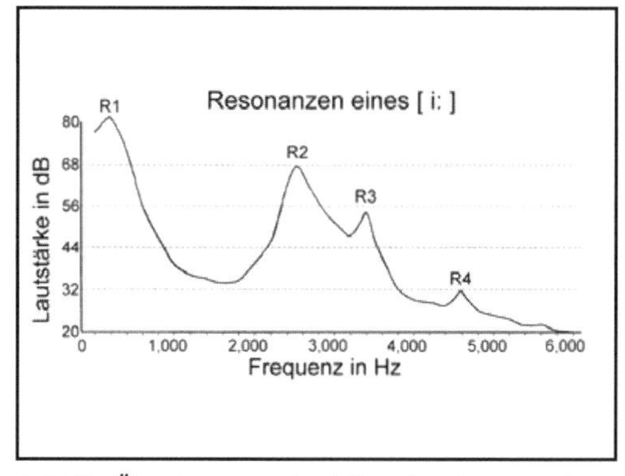


*1d: Die Übertragungsfunktion des Ansatzrohres für den [ i ]-Laut stellt eine Resonanzkurve mit 4 Resonanzmaxima dar.*

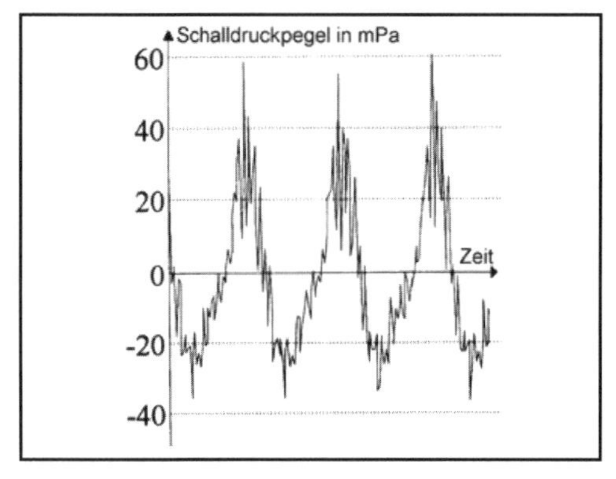


*1e: Die Abbildung im Zeitbereich der ausstrahlenden Schalldruckwelle.*

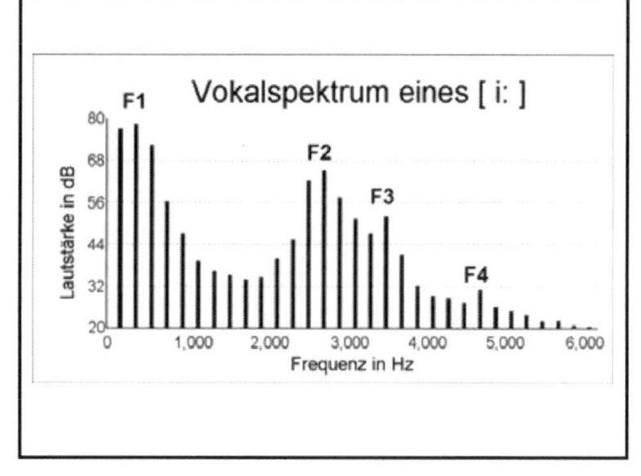


*1f: Das ausstrahlende akustische Spektrum besteht aus der Stimmquelle, die durch die Resonanzen moduliert wurde.*

*Abb. 7.1 Physiologische und akustische Eigenschaften der Vokalbildung*

*2. Verengung des Ansatzrohres:*

Die Konsonanten sind physiologisch als Sprachlaute definiert, die irgendwo im Ansatzrohr eine Verengung oder einen Verschluss aufweisen:

Die Frikative und Sibilanten gehören zur Gruppe, die eine Verengung haben. Wenn der Ausatemstrom die Verengung passiert, wird eine Luft-Turbulenz erzeugt, die akustisch eine scheinbar zufällige Wellenform generiert. Dieses Geräusch-Spektrum kann die einzige Tonquelle sein oder es kann mit Stimme kombiniert sein, was zu stimmhaften Frikativen oder Sibilanten führt.

*3. Verschluss im Ansatzrohr:*

Die Plosivlaute sind durch einen Verschluss des Velums und durch einen sonstigen Verschluss in der oralen Passage charakterisiert. Das Charakteristikum der Nasale ist ein Verschluss innerhalb der oralen Passage, wobei das Velum gesenkt ist und so eine freie Passage durch den Nasenraum entsteht.

Die Plosivlaute können entweder stimmhaft oder stimmlos sein. Die stimmlosen Plosive haben während des Verschlusses eine kleine Pause, wohingegen stimmhafte Plosive auch eine sanfte niederfrequente Energie während des Verschlusses haben.

Das Auslösen eines Plosivlautes entlädt den Luftdruck, der sich hinter dem Verschluss aufgebaut hat. Dieser führt zu einer Explosion, die akustisch ein kleines Geräusch enthält.

Die Artikulationsorgane mit den verschiedenen Artikulatoren (Lippen, Unterkiefer, Zunge, Velum und Pharynx) werden zusammen mit dem Larynx in Abb. 7.2 gezeigt. Die Illustration zeigt die Artikulationsorgane in einer neutralen Position mit geschlossenen Lippen und entspanntem Velum, so dass die Passage durch die Nasenhöhle frei ist.

## 7.1 Physiologische Basis der Artikulation

Die Artikulation stützt sich auf die Koordination von Lippen, Unterkiefer, Zunge, Velum und Pharynx[28]. Die Bewegungen der Artikulatoren müssen sorgfältig abgestimmt sein[29], um die korrekten Stellungen im Ansatzrohr, die für die Zielpositionen benötigt werden, zu erreichen.

28 Im Allgemeinen wird der Pharynx nicht als Artikulator betrachtet. Die Muskeln des Pharynx sind aber von wesentlicher Bedeutung für die Größe und Form des Pharynx (beeinflusst die Resonanzen). In dieser pädagogischen Abhandlung weisen wir deshalb darauf hin, dass diese Muskelgruppe, die den Pharynx kontrolliert, somit auch als Artikulator betrachtet werden kann.

29 Fehlerhafte Zeitabstimmung wird bei einer gesunden Person beobachtet, wenn die Sprechorgane zu kalt sind, z.B. während der Winterzeit. Es kann sehr schwierig sein, die Artikulatoren korrekt zu koordinieren, wenn die Temperatur weit unter null liegt und die Muskeln deswegen steif sind.

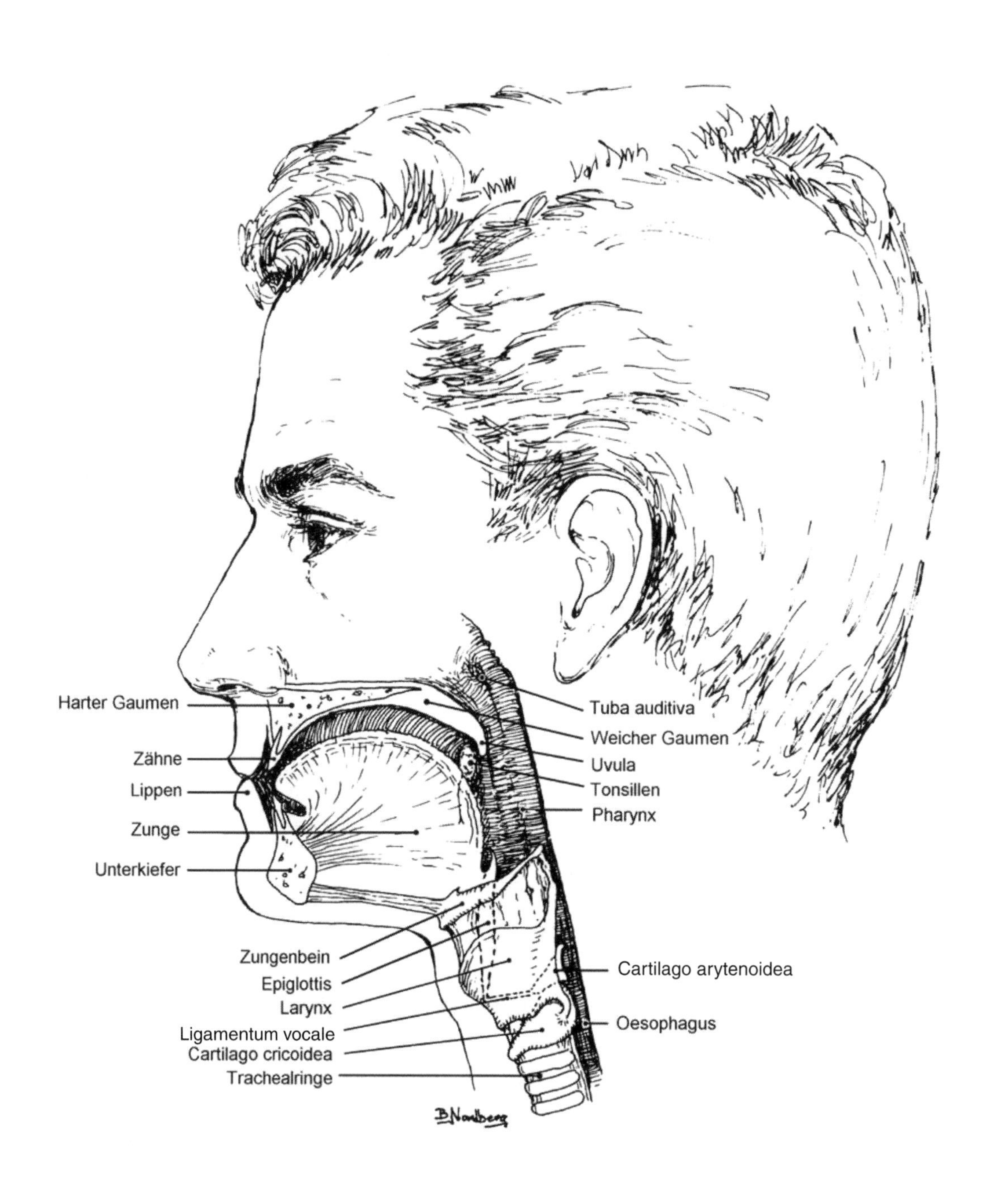


*Abb. 7.2* *Abbildung der Artikulationsorgane in neutraler Position mit Hinweisen auf die verschiedenen Artikulatoren: Lippen, Kiefer, Zunge, Velum und Pharynx und Larynx*

## 7.1.1 Lippen

Die Lippen (Labii) verschließen den Eingang zur Mundhöhle. Aus biologischer Sicht dienen die Lippen als Ventil für den Mund (sie verhindern das Herauslaufen der Nahrung und des Speichels) und sie tragen zum Gesichtsausdruck und der Artikulation bei.

Eine schematische Abbildung der Aktivität der Lippenmuskulatur wird in Abb. 7.3 gezeigt. Der wichtigste Lippenmuskel ist der M. orbicularis oris (1), ein Ring- und Schließmuskel, der den Mundeingang umschließt. Während der Kontraktion verschließt er den Mund und drückt die Lippen aufeinander. Als Antagonisten zu dieser Schließbewegung gibt es 3 Muskelgruppen: Die transversalen Lippenmuskeln (2), die die Mundwinkel zur Seite ziehen, dadurch pressen sich die Lippen gegen die Zähne. Die angularen Lippenmuskeln (3), die die Oberlippe lateral nach oben und die Unterlippe lateral nach unten ziehen, und die vertikalen Lippenmuskeln (4), die die Mundwinkel zusammendrücken. Schließlich bewegen die parallelen Muskeln (5) die Mundwinkel gegeneinander.

Diese Muskeln bewegen die Lippen und verändern ihre Form und Größe in einem sehr hohen Maß. Phonetisch gesehen sprechen wir über wenigstens zwei verschiedene Lippenstellungen: gerundete Lippen und ungerundete Lippen.

Wenn die Lippen gerundet sind, sind die Resonanzfrequenzen im Ansatzrohr tiefer[30].

Das gleichzeitige Absinken des 2. und 3. Formanten ist hauptsächlich ein wichtiger Hinweis für die wahrnehmbare Differenzierung zwischen gerundeten und ungerundeten Vokalen. Sind die Lippen nicht gerundet, sind die Frequenzen des 2. und 3. Formanten höher.

Viele Sprachen verwenden die Unterscheidung gerundet oder ungerundet phonologisch. Jedoch vermindert die allgemeine artikulatorische Gewohnheit vieler Menschen die Lippenrundung. Außerdem haben viele Personen eine schlechte Lippenmobilität, so dass es oft schwierig ist, die Lippenrundung zu hören bzw. für schlecht hörende Menschen, diese zu sehen. Aus diesem Grund sind Übungen, die die Mobilität der Lippen trainieren, ein wichtiger Teil der Artikulationsübungen in der Sprech- und Sprachtherapie. Darüber hinaus trägt die Lippenbeweglichkeit zu einem lebhafteren und attraktiveren Gesichtsausdruck bei. In der Akzentmethode wird die Lippenbeweglichkeit bei allen Übungen abwechselnd mit gerundeten und ungerundeten Vokalen trainiert.

---

30 Abschnitt 7.2 „Die Akustik im Ansatzrohr" befasst sich mit Resonanzen als Eigenschaften des Ansatzrohres und Formanten als Eigenschaften im akustischen Spektrum.

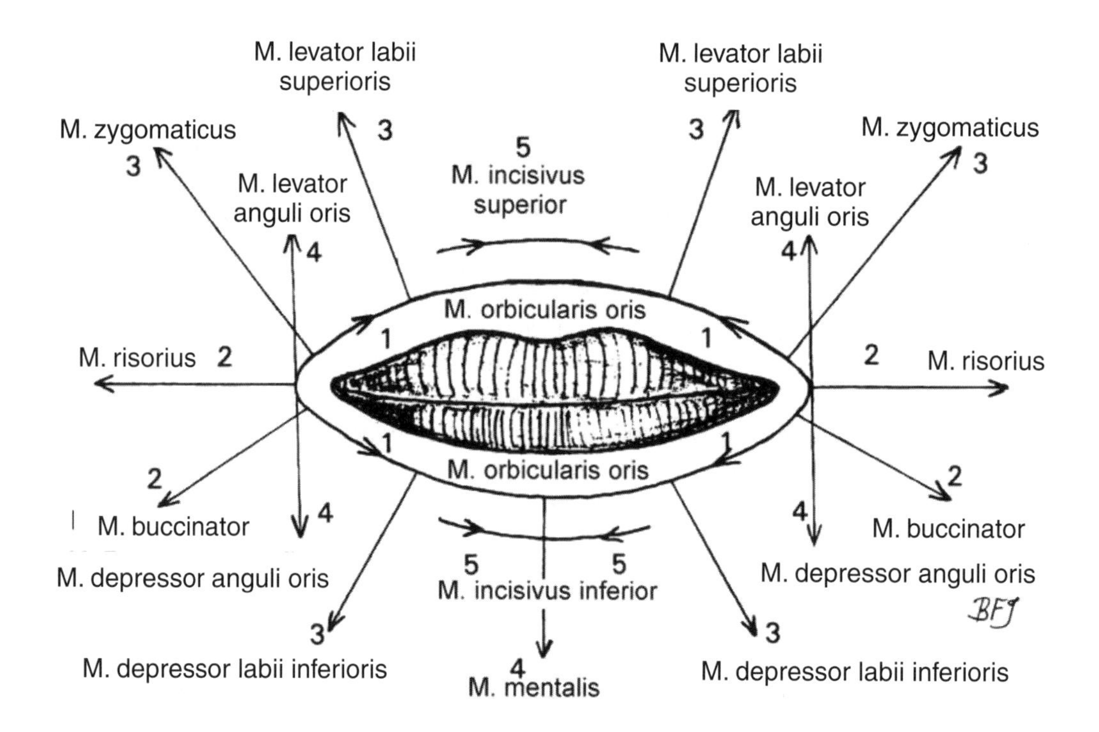


*Abb. 7.3 Aktivität der Lippenmuskeln:*
*(1) die Sphinktermuskeln (Schließmuskeln), (2) die transversalen Lippenmuskeln, (3) die angularen Lippenmuskeln, (4) die vertikalen Lippenmuskeln und (5) die parallelen Muskeln*

## 7.1.2 Kiefer

Der Unterkiefer (Mandibula) ist ein dicker, kräftiger U-förmiger Knochen, der aus dem Mandibulakörper und zwei Mandibulaästen besteht, die mit dem Schädel (Cranium) beidseitig durch ein Gelenk am Schläfenbein (Os temporale) verbunden sind. Der Mandibulakörper dient als Träger der unteren Zähne und als Befestigung für die meisten Zungenmuskeln, während die beiden Mandibulaäste als Befestigung für Muskeln dienen, die u.a. den Unterkiefer bewegen. Abb. 7.4 zeigt eine schematische Darstellung des Bewegungsablaufes im Unterkiefer und die hebenden und senkenden Unterkiefermuskeln.

Zu den hebenden Muskeln zählen: Der M. temporalis, ein breiter, fächerförmiger Muskel, der seinen Ursprung am Schläfenbein hat und am vorderen Teil des R. mandibularis befestigt ist; der M. pterygoideus lateralis (seitlicher Flügelmuskel), der horizontal vorwärts vom R. mandibularis zu seinem Ursprung an der vorderen Schädelbasis verläuft (dieser Muskel dient auch dazu, den Unterkiefer vorzustrecken oder ihn von der einen zur anderen Seite zu bewegen); der M. masseter (Kaumuskel),

1 M. temporalis
2 M. pterygoideus lateralis
3 M. pterygoideus medialis
4 M. masseter
5 M. mylohyoideus
6 M. geniohyoideus
7 M. digastricus
8 M. sternohyoideus

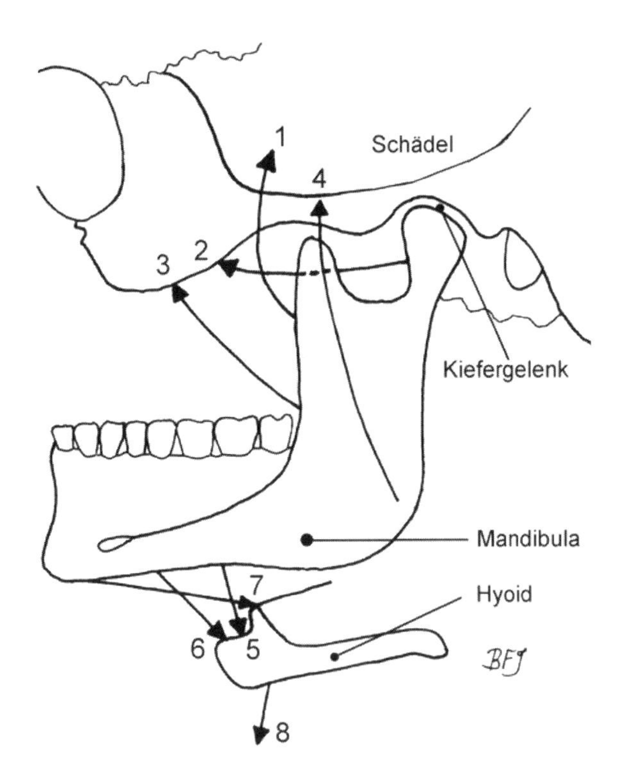


*Abb. 7.4* *Zeichnung des Unterkiefers, des Zungenbeins und des unteren Teiles des Schädels mit Hinweisen auf die Bewegungsrichtung der meisten wichtigen Muskeln, die den Unterkiefer heben und senken.*

der als eine flache, dicke Muskelplatte die seitlichen Oberflächen des R. mandibularis bedeckt und der M. pterygoideus medialis (mittlerer Flügelmuskel), ein dicker Muskel, welcher am vorderen, unteren Teil des Schädels, hinter den oberen Zähnen entspringt, nach unten und rückwärts verläuft und an der medialen Oberfläche des R. mandibularis ansetzt.

Als Öffner finden wir drei Muskeln, die vom Unterkiefer rückwärts und nach unten zum Zungenbein verlaufen. Indirekt wirken diese Muskeln auch als Heber des Larynx. Wenn das Zungenbein in einer Stellung gehalten oder durch den M. sternohyoideus nach unten gezogen wird, wirken insgesamt vier Muskeln als Kieferöffner.

Die ersten drei Muskeln sind: Der M. mylohyoideus, der den Mundboden bildet, an den Seiten des Unterkiefers entspringt und in der Mittellinie des Mundbodens und am Körper des Zungenbeins ansetzt. Der M. geniohyoideus liegt über dem M. mylohyoideus und verläuft rückwärts von der mittleren Innenfläche des Unterkiefers zur oberen Fläche des Zungenbeins. Der vordere Bauch des M. digastricus hat seinen Ursprung in der mittleren Innenfläche des Unterkiefers, zieht durch eine Sehnenschleife auf den kleinen Hörnern des Zungenbeines und führt als hinterer Bauch des Muskels zum Processus mastoideus des Schläfenbeines.

Bewegungen des Unterkiefers und der Zunge beeinflussen das Sprechen durch die Modifikation der Öffnungsweite der Mundhöhle und die Größe des vorderen Teils des Ansatzrohres. Der Grad der Kieferöffnung kann als Kontinuum betrachtet werden; so ist der Unterkiefer bei der Bildung der offenen Vokale generell gesenkt.

Es ist jedoch auch möglich, ohne Bewegungen des Unterkiefers, also nur mit Zungen- und Lippenbewegungen zu sprechen. Das soll aber nicht heißen, dass beim Sprechen keine Unterkieferbewegungen eingesetzt werden sollen. Professionelle Sprecher beherrschen eine deutliche und klare Artikulation, indem sie die beiden visuellen Indikatoren, die Kieferöffnung und Lippenrundung, präzise als Teil ihres Gesichtsausdruckes einsetzen. Diese Faktoren erleichtern die non-verbale Kommunikation viel mehr, als uns normalerweise bewusst wird. Deswegen ist es wichtig, Kieferbewegungen beim Sprechen einzusetzen und ein Artikulationstraining muss Übungen für Kieferbewegungen enthalten. Die *Akzentmethode* beinhaltet Übungen mit konstantem Wechsel zwischen geschlossenen und übertrieben offenen Vokalen. Solche Übungen führen zu lebhafteren Kieferbewegungen.

Viele Patienten stellen sich mit Verspannungen in der Kiefermuskulatur vor. Solche Verspannungen können Kopfschmerzen oder Beschwerden beim Sprechen oder Schlucken zur Folge haben. Gewöhnlich geben die Patienten an, dass sich der Schmerz im Bereich um den M. masseter und M. temporalis konzentriert. Die beste Methode ist, solche Verspannungen durch abwechselnde Spannungszustände und Lockerung dieser Muskeln zu beseitigen. In der *Akzentmethode* werden in den Übungen zu Tempo I – Largo mit übertriebenen Diphthongen die größtmöglichen Kieferbewegungen geübt, gefolgt von totaler Entspannung der Zungen- und Kiefermuskulatur während der Inspirationsphase. Auch die Fröschels´schen Kauübungen, wie in Kap. 9 unter Entspannungsübungen für die Artikulation Nr. 1 und 2 beschrieben, erweisen sich in Kombination mit der *Akzentmethode* als erfolgreich[31].

### 7.1.3 Zunge

Die Zunge (Lingua) ist das wichtigste Artikulationsorgan. Sie setzt sich aus einem großen Muskelbündel zusammen. Dieses ermöglicht es ihr, sich in jede Richtung in der Mundhöhle zu bewegen, ihre Form und Größe in erstaunlichem Maße zu verändern und sich in sehr schnellen Sequenzen zu bewegen. Ihre primäre biologische Funktion ist die Unterstützung beim Kauen und Schlucken. Ferner ist das sensible Tastorgan auf der Zungenoberfläche positioniert. Die Zungenmuskeln werden durch ein ausgeprägtes Innervationsnetzwerk versorgt. Ein spezielles Zusammenspiel von

31 Bei der Durchführung der Kauübungen wird der Patient aufgefordert, ein großes Stück eines imaginären Kaugummis mit möglichst großen Kiefer-, Lippen- und Zungenbewegungen zu kauen. Diese Übung muss eine Minute mit geöffneten Lippen und eine Minute mit geschlossenen Lippen mit übertriebenen Lippenbewegungen durchgeführt werden – oder mindestens so lange, bis der Patient eine Müdigkeit in den Kiefermuskeln spürt.

acht Muskeln und ihrer Muskelfasern ermöglicht das schnelle Verflechten und die komplexen Bewegungssequenzen, die für die Sprachproduktion wichtig sind.

Das Zungenskelett, das die Zunge stabilisiert, besteht aus:

(1) dem Corium, einem Netzwerk aus zusammenhängendem Fasergewebe und elastischen Fasern, das die Zungenmuskeln durchdringt

(2) einem faserigen in der Mitte liegendem Septum

(3) dem tiefer liegenden zusammenhängenden Gewebe der Zungenschleimhaut.

Die Vorder- und Mittelzunge ist mit einer dünnen Schleimhaut bedeckt, die fest mit der Muskulatur verbunden ist, während der pharyngeale Teil der Zungenoberfläche aus einer dickeren und frei beweglichen Schleimhaut besteht. Die Zungenspitze ist durch das Zungenbändchen (Frenulum) mit dem Mundboden verbunden, was die Beweglichkeit der Zungenspitze und das Vorstrecken der ganzen Zunge begrenzt.

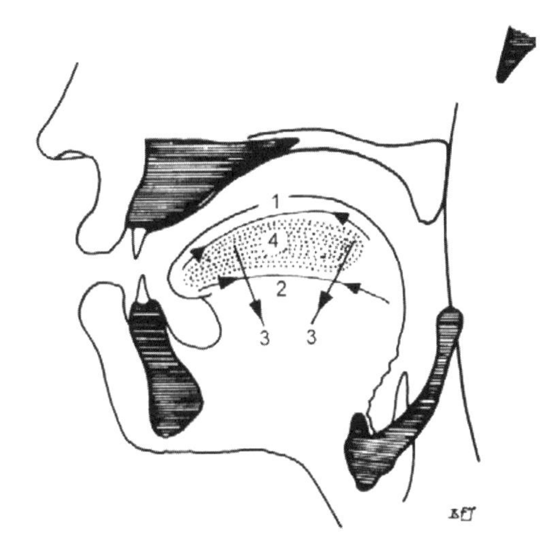


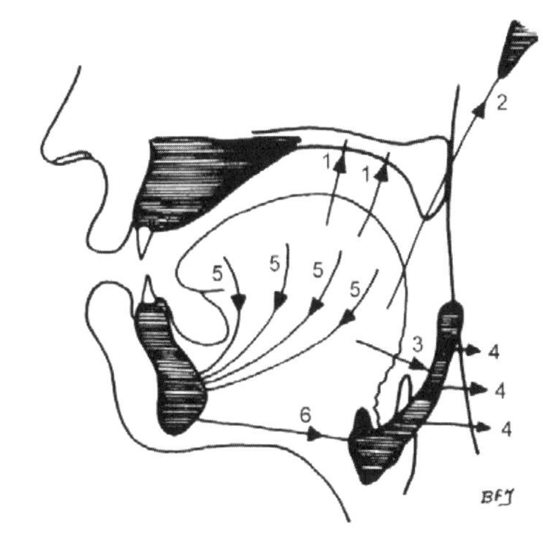


A: Innere Zungenmuskulatur:
1 M. longitudinalis superior
2 M. longitudinalis inferior
3 M. verticalis linguae
4 M. transversus linguae

B: Äußere Zungenmuskulatur:
1 M. palatoglossus
2 M. styloglossus
3 M. hyoglossus
4 M. constrictor pharyngis medius
5 M. genioglossus
6 M. geniohyoideus

*Abb. 7.5 zeigt eine schematische Darstellung der Funktion der inneren und äußeren Zungenmuskulatur*

Es gibt einige innere Muskelpaare, welche die Größe und die Form der Zunge verändern, und einige äußere Muskelpaare, welche die Zunge in Relation zum Ansatzrohr oder zum Schädel bewegen (Fucci, D. & Petrosino, L., 1981).

Die innere Zungenmuskulatur liegt in drei Ebenen rechtwinklig zueinander, so dass Bewegungen dreidimensional im Raum möglich sind. Der M. longitudinalis superior hebt die Zungenspitze nach oben, der M. longitudinalis inferior senkt sie nach unten. Eine simultane Kontraktion beider Muskeln verkürzt die Zunge. Kontrahiert der M. transversus linguae, wird die Zunge länger, bei Kontraktion des M. verticalis linguae wird sie dünner.

Die wichtigste Zungenbewegung in Verbindung mit der Vokalartikulation ist der Wechsel zwischen vorderer und hinterer Zungenartikulation. Eine Kontraktion des M. genioglossus bewegt die Zunge nach vorne, eine Kontraktion seines Antagonisten, des M. styloglossus, zieht die Zunge zurück und nach oben gegen den weichen Gaumen. Eine Kontraktion des M. palatoglossus, auch M. glossopalatinus genannt, hebt die Ränder der Zungenwurzel, wobei eine dorsale Rinne gebildet wird. Deshalb sind gerade diese Muskeln für die horizontale Vorwärts- und Rückwärtsverschiebung der Zunge wichtig, weil sie für den Wechsel von vorderen und hinteren Vokalen verantwortlich sind.

Bei der Artikulation von vorderen Vokalen und palatal-alveolaren Konsonanten wird das Zungenblatt gegen den harten Gaumen gehoben, was sicherstellt, dass das Ansatzrohr als relativ enge Röhre beginnt. Die Anhebung des Zungenblattes geschieht hauptsächlich durch die Kontraktion des M. longitudinalis superior, der die Zungenspitze nach oben bewegt, und zu einem kleinen Teil auch durch den M. transversus linguae, der die Zunge schmal macht und verlängert. Die hinteren Fasern des M. genioglossus sind für ein Vorschieben oder die Fixation der Zunge verantwortlich (Mac Neilage, P. & Sholes, G., 1964).

Die entgegengesetzte Verschiebung tritt auf, wenn der M. hyoglossus und der mittlere und untere pharyngeale Constrictor (Schlundschnürer) kontrahieren. Folglich wird der Zungenkörper zurückgezogen und das Volumen des Pharynx reduziert. Diese Artikulation sieht man bei den offenen Vokalen, die alle kleine pharyngeale Resonanzräume haben. Wenn der linke Teil eines dieser Muskeln kräftiger als der rechte Teil kontrahiert, zieht die Zunge nach links und umgekehrt.

Jedoch sind die verschiedenen Zungenkonfigurationen, die für die Artikulation gebraucht werden, immer ein Ergebnis feiner Abstufungen simultaner und komplexer Kontraktionen vieler Muskeln. Einige Muskeln produzieren die Hauptbewegung, während die anderen Muskeln in geringerem Grad mitwirken, um die Form der Zunge einzustellen oder die Strukturen und die Position zu stabilisieren.

Die Zunge muss imstande sein, schnelle und genaue Artikulationsbewegungen auszuführen. Wenn dieses nicht der Fall ist, wird das Sprechen verwaschen und undeutlich. Bei den Stimmübungen der *Akzentmethode* wird die Zungenmotorik durch den ständigen Wechsel verschiedener Vokale und Konsonanten konstant trainiert.

Eine allgemeine Übung, die die Zungenbeweglichkeit erhöht und verstärkt, ist das „Putzen“ der äußeren Zahnflächen mit der Zungenspitze und dem Zungenvorderteil wie in Kapitel 9 unter Entspannungsübungen für die Artikulation Nr. 3 erklärt wird.

## 7.1.4 Weicher Gaumen

Der Gaumen (Velum molle) trennt die Nasenhöhle (Nasopharynx) von der Mundhöhle (Oropharynx). Er besteht aus einer vorderen knöchernen Platte und einer weichen Muskulatur im hinteren Teil. Die einzige Bewegung mit Bedeutung für das Sprechen ist die relativ einfache Bewegung des weichen Gaumens, der sich wie ein Ventil zwischen der pharyngealen Höhle und der Nasenhöhle mehr oder weniger öffnet, wodurch die akustische Kopplung zwischen dem Nasopharynx und dem Oropharynx modifiziert wird.

Der weiche Gaumen enthält fünf Muskeln (Abb. 7.6), die das Velum hochheben, senken und spannen:

Während der Produktion von Vokalen muss das Velum angehoben und der Eingang zur Nasenhöhle verschlossen sein, damit die Vokale nicht nasal klingen.

Die Anhebung des weichen Gaumens geschieht durch den M. levator veli palatini, der am Schläfenbein entspringt, medial nach unten zieht und am Gaumensegel ansetzt. Der M. uvulae verläuft längs durch den weichen Gaumen, hebt die Uvula an und verkürzt den hinteren Teil des Velums. Der M. uvulae ist aktiv, wenn die Passage zwischen der pharyngealen und nasalen Höhle vergrößert ist. Das Velum

1 M. levator veli palatini
2 M. tensor veli palatini
3 M. uvulae
4 M. palatoglossus
5 M. palatopharyngeus

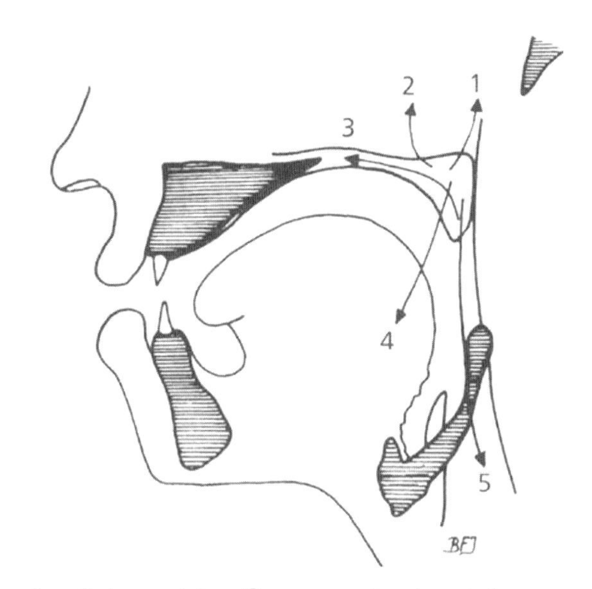


*Abb. 7.6 Funktion der Muskeln, die mit dem weichen Gaumen verbunden sind*

mit der Uvula ist ein wichtiger Artikulator beim Singen und in Sprachen mit nasalen Vokalen.

Der M. tensor veli palatini verläuft von der Schädelbasis medial in den weichen Gaumen, der während der Kontraktion gespannt ist. Die wichtigste Funktion dieses Muskels ist das Öffnen der Eustachio-Röhre (Tuba auditiva) zum Mittelohr, um den Luftdruck im Ohr auszugleichen.

Zwei der fünf Muskeln senken den weichen Gaumen: der M. palatoglossus und der M. palatopharyngeus.

Wenn auch der M. palatoglossus früher als äußerer Zungenmuskel beschrieben wurde, so ist seine Funktion auch im Zusammenhang mit den Bewegungen des weichen Gaumens wichtig. Von den Zungenrändern zieht er beidseitig durch den vorderen Gaumenbogen nach oben zum weichen Gaumen, wo er sich selber über dem weichen Gaumen wieder verbindet. Der M. palatopharyngeus zieht vom weichen Gaumen und führt auf beiden Seiten durch den hinteren Gaumenbogen, um in der Pharynxschleimhaut anzusetzen. Diese beiden Muskeln senken und entspannen das Velum. Außerdem verbinden sie die Zunge und die Rachenwand mit dem Gaumensegel (Velum). Es ist leicht vorstellbar, was passiert, wenn diese Muskeln starr oder angespannt sind. Wenn die Zunge artikuliert und die Rachenwand sich während der Artikulation bewegt, verändert sich die Gaumenöffnung als sekundärer Effekt der Artikulation. Ist der M. palatopharyngeus bei angehobenem Velum gespannt, wird die Pharynxschleimhaut und wahrscheinlich auch der Schildknorpel mit angehoben, was die Phonation beeinflusst. Deshalb ist es sehr wichtig, dass sich die beiden erwähnten Muskeln völlig entspannen können und so keine sekundären Probleme in Form falscher Kompensationsspannungen entstehen. In diesem Fall werden therapeutische Übungen benötigt, die eine Entspannung dieser Muskeln verstärken und trainieren. Dieses Training wird in den Übungen zu Tempo II – Andante und Tempo III – Allegro mit wechselnden Plosiven und geschlossenen Vokalen (wo der weiche Gaumen angehoben ist) und mit Nasalen (welche den weichen Gaumen senken) durchgeführt. Bei der Ausführung dieser Übungen muss der Patient versuchen die bestmögliche Nasenresonanz zu erreichen. Siehe auch Kapitel 9, Entspannungsübungen für die Artikulation Nr. 4, Übungen für das Velum.

### 7.1.5 Pharynx

Auch wenn der Rachen (Pharynx) normalerweise nicht als Artikulator erwähnt wird, trägt er offenbar zur Sprechakustik bei. Der Ton wird im Kehlkopf gebildet, passiert die pharyngealen Räume und wird gemäß der Größe und der Form der Resonatoren moduliert.

Bei männlichen Erwachsenen beträgt die Länge des Ansatzrohres von den Stimmlippen zu den Lippen etwa 17 cm, bei Frauen ist sie 2 cm kürzer. Der Pharynx ist ein muskulöser, annähernd 12 cm langer Schlauch, der von der Schädelbasis nach unten führt. Beim Sprechen beträgt die Breite im oberen Teil maximal 4 cm und etwa 2,5 cm im Larynx. Drei Konstriktoren, die um den Pharynx verlaufen, sind als Modifikatoren des Ansatzrohres von entscheidender Wichtigkeit. Jedoch werden die Größe und die Form des Pharynx auch durch die Bewegungen der Zunge, des Kiefers und des weichen Gaumens verändert, welche in enger Verbindung zum pharyngealen Gewebe stehen.

Der Pharynx wird in den Hypopharynx (Laryngopharynx), Mesopharynx (Oropharynx) und Epipharynx (Nasopharynx) unterteilt. Der Laryngopharynx erstreckt sich vom Zungenbein nach unten, der Nasopharynx erstreckt sich über dem Velum und der restliche Teil hinter der Mundhöhle wird Oropharynx genannt.

Speziell die Vokale sind von den Resonanzen der pharyngealen Räume abhängig. Wie im nächsten Abschnitt 7.2 gezeigt wird, ist die tiefste Resonanz sehr sensibel für Wechsel im Querschnittsareal gerade über den Stimmlippen. Ist dieser Bereich klein, ist die erste Resonanzfrequenz hoch, ist er groß, ist die Frequenz tief.

Somit tragen Veränderungen in diesem Bereich gerade über der Glottis zu einer Unterscheidung zwischen engen und offenen Vokalen bei.

Für Sänger ist die pharyngeale Resonanz von großer Bedeutung. Klassische Opernsänger lernen mit einem erweiterten Pharynx und einem tiefer stehenden Larynx zu singen, um die best- und größtmöglichste Resonanz zu erhalten. Im Gesang sprechen wir auch von einem Sängerformanten, eine erhöhte Energie im Bereich zwischen 2800 bis 3200 Hz, der den Ton lauter macht und der Stimme ein brillantes und intensives Timbre verleiht. Der Sängerformant wird durch eine Erweiterung des Laryngopharynx und eine reduzierte Öffnung zwischen Laryngopharynx und Oropharynx gebildet (Sundberg, J., 1987).

Die pharyngeale Querschnittfläche wird durch die Konstriktormuskeln (Abb. 7.7) vermindert. Kontrahiert der untere Konstriktormuskel (M. constrictor inferior), wird die Weite des laryngealen Teils des Pharynx verringert; dies geschieht bei der Artikulation offener Vokale. Eine Kontraktion des unteren Teiles des M. constrictor inferior findet auch beim Sprechen mit der Ösophagusstimme statt.

Wie die medialen Konstriktormuskeln (M. constrictor medius) haben sie ihren Ursprung ebenfalls am Zungenbein, welches sich beim Sprechen auf und ab bewegt. Es ist sehr wichtig, dass der Konstriktormuskel entspannt ist, so dass die Bewegungen des Zungenbeins das Volumen und die Größe des Pharynx nicht unnötig verändern.

Ebenso ist der obere pharyngeale Konstriktor (M. constrictor superior) beim Sprechen aktiv. Er arbeitet mit dem weichen Gaumen zusammen, wenn der Nasendurchgang verschlossen ist.

In Abhängigkeit vom phonetischen Kontext variiert der nasale Durchgang (Passage) zwischen dem Naso- und Oropharynx von einer weiten Öffnung bei Nasalen über

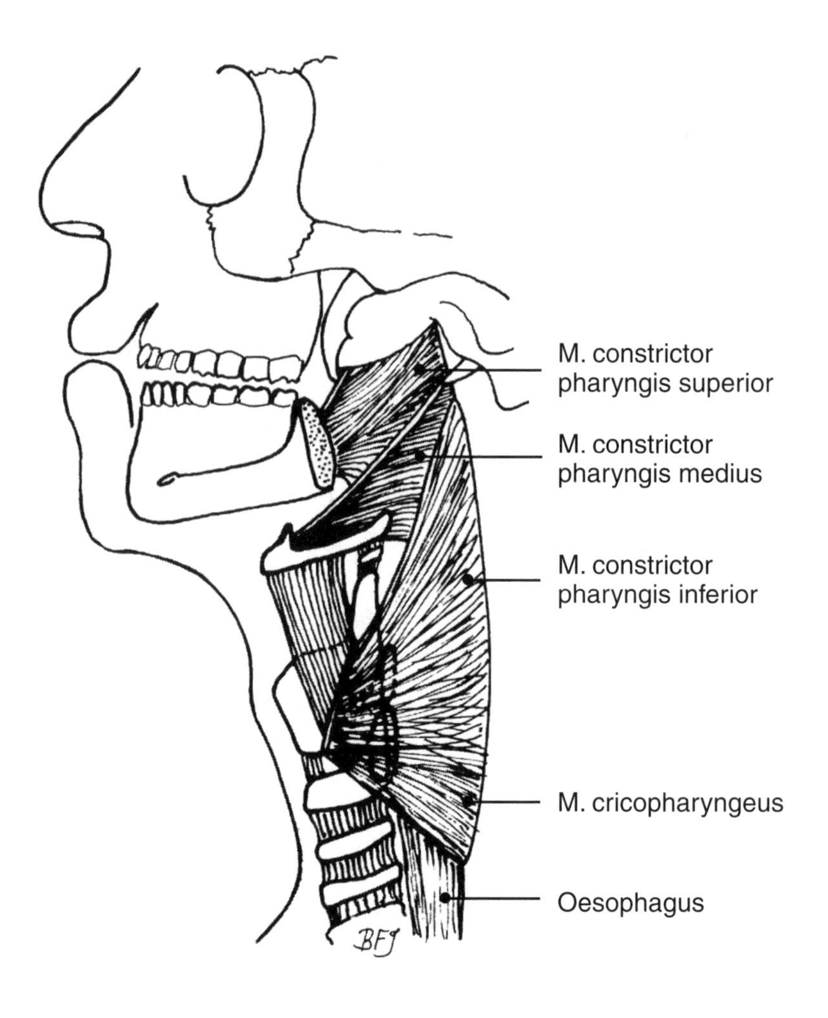


*Abb. 7.7 Illustration der pharyngealen Konstriktormuskeln*

eine mittlere Öffnungsposition bei offenen Vokalen zu einer geschlossenen Position bei engen Vokalen und Konsonanten.

Die Länge und die Größe des Ansatzrohres können sich auf verschiedene Arten verändern. Der M. sternohyoideus ist aktiv, wenn der Kehlkopf gesenkt ist. Wenn das Zungenbein nach oben zieht, ist der hintere Bauch des M. digastricus, des M. stylohyoideus und des M. mylohyoideus angespannt. Eine Verkürzung des Ansatzrohres wird erreicht, wenn das Zungenbein durch den M. sternohyoideus, den M. thyrohyoideus und den M. omohyoideus gesenkt wird und/oder der Kehlkopf durch den M. palatopharyngeus und den M. stylopharyngeus hochgezogen wird. Die Wirkungen dieser Muskeln werden in Abb. 7.8 schematisch dargestellt.

**Muskeln, die das Zungenbein senken:**

1 M. sternohyoideus
2 M. thyrohyoideus
3 M. omohyoideus

**Muskel, der den Schildknorpel senkt:**

4 M. sternothyroideus

**Muskeln, die das Zungenbein heben:**

5 M. stylohyoideus
6 M. digastricus (hinterer Bauch)
7 M. digastricus (vorderer Bauch)
8 M. geniohyoideus
9 M. mylohyoideus
10 M. palatopharyngeus
11 M. stylopharyngeus

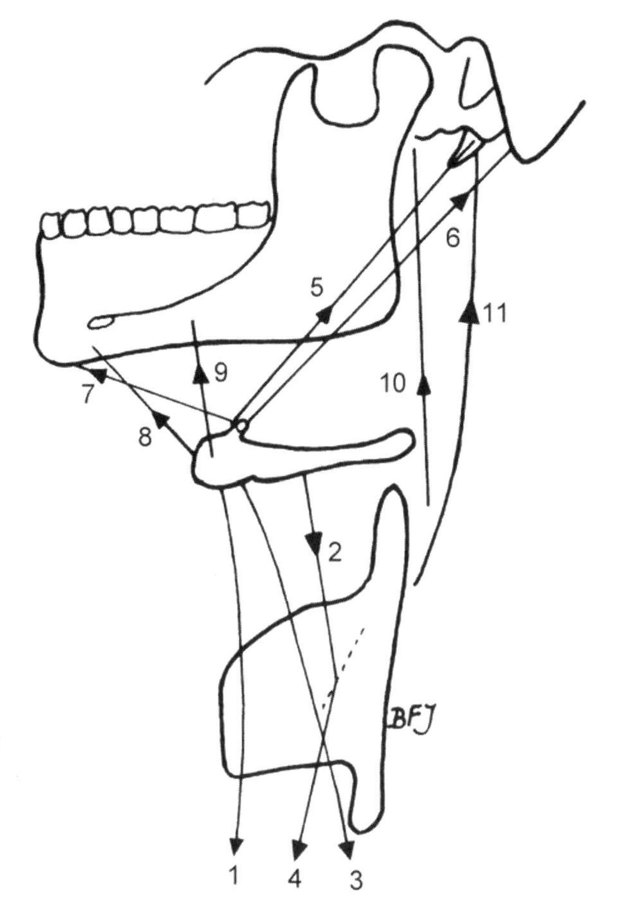


*Abb. 7.8* *Schematische Darstellung der für die Veränderung in Form und Größe der pharyngealen Räume verantwortlichen Muskeln*

Für Therapeuten ist es besonders wichtig, sich der normalen und pathologischen Spannungszustände der pharyngealen Muskeln bewusst zu sein. Spannungen können das Sprechen in solcher Art beeinflussen, dass sich ein erwachsener Sprecher wie ein Kind anhört oder sie können zu Schmerzen und Müdigkeit in der Kehle und im Hals führen.

Die Entspannungsübungen in Kapitel 9, kombiniert mit einer abdominalen Atmung in Ruhe und langsamen Stimmübungen in Tempo I – Largo mit einer guten Resonanz ausgeführt, sind gut geeignet, um verschiedenartige pharyngeale Spannungen zu verringern oder endgültig zu beseitigen.

## 7.2 Akustik im Ansatzrohr

Das Ansatzrohr (Vokaltrakt)[32] ist ein luftgefüllter Raum mit einer sehr komplexen Form. Ein solcher Raum kann als dreidimensionaler Luftraum betrachtet werden, der eine Reihe von Resonanzfrequenzen hat, die durch die Form und Größe der Räume definiert sind. Das Verhältnis zwischen den Resonanzfrequenzen und der Form und Größe der Räume ist sehr kompliziert. Das ganze Resonanzsystem ist für alle Resonanzfrequenzen verantwortlich, d.h. kein spezieller Teil des Ansatzrohres ist für spezielle Resonanzmerkmale verantwortlich.

Eine einfache Erklärung über das Verhältnis zwischen dem Ansatzrohr und der Resonanz wird in „The Vowel“ (Chiba, T. & Kajiyama, M., 1958) gegeben: Das Ansatzrohr wird als gleichförmiges Rohr mit 17 cm Länge und einer konstanten Querschnittfläche betrachtet, das am unteren Ende an der Glottis geschlossen und oben an den Lippen geöffnet ist. Es wird gezeigt, dass ein solches Rohr Resonanzen bei 500 Hz, 1500 Hz, 2500 Hz, 3500 Hz, 4500 Hz usw. hat, d.h. bei allen Frequenzen, bei denen die Länge des Rohres ungeraden Vielfachen eines Viertels der Wellenlänge der Resonanzfrequenz gleicht. Das entspricht ziemlich genau dem neutralen Vokal [ə], der seine Energiemaxima bei ungefähr 500, 1500, 2500 und 3500 Hz hat. Jedoch gleicht das Ansatzrohr während des Sprechens keinem gleichmäßigen Rohr, da seine Form, Größe und Länge die ganze Zeit wechseln. Deswegen ändern sich auch die Resonanzfrequenzen.

Sehr schematisch kann man sagen: Vergrößert sich die Querschnittfläche des offenen Endes des Rohres und/oder vermindert sich die Fläche im glottalen Teil, erhöht sich die erste Resonanzfrequenz. Umgekehrt, werden eine Verengung des vorderen Teiles des Rohres und eine Erweiterung über der Glottis hergestellt, wird die erste Resonanz tiefer. Wird der offene Eingang das Rohres verengt, werden die zweiten und dritten Resonanzen tiefer.

Dasselbe geschieht beim Sprechen. Betrachten wir verschiedene Vokale, ist jeder durch seine spezielle Größe und Form des Ansatzrohres charakterisiert. Sie sind einzigartig: z.B. hat ein [i:] ungerundete Lippen mit einem engen Abstand zwischen den Zähnen, eine enge Passage zwischen der Vorderzunge und dem harten Gaumen, einen Verschluss zum Nasenraum (das Velum ist angehoben) und einen sehr weiten und ausgedehnten pharyngealen Raum zwischen dem Velum und den Stimmlippen. Die Konfiguration resultiert in einer Senkung der ersten Resonanz von 500 auf 250 Hz, einer Erhöhung der zweiten Resonanz von 1500 bis über 2000 Hz und einer Erhöhung der dritten Resonanz von 2500 bis über 3000 Hz.

In Abb. 7.1d werden die ersten vier Resonanzen des Ansatzrohres für den Vokal [i:] dargestellt.

---

32 *Bei einem 180 cm großen Mann hat das Ansatzrohr von den Stimmlippen zu den Lippen eine Länge von ca. 17 cm (siehe Abb. 7.9).*

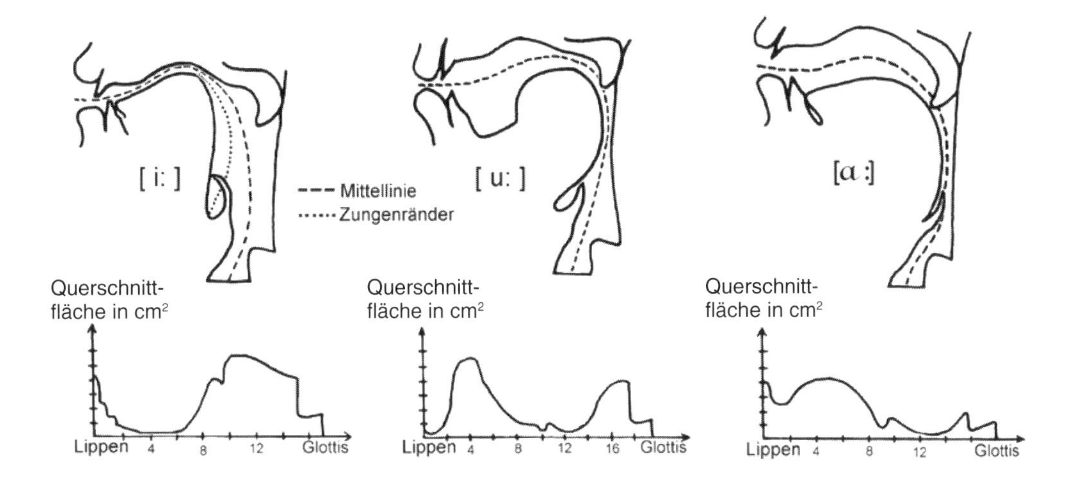


*Abb. 7.9* *Die oberen Zeichnungen zeigen Röntgenprofile der drei Vokale [i:], [u:] und [ɑ:]. Die Unterschiede der artikulatorischen Einstellungen werden in den unteren Zeichnungen der entsprechenden Querschnittbereichskurven gezeigt, die von den Röntgenfotos (Fant, G., 1960) abgeleitet wurden.*

Die einzigartige physiologische Größe des Ansatzrohres der drei Vokale [i:], [u:] und [ɑ:] wird mittels der Röntgenprofile in Abb. 7.9 gezeigt.

Auf der Grundlage solcher Röntgenprofile in Kombination mit frontalen Röntgenprofilen ist es möglich, die Querschnittbereiche des Ansatzrohres entlang der Mittellinie zu berechnen. Unter jedem Röntgenprofil in Abb. 7.9 wird die entsprechende Bereichsfunktion gezeigt. Die horizontale Achse dieser Kurven repräsentiert den Abstand von den Lippen, die vertikale Achse den Querschnittbereich in $cm^2$. Die Illustration zeigt die ungeheure Fähigkeit der Artikulationsorgane, den Vokaltrakt für jeden Vokal umzuformen. Somit ist das Volumen des Pharyngealraumes bei einem [i:] normalerweise 25 mal größer als bei einem [ɑ:].

Bläst man über eine Flaschenöffnung, entsteht ein Ton, der umso tiefer ist, je größer die Flasche ist. Die Ursache liegt darin, dass die eigene Resonanzfrequenz der Flasche Teile des Geräuschspektrums, das durch die Luftturbulenzen um die Flaschenöffnung entsteht, verstärkt. Das Gleiche geschieht, wenn die Stimmlippen am unteren Ende des Ansatzrohres schwingen. Das primäre Stimmspektrum ist ein harmonisches Spektrum, das eine Serie von Teiltönen (Partialtönen) enthält. Das Tonspektrum wird durch die Resonanzfrequenzen verstärkt, so dass die Teiltöne in der Nachbarschaft der Resonanzfrequenzen mit hohen Amplituden ausstrahlen, während die Teiltöne zwischen den Resonanzfrequenzen gedämpft werden.

## 7.3 Vokale

Die Vokale und Halbvokale haben einen freien Durchgang durch das Ansatzrohr, d.h. es liegen keine Verengungen vor, die Luftturbulenzen verursachen können.

### 7.3.1 Akustische Struktur der Vokale

Jeder Vokal ist durch eine einzigartige Formantreihe charakterisiert, die die wahrnehmbaren Hinweise für diesen Vokal enthält. Für die Definition eines Vokals sind nur die drei bis vier tiefsten Formanten unter ca. 3000 Hz wichtig, die höheren Resonanzen tragen keine phonematischen Informationen, obwohl sie große Bedeutung für die individuelle Klangfarbe der Stimme haben.

Formantfrequenzen, -bandbreiten und Formantniveaus können mit verschiedenen Methoden gemessen werden. Die bekannteste Art ist die Tonspektografie, eine akustische Sprachanalyse, die durch die mathematische Analyse FFT (Fast Fourier Transformation) begründet wird. Das analoge Sprachsignal wird in ein digitales Signal konvertiert. Danach folgt die computergestützte Berechnung des akustischen Spektrums. Abb. 7.10 zeigt ein Tonspektrogramm der drei Vokale [i:, u:, ɑ:], von einem Dänen mit einer Grundfrequenz von Fo = 110 Hz gesprochen. Die horizontale Achse repräsentiert die Zeit, die Formantfrequenzen werden über die vertikale Achse dargestellt.

Die Formanten werden als dunkle Zonen im Spektrogramm dargestellt. Der Dunklungsgrad ist proportional zur Intensität. Die Frequenzschwerpunkte der Formanten der drei Vokale sind separat gezeichnet, um ihre Position klarer zu machen. Es ist leicht zu sehen, dass [i:] und [u:] einen tieferen F1 haben als [a:], weil [i:] und [u:] geschlossene Vokale sind, während [a:] ein offener Vokal ist. [i:] hat einen höheren F2 als [u:], weil [i:] ein vorderer und [u:] ein hinterer Vokal ist. Das obere Spektrogramm wurde mit einer guten Zeitauflösung und mit einer schlechten Frequenzauflösung mit Hilfe eines 296 Hz Breitbandfilters analysiert, der es ermöglicht, die individuellen Stimmlippenschwingungen als vertikale Linien zu sehen. Die Bandbreite dieses Filters ist jedoch zu groß, um einzelne Teiltöne eines Spektrums zu betrachten[33].

Die mittlere Abbildung zeigt dieselben drei Vokale mit einer besseren Frequenz-, aber schlechteren Zeitauflösung (aufgenommen mit einem 57 Hz Schmalbandfilter). Dieser Filter ermöglicht es, die einzelnen Teiltöne als horizontale Linien zu sehen, aber die

---

33 Breitbandfilter: Bei der Spektrografie kann man verschiedene Bandfilter verwenden. Der Bandfilter ist wie ein Fenster, durch welches man das Spektrum betrachtet. Ist der Filter schmal (unter 100 Hz), kann man die einzelnen Teiltöne sehen. Ist der Filter breit (über 250 Hz), kann man einen ganzen Formanten sehen, der aus mehreren Teiltönen besteht. Mit dem breiten Filter kann man schnelle Vorgänge sehen, weil der Filter schnell reagiert. Mit dem schmalen Filter kann man nur langsamere Vorgänge sehen, weil er nicht so schnell reagiert.

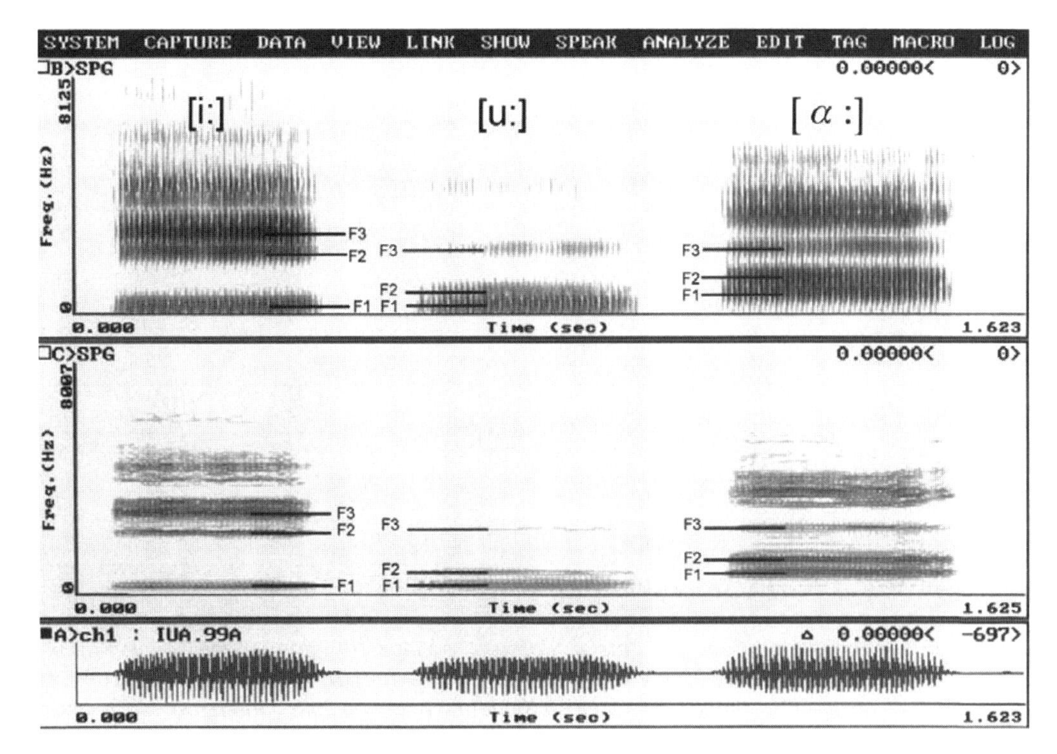


Abb. 7.10 *Zwei Tonspektrogramme der drei Vokale [i:, u:, ɑ:]. Obere Kurve: Ein Breitband-Spektrogramm (die Bandbreite des Filters beträgt 296 Hz). Untere Kurve: Ein Schmalband-Spektrogramm (die Bandbreite beträgt 57 Hz). Ganz unten sieht man das Mikrofonsignal (aufgenommen mit dem CSL-System, Model 4400 von Kay Elemetrics Corp.).*

individuellen Stimmlippenschwingungen sind weniger deutlich, da der schmale Filter langsam reagiert. In beiden Illustrationen wird die Frequenzskala linear verwendet und auf der rechten Seite des Spektrogramms dargestellt.

Solche akustischen Analysen werden benötigt, um die Formantfrequenzen zu finden. Normalerweise werden die ersten drei oder vier tiefsten Formanten gemessen; es sind die wichtigsten. Eine Reihe von Frequenzmessungen für Männer, Frauen und Kinder werden in Abb. 7.11 dargestellt.

Wegen der kleineren Resonanzräume der Frauen sind die weiblichen Formanten im Durchschnitt 17% höher als die männlichen Formantfrequenzen. Die Kinder dieser Untersuchung haben 29% höhere Formantfrequenzen als die Männer.

| | Männer | Frauen | Kinder |
|---|---|---|---|
| [i:] | | | |
| Formant 1 | 235 | 278 | 304 |
| Formant 2 | 2119 | 2588 | 2921 |
| Formant 3 | 3013 | 3397 | 3522 |
| [u:] | | | |
| Formant 1 | 266 | 283 | 305 |
| Formant 2 | 722 | 798 | 794 |
| Formant 3 | 2091 | 2810 | 3553 |
| [a:] | | | |
| Formant 1 | 698 | 808 | 985 |
| Formant 2 | 1144 | 1327 | 1543 |
| Formant 3 | 2480 | 2864 | 2888 |

*Abb. 7.11* *Durchschnitte der drei tiefsten Formantfrequenzen in den langen Vokalen [i:, u:, ɑ:] für: (a) 10 dänische männliche Berufssprecher, (b) 10 dänische weibliche Berufssprecher und (c) 10 dänische Kinder im Alter von 9-12 Jahren. Die Messungen wurden von einem der Autoren (B. F-J) durchgeführt.*

## 7.3.2 Übungen mit Vokalen[34]

In der *Akzentmethode* beinhalten die Stimmübungen das Artikulationstraining, weil in allen Übungen (Tempo I, II und III) Vokale möglicherweise in Kombination mit Konsonanten gesprochen werden. Auf der anderen Seite ist es ratsam, einem systematischen Übungsmodell zu folgen, um ein schnelleres Übungsergebnis zu bekommen. Am Anfang sollte das Training mit den geschlossenen Vokalen [u:, y:, i:] beginnen. Später kann man alle Vokale verwenden, z.B. nach Abb. 7.12:

Horizontale Verschiebungen im Vokaldiagramm trainieren den Wechsel zwischen der Bildung von Vorder- und Hinterzungenvokalen und ungerundeten und gerundeten Vokalen. Vertikale Verschiebungen im Diagramm üben die Kiefer- und Zungenmuskeln. Wechsel zwischen den ersten zwei Spalten oder den beiden letzten Spalten trainieren die Lippenartikulation in Verbindung mit ungerundeten und gerundeten Vorder- und Hinterzungenvokalen. Schließlich ist es möglich, sich diagonal im Diagramm zu bewegen, wodurch Diphthonge trainiert werden. Auf diese Weise üben wir die ganzen Artikulationsbewegungen, die für die Diphthonge gebraucht werden.

[34] Die verwendeten phonetischen Symbole sind aus dem Internationalen Phonetischen Alphabet (IPA).

***IPA Vokale:***

| Vokalsystem | ungerundet Vorderzunge | gerundet Vorderzunge | ungerundet Hinterzunge | gerundet Hinterzunge |
|---|---|---|---|---|
| geschlossen | i | y | ɯ | u |
| halb geschlossen | e | ø | ɤ | o |
| halb offen | ɛ | œ | ʌ | ɔ |
| offen | a | ɶ | ɑ | ɑ |

*Abb. 7.12* *Vokaltabelle nach dem IPA (Internationales Phonetisches Alphabet) mit nach dem Öffnungsgrad klassifizierten Vokalen (vertikale Achse), ungerundete/gerundete Lippen und Vorderzungen-/Hinterzungenvokale (horizontale Achse). (Die seltenen acht IPA Zentralzungenlage-Vokale sind nicht in der Vokaltabelle aufgeführt).*

*Beispiele:*

In den einfachen Übungen verwenden wir besonders im Tempo I für die ganze Übung oft nur den gleichen Vokal. In Tempo II – Andante und Tempo III – Allegro gebrauchen wir stattdessen Variationen mit mehreren Vokalen:

| | | |
|---|---|---|
| i-I | Y | U |
| e-E | Ö | O |
| i-I | E | Æ |
| a-A | O | U |
| au-AU | AU | AU |
| ai-AI | AI | AI |
| ɔy-ƆY | ƆY | ƆY |

Die letzten drei Übungen trainieren die großen Artikulationsbewegungen der Diphthonge, die mit einem Vokal beginnen und mit einem anderen enden. Der Lerneffekt ist immer am größten, wenn die Artikulationsbewegungen in den Übungen übertrieben werden.

### 7.3.3 Das deutsche Vokalsystem

Das reduzierte IPA Vokalsystem, in Abb. 7.12, hat 16 Vokallaute, aber die meisten Sprachen haben weniger Vokale. Das eingeschränkteste gefundene Vokalsystem kennt nur eine Unterscheidung zwischen geschlossenen und offenen Vokalen und zwischen gerundeten und ungerundeten Vokalen, somit hat es die drei Vokale [i], [u], [ɑ].

Viele Sprachen (z.B. Spanisch) haben mindestens eine Stufe mehr zwischen geschlossenen und offenen Vokalen, somit gibt es drei Stufen der Vokalöffnung. Einige Sprachen (z.B. Deutsch) haben vier Unterscheidungsstufen in der Vokalöffnung.

Die Anzahl der Vokallaute in einer Sprache wird auf Basis ihrer bedeutungsdifferenzierenden Funktion bestimmt. Man nennt Sprachlaute, die eine bedeutungsdifferenzierende Funktion haben, Phoneme. Zwei Sprachlaute sind verschiedene Phoneme, wenn sie in derselben lautlichen Umgebung vorkommen können und gleichzeitig verschiedene Bedeutungen tragen, z.B.:

„fühlen" – „füllen", „Miete" – „Mitte", „bieten" – „beten".

Ein Phonem kann lautliche Varianten haben, die stellungsbedingt sind, aber Varianten desselben Phonems können niemals Bedeutungen unterscheiden.

Jede Sprache hat ihr eigenes Phonemsystem. Im Deutschen gibt es folgende Vokalphoneme (Grassegger, H., 2001):

**Gespannte Vokale:**

Die gespannten Vokale sind lange Vokale in betonter Stellung mit einer genauen und deutlichen Artikulation:

| Lippen | ungerundet | gerundet | ungerundet | gerundet |
|---|---|---|---|---|
| Zunge | Vorderzunge | Mittelzunge | Vorderzunge | Hinterzunge |
| geschlossen | i: | y: | | u: |
| halb geschlossen | e: | ø: | | o: |
| halb offen | ɛ: | | | |
| offen | | | a: / ɑ | |

Diese Vokale kommen z.B. in folgenden Wörtern vor:

[i:] bieten [y:] müde [u:] Mut
[e:] beten [ø:] mögen [o:] Rose
[ɛ:] Bären
[ɑ:] raten

**Ungespannte Vokale:**

Die ungespannten Vokale sind kurze Vokale in unbetonter oder betonter Stellung mit einer ungespannten und geöffneten Artikulation und einer zentralisierteren Zungenlage als die gespannten Vokale.

| Lippen | ungerundet | gerundet | ungerundet | gerundet |
|---|---|---|---|---|
| Zunge | Vorderzunge | Mittelzunge | Vorderzunge | Hinterzunge |
| geschlossen | ɪ | Y | | ʊ |
| halb geschlossen | ɛ | | ə ɐ | ɔ |
| halb offen | | œ | | |
| offen | | | a | |

Diese Vokale kommen z.B. in folgenden Wörtern vor:

[ɪ] bitten [Y] Küste [ʊ] Lust
[ɛ] Welle [ə] alle [ɐ] Wasser [ɔ] hoffen
[œ] plötzlich
[a] Art

Es ist wichtig, dass alle diese Vokale, vor allem die gespannten und betonten Vokale, ganz genau artikuliert werden. Eine abweichende Aussprache wird augenblicklich von einem Zuhörer registriert und der Sprecher wird als ein Fremder oder Dialektsprecher betrachtet. In der *Akzentmethode* werden alle Übungen mit verschiedenen Vokalen trainiert, das bedeutet, dass der Therapeut in den Übungen mit den Patienten die Vokale trainieren kann, die eine abweichende oder direkt fehlerhafte Aussprache aufweisen, es bedeutet aber auch, dass der Therapeut sehr aufmerksam auf diese Fehler achten soll.

**Diphthonge:**

Schließlich gibt es im Deutschen drei schließende Diphthonge, die man mit einer Gleitung von einem Anfangsvokal zu einem Zielvokal artikuliert:

[ai] – „leiten" [au] – „lauten" [ɔy] – „läuten"

### 7.3.4 Akustische Veränderungen während des Vokaltrainings

Die akustischen Vokalveränderungen während des Stimmtrainings können mittels der Tonspektrografie dargestellt werden. Ausgewählte Sätze oder Wörter, die unter gleichen Bedingungen vor und nach dem Stimmtraining aufgenommen wurden, werden für die Analyse benötigt:

Die folgenden Unterschiede werden normalerweise beobachtet, wenn Stimmen nach dem Übungsprogramm in Kapitel 10 trainiert werden:

(1) Nach dem Stimmtraining wird der mittlere Teil des Spektrums wegen stärkerer mittlerer Teiltöne im Bereich von 1000 bis 5000 Hz hervorgehoben.

(2) Verursacht durch eine verminderte Dämpfung der subglottischen Räume (die Öffnungszeit ist vermindert) werden die Formanten besser getrennt.

(3) Mögliche Geräusche im mittleren und oberen Teil des Spektrums verschwinden wegen einer verminderten Erzeugung von Turbulenzgeräuschen in der Glottis (verbesserter Stimmlippenschluss).

(4) Die Artikulation wird genauer in Bezug auf die exakten Zielwerte, die in den Übungen trainiert wurden.

## 7.4 Artikulation der Konsonanten

**Das deutsche Konsonantensystem**

Konsonanten haben eine Verengung oder einen kompletten Verschluss innerhalb des Ansatzrohres. Dadurch werden Turbulenzgeräusche verursacht. Die Stelle der Geräuschbildung wird Lautquelle genannt, welche für Turbulenzgeräusche durch eine scheinbar aperiodische Wellenform mit einem kontinuierlichen Spektrum charakterisiert ist.

In stimmhaften Plosivlauten und stimmhaften Frikativen ist dieses Spektrum vermischt mit einer scheinbar periodischen Wellenform, die durch die Stimmlippenschwingung entstanden ist. Nasale und Halbvokale enthalten nur scheinbar periodische Wellenformen, d.h. ein Spektrum ohne Geräusch.

Das erzeugte Geräuschspektrum ist abhängig von der Form und Größe der Verengung und des von der Verengung abhängigen Luftstromes. Das Geräuschspektrum wird durch die Resonanzen im Ansatzrohr vor der Lautquelle hervorgehoben und

| Artikulationsart ↓ / Artikulationsstelle → | bilabial | labiodental | dentoalveolar | palatal | velar | glottal |
|---|---|---|---|---|---|---|
| Plosive | p b | | t d | | k g | |
| Frikative | | f v | s z | ʃ ç | x | h |
| Liquide | | | l | | | |
| Vibranten | | | r | | R ʁ | |
| Nasale | m | | n | | ŋ | |
| Halbvokale | | | | j | | |

*Abb. 7.13 Die Tabelle zeigt die deutschen Konsonanten, klassifiziert nach Artikulationsart, Artikulationsstelle und Stimmhaftigkeit (stimmhaft rechts und stimmlos links an jeder Artikulationsstelle).*

durch die Resonanzen hinter der Lautquelle gedämpft (in diesem Fall werden sie Antiresonanzen genannt). Ist die Lautquelle somit kurz hinter der Lippenöffnung, werden die Resonanzfrequenzen im vorderen Teil des Ansatzrohres hoch und die Antiresonanzen hinter der Einschnürung tief sein, z.B. die Artikulation eines [s]-Lautes.

Oft sind die Konsonanten nach den zwei häufigsten distinktiven Merkmalen schematisch klassifiziert nach: Artikulationsstelle und Artikulationsart mit einem dritten distinktiven Merkmal – stimmlos/stimmhaft – wie im Diagramm 7.13 gezeigt (Grassegger, H., 2001).

## 7.4.1 Konsonanten

### Plosivlaute

Plosive [p, t, k, b, d, g] werden sowohl durch einen totalen Verschluss des Mundraumes als auch des Nasenraumes gebildet. Im Deutschen sind die ersten drei Fortis-Plosive [p, t, k] stimmlos und die drei Lenis-Plosive [b, d, g] weitgehend stimmhaft. Die Artikulationsstelle für [p, b] ist bilabial, für [t, d] ist die Artikulationsstelle dental und für [k, g] ist die Artikulationsstelle velar (mit großer Variabilität abhängig von der phonetischen Umgebung). Der physiologische Unterschied zwischen den beiden Gruppen [p, t, k] und [b, d, g] ist hauptsächlich auf den Unterschied der glottalen Artikulation zurückzuführen. Die erste Gruppe (Fortis-Plosive) hat keine Adduktion der Stimmlippen während des Lippenschlusses, während die zweite Gruppe (Lenis-Plosive) die Stimmlippen teilweise oder ganz adduziert hat. Somit unterscheidet sich die Fortisgruppe [p, t, k] von der Lenisgruppe [b, d, g] mittels der Differenzierung stimmlos/stimmhaft, aspiriert/nicht-aspiriert und starke/schwache Artikulation. Die drei Artikulationsstellen werden hauptsächlich über die Wahrnehmung der Grundenergie bei der Explosion und den Formantübergängen zu den folgenden Vokalen unterschieden. Auch gibt es für die sechs Plosive Unterschiede in der Schließungs- und Aspirationsdauer, welche für die Wahrnehmung Bedeutung haben.

### Frikative

Frikative trifft man als stimmlose und stimmhafte Frikative an. Das Frikativgeräusch ist das stärkste unter den stimmlosen Reibelauten, da der Luftdruck an der Turbulenzstelle größer ist, wenn die Stimmlippen nicht in ihre Phonationsstellung adduziert sind. Stimmlose und stimmhafte Frikative können, bezogen auf die Artikulationsstelle, folgendermaßen kategorisiert werden:

Die *labiodentalen Frikative* [f, v] werden mit der inneren Unterlippe produziert, die sich gegen die untere Kante der oberen Schneidezähne hebt. Die Luft beschleunigt durch einen horizontal breiten aber vertikal engen Spalt zwischen der Unterlippe und den oberen Schneidezähnen. [f] ist stimmlos und [v] ist stimmhaft.

Die *dentalen Frikative* (Reibelaute) [s, z] werden auch Sibilanten genannt. Sie werden mit der Zungenspitze und dem Zungenblatt gebildet, die sich gegen die Vorderzähne und den Alveolarkamm heben. Die Zunge formt sich zu einer Rinne, die den Luftstrom gegen den unteren Alveolarkamm der oberen Schneidezähne leitet. [s] ist stimmlos und [z] ist stimmhaft.

Der *palatale Frikativ* [ʃ] wird ebenfalls Sibilant genannt. Er wird mit dem Zungenrücken gebildet, der eine leichte Rinne bildet und sich gegen den Alveolarkamm und den harten Gaumen hebt. Dabei sind die Lippen gerundet. [ʃ] ist stimmlos.

Die *palatalen Frikative* [ç, j] werden mit dem Zungenblatt / Vorderzunge gegen den harten Gaumen gebildet. Die Zungenspitze bleibt hinter den unteren Schneidezähnen. Die Zunge ist breit und die Lippen sind ungerundet. [ç] ist stimmlos und [j] ist stimmhaft. Die zwei Laute [ç] und [x] sind kombinatorische Varianten.

Der *velare Frikativ* [x] ist ein stimmloser Reibelaut, der zwischen dem Velum und dem Zungenrücken oder der Hinterzunge gebildet wird.

Der *glottale Frikativ* [h] entsteht durch Luftturbulenzen, die durch eine teilweise verschlossene Glottis verursacht werden. [h] hat immer die gleichen Formanten wie die benachbarten Vokale.

**Laterallaut**

Das [l] wird auf eine sehr komplexe Art gebildet. Es wird mit der Zungenspitze artikuliert, die den Alveolarkamm nur an der Mittellinie berührt. Über der Zunge ist auf einer oder auf beiden Seiten eine freie Passage, an der die Luft lateral und dann durch die Lippen entweichen kann. [l] ist stimmhaft.

**Vibranten** (Schwinglaute)

Es gibt drei Varianten des [r]. Der stimmhafte Vibrant [r] wird mit der Zungenspitze artikuliert. Der Luftstrom verursacht hier eine schwingende oder rollende Bewegung von der Zungenspitze gegen die dento-alveolare Artikulationsstelle. Die anderen zwei [R, ʁ] werden mit dem hinteren Zungenrücken gegen die Uvula artikuliert. Beim [R] schlägt die Uvula in dem Luftstrom mehrere Male rollend gegen den hinteren Zungenrücken. Beim [ʁ] entsteht eine enge Passage zwischen dem hinteren Zungenrücken und der Uvula, so dass ein schwacher stimmhafter Reibelaut entsteht.

**Nasale**

Die Nasale sind stimmhafte Laute, die durch einen Verschluss in der oralen Passage und mit dem wegen des gesenkten Velums geöffneten Durchgang der Nasenräume gebildet werden. Der Verschluss der oralen Passage kann entweder bilabial, dento-alveolar oder velar sein, wodurch wir drei verschiedene Nasallaute bekommen: das bilabiale [m], das dento-alveolare [n] und das velare [ŋ]. Die Nasale sind schwache Laute, weil der Klang durch die kleinen Höhlen der Nase ausstrahlt. Sie werden deshalb hauptsächlich über die Wahrnehmung der Formantübergänge zu den benachbarten Lauten voneinander unterschieden.

**Affrikaten**

Schließlich gibt es im Deutschen noch drei Affrikaten [pf], [ts], [tʃ]. Die Besonderheit der Affrikaten liegt darin, dass sie entweder als drei Phoneme oder als drei Phonemkombinationen betrachtet werden können. Artikulatorisch-phonetisch bestehen sie aus einem Plosivlaut, der in einen Frikativ gelöst wird.

# 8 Atemübungen

## 8.1 Ruheatmung

Die Atemübungen werden in entspannter Rückenlage auf einer Liege in bequemer Höhe begonnen. Ein kleines Kissen unter dem Nacken und unter den Knien verbreitet etwas Behaglichkeit. Mit älteren und arthritischen Patienten kann die Übung unter Verwendung eines aufrechten Stuhles ausgeführt werden. Die Atemübungen können entweder mit der Ausatmung oder mit der Einatmung beginnen, was auch immer für den Patienten am einfachsten ist. Ein harmonisches, vertrauensvolles Verhältnis zwischen dem Therapeuten und dem Patienten ist wichtig. Der Therapeut kann sein Einfühlungsvermögen zeigen, indem er allgemein plaudert, ohne Antworten zu verlangen, bis der Patient entspannt ist. Eine sanfte Hintergrundmusik kann hilfreich sein, um eine entspannte Stimmung hervorzurufen. Der Therapeut sollte den Patienten sorgfältig beobachten, um den Beginn der abdominalen Atmung zu bemerken. Wenn die abdominale Atmung gut eingespielt ist, kann der Therapeut dem Patienten mitteilen, dass er richtig atmet.

*Abb. 8.1 zeigt die unbewusste diaphragmale-abdominale Ruheatmung*

In dieser Behandlungsphase kann der Therapeut den Patienten informieren, dass die Atmung in drei Abschnitten ausgeführt werden kann: Einatmung, Ausatmung und eine Pause. Es gibt keine Pause zwischen Einatmung und Ausatmung. Aus physiologischer Sichtweise ist die Exspiration doppelt so lange wie die Inspiration, aber da der Patient einen allmählichen Übergang von der starken Ausweitung zu Beginn zu einer sehr schwachen Ausweitung am Ende der Exspiration fühlt, akzeptiert er, dass auf die Exspiration eine Pause folgt, wobei sich ein Gefühl der Entspannung einstellt.

Wenn der Patient Schwierigkeiten, hat eine ruhige, gleichmäßige Atmung herzustellen, kann der Therapeut eine kinästhetische Hilfe geben, indem er die Hand des Patienten auf den Bauch des Therapeuten legt. Oder/und der Therapeut legt seine eigene Hand mit dem Handrücken sanft auf die Hand des Patienten, die sich auf dessen Bauch befindet. Hierbei versucht er, den Atemrhythmus zu unterstützen. In dieser Übung ist es sehr wichtig, dass der Therapeut seinen Atemrhythmus an denjenigen des Patienten anpasst und nicht umgekehrt.

Wenn die korrekte abdominale Atmung automatisch ausgeführt wird, kann der Therapeut dem Patienten gefahrlos die Atmung bewusst machen, z.B. indem er den Patienten bittet, eine Hand auf den Bauch zu legen. So fühlt er, wie sich in der Ruhe der Bauch während der Einatmung nach oben bewegt und nach unten während der Ausatmung.

*Abb. 8.2 zeigt die bewusste diaphragmale-abdominale Ruheatmung*

Jetzt ist es Zeit, die andere Hand auf den Brustkorb zu legen. Während der Ruhe darf sich die Hand weder während der Inspiration noch in der Exspiration bewegen. Indem der Patient eine Hand auf den Bauch und die andere auf den Brustkorb legt, kann er den Unterschied in der Ruheatmung spüren: Der Bauch bewegt sich nach oben und der Brustkorb bleibt unbeweglich.

*Abb. 8.3 zeigt die bewusst kontrollierte diaphragmale-abdominale Ruheatmung*

Wenn der Patient in dieser Übung auf die Atmung aufmerksam gemacht wird, beginnt er vielleicht mit dem oberen Brustkorb zu atmen. In diesem Fall ist der Therapeut zu schnell vorgegangen und muss zur unbewussten Ruheatmung in entspannter Rückenlage zurückkehren.

Der nächste Schritt besteht darin, einen stimmlosen Luftströmungslaut mit viel Luft, wie beim Blasen, mit dem Ausatmungsstrom zu erzeugen.

*Abb. 8.4* Der Patient überprüft die ausströmende Luft

Dies ist eine Übergangsübung zwischen Ruheatmung und Sprechatmung, in der sowohl die Einatmung als auch die Ausatmung aktiv ist. Der Patient kann die ausströmende Luft mit seinem Handrücken spüren, indem er ihn vor den Mund hält. Der Patient wird gebeten, sowohl die Einatmung als auch die Ausatmung hörbar zu machen. Dies ist sowohl eine Hilfe als auch eine Kontrolle.

*Abb. 8.5* *zeigt den Patienten in der Seitenlage, während er die abdominalen Atmungsbewegungen kontrolliert*

Wenn die Übungen in der entspannten Rückenlage beherrscht werden, kann dieselbe Übung durchgeführt werden, während man auf der Seite liegt. Dies ist etwas schwieriger als in der Rückenlage, weil in dieser Lage das Gewicht der Bauchorgane nicht die Exspiration unterstützt. Deshalb müssen die Abdominalmuskeln aktiv sein.

Die dritte Position ist das Sitzen, wobei die Bauchmuskeln ebenso aktiv sein müssen, weil das Gewicht des Bauches der Exspiration entgegenwirkt und stattdessen die Inspiration unterstützt.

Wenn der Patient aufrecht auf einem Hocker sitzt, prüft der Therapeut nochmals die Ruheatmung, die nun mit etwas Kontraktion der abdominalen Muskeln während der Exspiration durchgeführt wird. Wenn die Atmung zufrieden stellend ist, wird der Patient gebeten, die Lippen wie beim Blasen zusammenzuziehen und einen Ton mit viel Luft zu erzeugen. Dieses verlangt nach etwas stärkerer Ausatmungsaktivität in den Bauchmuskeln.

*Abb. 8.6 zeigt den Patienten aufrecht auf einem Hocker sitzend*

Der Therapeut unterstützt den Patienten kinästhetisch, indem er daneben sitzt und die Hand des Patienten hält: Die linke Hand des Therapeuten liegt auf dem linken Handrücken des Patienten und seine rechte Hand hält die rechte Hand des Patienten, so dass der Handrücken des Patienten den Bauch des Therapeuten berührt. Auf diese Art können sowohl der Therapeut als auch der Patient fühlen, wie die andere Person die Bauchmuskeln bewegt. Es ist wieder wichtig, dass der Therapeut dem Atemrhythmus des Patienten folgt, so dass sie gleichzeitig ein- und ausatmen. Wenn der Patient ein Kind ist, wird dessen Atemrhythmus schneller sein als der Atemrhythmus eines Erwachsenen. Der Therapeut kann den Atemrhythmus des Patienten durch kinästhetischen Kontakt verlangsamen, ohne dass dies dem Patienten bewusst ist.

Wenn die Übungen im Sitzen beherrscht werden, gehen wir weiter zur nächsten Stufe – dem Stehen – die auch Körperbewegungen einschließt.

Während der diaphragmalen Inspiration wird der Bauch nach vorne gedrängt. Dies erzeugt eine kleine Schwerpunktverlagerung, wobei sich die Person etwas nach vorne bewegt. Während der Exspiration sind die Abdominalmuskeln kontrahiert, wobei der Bauch nach hinten gezogen wird. Dies verursacht eine entgegengesetzte Schwerpunktverlagerung und der Körper wird sich nach hinten bewegen. Eine Vorwärtsbewegung während der Inspiration und eine Rückwärtsbewegung während der Exspiration sind physiologisch natürliche Bewegungen, wenn man die diaphragmale-abdominale Atmung verwendet.

Um die Übungen zu erleichtern und die natürliche Atmung zu betonen, wird der Patient gebeten, mit einem Fußabstand von ungefähr 30 cm zu stehen. Dabei sollte ein Fuß ca. 10 cm vor dem anderen stehen. Der Therapeut verwendet auch hier die kinästhetische Kontrolle, um die optimale Atmungsbewegung zu fördern. Patient

*Abb. 8.7 zeigt den Patienten im Stehen*

und Therapeut stehen Seite an Seite, so dass der Handrücken des Therapeuten auf der Hand des Patienten aufliegt. Wie zuvor passt sich der Therapeut an den Atemrhythmus des Patienten und nun auch an das Vorwärts- und Rückwärtsschwingen des Körpers an. Wenn der Atemrhythmus zu schnell oder zu langsam ist, kann der Therapeut, genau wie vorher, den Rhythmus kinästhetisch beeinflussen.

Die folgende Seite ist eine „Gedächtnisstütze", die wir allen unseren Patienten mitgeben, um die Übungen zu erleichtern.

# Ruheatmungsübungen

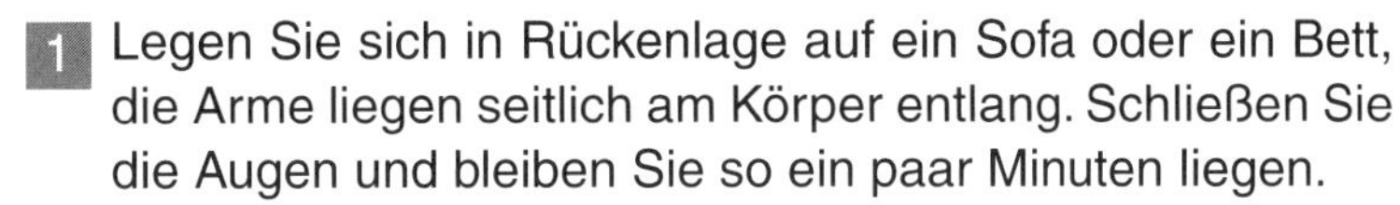

**1** Legen Sie sich in Rückenlage auf ein Sofa oder ein Bett, die Arme liegen seitlich am Körper entlang. Schließen Sie die Augen und bleiben Sie so ein paar Minuten liegen.

**2** Beobachten Sie Ihre Atmung. Legen Sie eine Hand auf den Bauch und spüren Sie, wie sich die Hand während der Einatmung hebt und während der Ausatmung senkt. Üben Sie so ein paar Minuten lang.

**3** Legen Sie eine Hand auf den Bauch und die andere auf den Brustkorb. Stellen Sie sicher, dass sich nur die Hand auf dem Bauch bewegt. Falls sich beide Hände bewegen, sollten Sie noch einmal mit Übung 1 beginnen.

**4** Ziehen Sie Ihre Lippen zusammen wie beim Blasen. So können Sie Ihren Ausatmungsstrom als Geräusch hören. Sie können den Luftstrom spüren, wenn Sie sich den Handrücken vor den Mund halten. Diese Übung trainiert den Übergang von der Ruheatmung zur Sprechatmung, bei der die Bauchmuskeln aktiv eingesetzt werden.

**5** Legen Sie sich auf die Seite und prüfen Sie mit der Hand auf dem Bauch, ob Sie immer Bauchmuskeln für das Atmen verwenden – falls nicht, wiederholen Sie ab Übung 2.

**6** Setzen Sie sich aufrecht auf die Kante eines Hockers, legen Sie eine Hand auf den Bauch und kontrollieren Sie Ihre Bauchatmung.

**7** Stehen Sie – wobei die Füße nicht zu weit auseinander sein sollen. Stellen Sie einen Fuß etwa 10 cm vor den anderen. Atmen Sie tief ein und spüren Sie, wie der Bauch sich nach vorne bewegt. Benutzen Sie die Bauchmuskeln, um die Luft aus den Lungen zu treiben und stellen Sie sich vor, dass Sie einen „Löwenzahn" fortblasen. Es ist wichtig, dass zwischen der Ein- und der Ausatmung keine Pause entsteht. Beobachten Sie die Körperbewegungen in einem Spiegel. Der Körper bewegt sich während der Einatmung nach vorne und während der Ausatmung nach hinten.

# 9 Entspannungsübungen

Ursprünglich wurden in der *Akzentmethode* keine Entspannungsübungen angewendet, denn es stellte sich heraus, dass die Atem- und Stimmübungen zu einer spontanen Entspannung führten. Der Grund ist wahrscheinlich, dass die *Akzentmethode* eine ganzheitliche Methode ist und nicht nur das wechselnde An- und Entspannen der Atem-, Phonations- und Artikulationsmuskulatur trainiert, sondern auch die Koordination und das vollkommene Gleichgewicht zwischen den Atemmuskeln und allen Muskeln, die man für die Körperbewegung und die Körperhaltung braucht. Jedoch zeigen die Erfahrungen der beiden Buchautoren, dass infolge der wachsenden Belastungen des modernen Lebens viele Menschen ernste, starke Verspannungen haben, die zu Unbehagen und Schmerzen besonders im Kopf-, Nacken- und Schulterbereich führen. Die Verspannungen können die Kehlkopfmuskulatur beeinflussen und so die Stimmfunktion betreffen. Typischerweise verwenden diese Menschen die Hochatmung, wodurch die Verspannungen in der Hals-, Nacken- und Schultermuskulatur verstärkt werden.

Wenn mit den Übungen der *Akzentmethode* allein keine zufrieden stellende Entspannung erreicht wurde, können zusätzliche spezifische Übungen zur Stimmtherapie angeboten werden. Solche, unserer Meinung nach wohl tuenden Übungen, sind unten aufgeführt.

Die Entspannungsübungen wurden aus einem Repertoire von Entspannungsübungen für den Nacken, die Schultern und den oberen Brustkorb ausgewählt und stimmen mit den Prinzipien des ganzheitlichen Trainingssystems der Eutonie überein (s. Fußnote 2 in Kap. 2). Diese Prinzipien sind ebenfalls grundlegend für die Stimmübungen der *Akzentmethode.*

Bessere Ergebnisse werden erreicht:

a) je langsamer die Übungen durchgeführt werden,

b) je intensiver mit den Übungen gearbeitet wird,

c) wenn die Übungen während des Trainings vor einem Spiegel kontrolliert werden.

## 9.1 Übungsprogramm

### 9.1.1 Entspannungsübungen für die Schultern

1 Stehen Sie mit ca. 30 cm Abstand zwischen den Füßen. Recken Sie Ihren Oberkörper so weit wie möglich nach oben. Jetzt verlagern Sie Ihr Gewicht auf den rechten Fuß und beugen Sie Ihr rechtes Bein. Strecken Sie Ihre rechte Hand nach oben rechts und kombinieren Sie diese Dehnung mit einem ausgeprägten Gähnen. Stellen Sie sich vor, ein paar Mal die Decke zu erreichen. Nun verlagern Sie Ihr Gewicht auf den linken Fuß und beugen Sie Ihr linkes Bein. Strecken Sie Ihre linke Hand nach oben links und kombinieren Sie diese Dehnung wieder mit einem ausgeprägten Gähnen. Wiederholen Sie die Übungen auf jeder Seite 3-5 mal.

2 Stehen Sie, die Füße auseinander, wie zuvor. Ziehen Sie die Schultern so hoch wie möglich und halten Sie die Spannung etwa 5-10 Sekunden. Lassen Sie ganz schnell los. Wiederholen Sie die Übung 10 mal.

3 Stehen Sie, die Füße auseinander, wie zuvor.

a) Bewegen Sie Ihre rechte Schulter in einem großen Kreis nach vorne – nach oben – nach hinten – nach unten. Wiederholen Sie diesen Teil 5 mal.

b) Bewegen Sie Ihre linke Schulter in einem großen Kreis nach vorne – nach oben – nach hinten – nach unten. Wiederholen Sie diesen Teil 5 mal.

c) Bewegen Sie beide Schultern in einem großen Kreis nach vorne – nach oben – nach hinten – nach unten. Wiederholen Sie diesen Teil 10 mal.

d) Bewegen Sie beide Schultern in einem großen Kreis nach hinten – nach oben – nach vorne – nach unten. Wiederholen Sie diesen Teil 10 mal.

e) Stehen Sie ruhig und schütteln Sie beide Arme locker aus.

## 9.1.2 Entspannungsübungen für den Nacken

1 Stehen Sie, die Füße auseinander, wie zuvor vor einem Spiegel.

a) Lassen Sie den Kopf durch sein Eigengewicht nach vorne mit dem Kinn zur Brust fallen. Dann ziehen Sie das Kinn langsam nach oben, bis sich der Kopf in normaler senkrechter Position befindet. Wiederholen Sie diese Übung 3-5 mal.

b) Halten Sie den Kopf aufrecht. Danach entspannen Sie und lassen Ihren Kopf nach rechts fallen. Nun spüren Sie, wie das Gewebe auf der linken Halsseite gedehnt wird.
Heben Sie den Kopf wieder an.

c) Wiederholen Sie die Übung (b) zur anderen Seite.

d) Wiederholen Sie (b) und (c) je 5 mal zu jeder Seite.

2 Stehen Sie, die Füße auseinander, wie zuvor vor einem Spiegel.

a) Drehen Sie den Kopf nach rechts über die rechte Schulter und halten Sie diese Dehnung 3-5 Sekunden. Kehren Sie langsam in die Ausgangsstellung zurück.

b) Drehen Sie den Kopf nach links über die linke Schulter und halten Sie diese Dehnung 3-5 Sekunden. Kehren Sie langsam in die Ausgangsstellung zurück.

3 Stehen Sie, die Füße auseinander, wie zuvor vor einem Spiegel.

a) Neigen Sie den Kopf zur rechten Brust. Spüren Sie die Dehnung im Nacken und halten Sie diese Dehnung 3-5 Sekunden. Kehren Sie in die Ausgangsstellung zurück.

b) Neigen Sie den Kopf zur linken Brust. Spüren Sie die Dehnung im Nacken und halten Sie diese Dehnung 3-5 Sekunden. Kehren Sie in die Ausgangsstellung zurück.

## 9.1.3 Entspannungsübungen für die Artikulation

Kauübungen lösen die Spannungen auf, verbessern die Beweglichkeit und lassen dem Patienten seine Artikulationsorgane bewusster werden. Die Übungen sind 3 mal täglich vor einem Spiegel durchzuführen.

1 Kiefer:
Stellen Sie sich vor, Sie hätten ein großes Stück Kaugummi in Ihrem Mund. Versuchen Sie, bei geöffnetem Mund so große Kau- und Kieferbewegungen wie möglich zu machen.

Die Kaubewegungen müssen ohne Unterbrechung mindestens 60 Sekunden lang durchgeführt werden.

2 Lippen:
Führen Sie die Kaubewegungen mit den größtmöglichen Kieferbewegungen durch, nun jedoch mit geschlossenen Lippen.
Die Kaubewegungen müssen ohne Unterbrechung mindestens 60 Sekunden lang durchgeführt werden.

3 Zunge:

a) Mit geschlossenen Lippen „putzen" Sie die Außenseite Ihrer Zähne mit der Zungenspitze. Diese muss große Kreisbewegungen ausführen, zuerst in einer Richtung an der Außenfläche der oberen Zähne und dann in der entgegengesetzten Richtung an der Außenfläche der unteren Zähne entlang.
Das Zungenkreisen sollte mindestens 60 Sekunden lang durchgeführt werden.

b) Stellen Sie sich vor, ein Karamellbonbon klebt an Position A in der rechten oberen Wangentasche. Versuchen Sie mit kräftigen Zungenbewegungen das Karamellbonbon 10 Sekunden lang zu lösen.

c) Führen Sie die Übung (b) für die Positionen B,C, D, E und F durch.

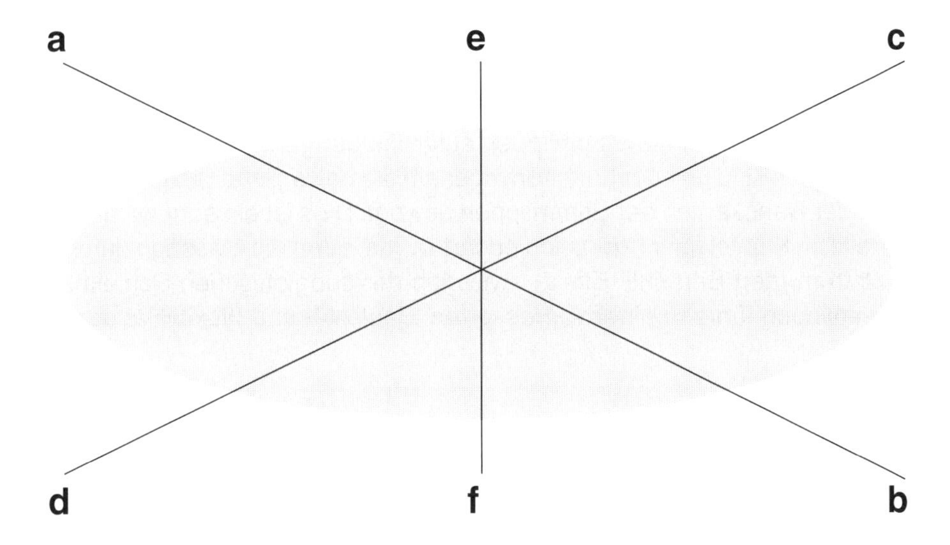


4 Weicher Gaumen:
Atmen Sie tief ein und summen Sie mit geschlossenem Mund auf einem [m] vor einem Spiegel so lange wie möglich. Führen Sie dabei große Kaubewegungen aus.

# 10 Stimmübungen

## 10.1 Tempo I – Largo

Es ist sehr wichtig, eine ruhige Ein- und Ausatmung aufzubauen, um die Koordination zwischen den beteiligten inspiratorischen und exspiratorischen Muskeln einerseits und den stimmgebenden Muskelfunktionen andererseits zu verbessern. Deswegen wird das Tempo I – Largo mit einer ruhigen Einatmung durchgeführt, auf die eine langsame Ausatmung für die Phonation folgt. Es gibt keine Pausen zwischen der Einatmung und Ausatmung oder zwischen Ausatmung und Einatmung. Der Therapeut muss die Stimme des Patienten im Tempo I so lange trainieren, bis eine verbesserte Stimmfunktion hörbar ist, bevor er die Stimmübungen im Tempo II und III einführt. Während der Übung wird jeder Vokal zu Beginn leise gebildet, die Lautstärke steigt in der Mitte an und am Ende wird sie wieder verringert. Diese dynamische Durchführung gleicht im Prinzip den Körperübungen der modernen „Aerobic".

Wenn die Atmung und der langsame Atemrhythmus im bequemen Stehen vollkommen beherrscht werden, geht die Ausatmung in eine weiche, tiefe und luftvolle Phonation eines Engevokals über. Diese Stimmgebung sollte wie ein „tiefer Seufzer" klingen, *dem jedoch weder ein [h]-Laut noch ein Glottisschlag vorausgehen darf, sondern eher ein weicher Stimmeinsatz*, wie in Kap. 6 erläutert, gefolgt von einem [h]-Laut, wie z.B. [u:h], [y:h] oder [i:h] in Tempo I Variation 1 (s. Abb. 10.1).

### Tempo I, Variation 1

Anfangs muss die Phonation mit einem tiefen Vokal mit viel Luft durchgeführt werden. Das bedeutet, dass die Stimmlippen aufgrund der geringen Spannung so entspannt wie möglich sind und der Luftstrom deshalb die bewegliche Schleimhaut direkt unterhalb der Randkanten der Stimmlippen bewegt. Dies ist ein sehr wichtiger Punkt, wie bereits im Kapitel über Phonation erklärt wurde, denn die Massage durch den starken Luftstrom (den Bernoulli-Effekt) zwischen der subglottischen Schleimhaut auf den Stimmlippen führt zu einer verbesserten Elastizität und Flexibilität der Schleimhaut

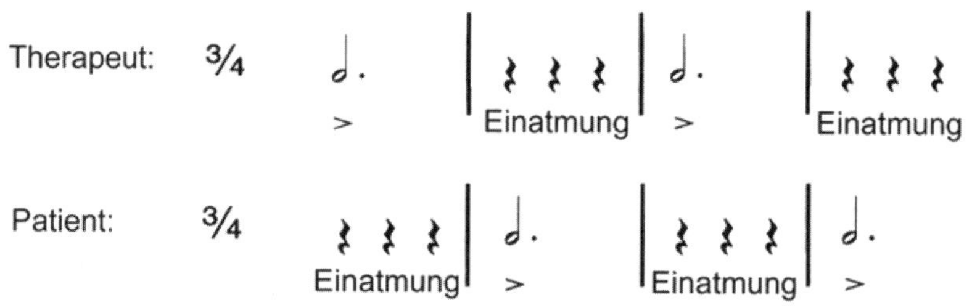

Therapeut: 3/4 | Einatmung | Einatmung

Patient: 3/4 Einatmung | | Einatmung |

*Abb. 10.1 Die Variation 1 im Tempo I (Largo) wird abwechselnd vom Therapeuten und vom Patienten durchgeführt.*

und damit zu einer verbesserten Verbindung zum darunter liegenden Gewebe und dem M. vocalis.

### Tempo I, Variation 2

Wenn der Patient diese Übungen des „tiefen Seufzers" mit korrekter Zwerchfellatmung und guter Stimmgebung beherrscht, kann das Training zur ersten echten Stimmübung übergehen, der Variation 2 im Tempo I oder Largo (dieser Begriff aus der Musikterminologie bedeutet „langsam"). Die Stimmübungen im Tempo I – Largo haben 3 Schläge in jedem Takt, einen ¾-Takt. In Variation I wird nur ein langer betonter Vokal mit viel Luft phoniert. Die ganze Phonation dauert einen ¾-Takt. Die Einatmung dauert ¾, die Ausatmung dauert ¾ und es gibt keine Pause. In Variation 2 (s. Abb. 10.2) besteht die Übung aus einem unbetonten Vokal, dem ein betonter Vokal folgt, d.h. einem Auftakt und einem betonten Schlag.

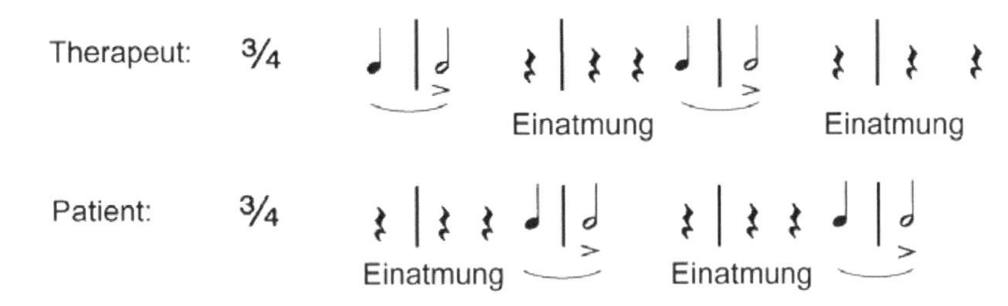


*Abb. 10.2* *Die Übung der Variation 2 im Tempo I – Largo ist die wichtigste Übung im ganzen theoretischen System der Akzentmethode. Diese Übung besteht aus einem einzigen unbetonten Vokal, dem ein betonter Vokal folgt, d.h. einem Auftakt und einem betonten Schlag.*

Die Abb. 10.3 zeigt, wie der Therapeut und der Patient Seite an Seite stehen und gegenseitig ihre Hände halten. Sie atmen im selben Rhythmus. Der Rumpf des Therapeuten folgt den Rumpfbewegungen des Patienten, nach vorne während der Inspiration und nach hinten während der Phonation. Mit einer Hand hält der Therapeut eine Hand des Patienten und mit der anderen Hand hält er die andere Hand des Patienten, wobei der Handrücken des Therapeuten die Hand des Patienten berührt, die auf dem Bauch in der Nähe des Bauchnabels aufliegt. In dieser Weise können der Therapeut und der Patient die Bewegungen kinästhetisch kontrollieren.

Wenn die Phonation zufrieden stellend ist und die Bewegungen gut mit dem Ton koordiniert sind, können der Therapeut und der Patient gegenüberstehend üben (Abb.10.4). Der Therapeut sagt die Übung während der Inspiration des Patienten vor und der Patient wiederholt die Übung während der Therapeut inspiriert. So atmen sie in abwechselndem Rhythmus in synchroner Vorwärts- und Rückwärtsbewegung. Um dem Patienten die für die Phonation notwendige Luftmenge zu verdeutlichen, kann

*Abb. 10.3 Zu Beginn führen der Therapeut und der Patient die Übung gemeinsam im selben Rhythmus und mit gleichzeitigen Bewegungen aus.*

*Abb. 10.4 zeigt die wechselseitige Übung von Therapeuten und Patienten*

der Therapeut dem Patienten vorschlagen, dessen Hand vor den Mund zu halten, so dass er seinen Luftstrom fühlen kann. In dieser Übung wird der Patient aufgefordert, auch die Einatmung hörbar zu machen.

Die Stimmübungen im *Tempo I müssen an den Atemrhythmus des Patienten angepasst werden,* d.h. die Übungen dürfen weder so schnell durchgeführt werden, dass dem Patienten durch Überventilation schwindelig wird, noch so langsam, dass es dem Patienten an Sauerstoff mangelt. Da der normale Ruheatmungsrhythmus ungefähr 10 Atemzüge pro Minute beträgt, muss eine Stimmübung im Tempo I ungefähr 6 Sekunden dauern. Sie ist unterteilt in 3 Sekunden für die Inspiration und 3 Sekunden für die Phonation. Der korrekte Rhythmus für Erwachsene beträgt ungefähr 58 Schläge pro Minute. Für Kinder muss der Rhythmus etwas schneller sein und entsprechend langsamer für Ältere. Die Übung wird als langsamer 3/4

Walzerrhythmus mit einer ruhigen Einatmung durchgeführt, der unmittelbar die Phonation des Vokals folgt.

Es ist wichtig, dass die Inspiration unmittelbar nach der Phonation und die Phonation wiederum unmittelbar nach der Inspiration erfolgt, *d.h. die Inspiration dauert 3 Schläge. Also gibt es keine Pausen im Tempo I – Largo. Die Pausenzeichen in Abb. 10.2 zeigen die Inspiration an.*

Wie schon zuvor erklärt, muss die Übung erfolgen:

1) Mit einer **tiefen Stimmgebung**, denn die Stimmlippen sind bei tiefen Tönen am entspanntesten.

2) Mit **viel Luft** in der Stimmqualität, denn dies bewirkt den besten Bernoulli-Effekt.

3) Mit **leiser Stimme** und weichem Stimmeinsatz, denn dies schont die Schleimhaut an den Randkanten der Stimmlippen und ist besonders wichtig für Patienten mit organischen Stimmstörungen wie Stimmlippenknötchen.

4) Mit den **engen Vokalen** der Artikulation, denn die artikulatorisch enge Passage für diese Vokale verringert den Luftdruckabfall über den Stimmlippen.

Wir können deshalb einen höheren subglottischen Anblasedruck für die Stimmlippen verwenden, ohne sie zu schädigen. Dies bedeutet wiederum eine größere abdominale Aktivität und konsequenterweise einen schnelleren Erwerb der abdominalen Atemreflexe.

Das Ziel ist eine tiefe, luftvolle, leise und weiche Vokalqualität auf einem engen Vokal. Dies ist sehr wichtig für die gesunde Stimmentwicklung in den frühen Stadien des Stimmtrainings. Im weiteren Verlauf des Trainings, im Tempo II und Tempo III, wird die Stimmqualität in ein klares, intensives und sonores Stimmtimbre mit deutlicher Artikulation und ohne Anzeichen von Überhauchung oder Stimmknarren verändert.

Nachdem mit den engen Vokalen eine gewisse Zeit trainiert worden ist, fährt der Therapeut mit einem Wechsel von offenen und engen Vokalen fort und behält die weiche und luftvolle Stimmqualität bei. Zu Beginn werden nur die reinen Vokale verwendet, später werden die reinen Vokale und die Diphthonge verwendet. Die Übungen mit den Diphthongen sind ausgezeichnet geeignet, um Spannungen im Kiefer und in der Zunge zu lösen.

Die einzelnen Vokale in der Übung müssen durch eine weiche Stimmgebung miteinander verbunden werden. So ist es falsch, eine Art von [h]-Laut zwischen den einzelnen Vokalen in einer Übung zu erzeugen. Ebenso falsch ist es, die Übung mit einem [h]-Laut zu beginnen.

Im Gegensatz zur Ruheatmung, bei der sich der Brustkorb nicht bewegen darf, ist es wichtig, dass sich der Brustkorb während der akzentuierten Stimmgebung nach oben bewegt. Diese Bewegung muss passiv geschehen und erfolgt ausschließlich durch die Kompression der Luft in den Lungen während der Bauchmuskelkontraktion, die für die akzentuierte Phonation benötigt wird. Diese Bewegung kann in der Übung als ein Heben des Brustbeines (Sternum) während jeder Betonung beobachtet werden.

### Tempo I, Variation 3

Wenn der Patient den Vokal länger als zwei Sekunden aushalten kann, ist es Zeit, die akzentuierte Phonation in 2 einzelne, jedoch miteinander verbundene Betonungen zu unterteilen, von denen jede 1 Schlag dauert, wie in Abb. 10.5 zu sehen ist.

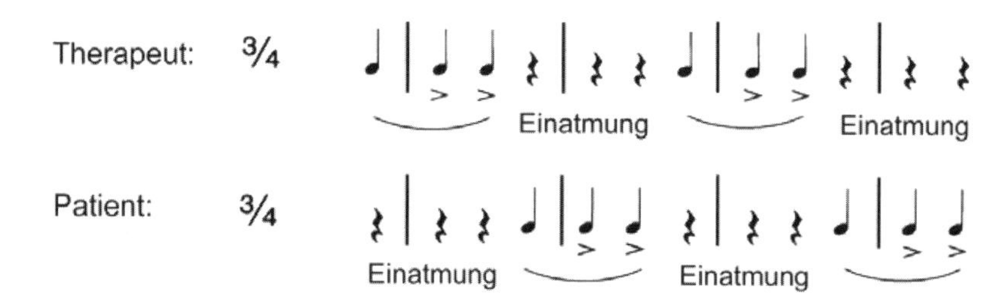


*Abb. 10.5* *Das Notenbild zeigt, wie die Übung im Tempo I – Largo, Variation 3 vom Therapeuten und Patienten wechselweise durchgeführt wird.*

Der Therapeut kontrolliert, ob die beiden Betonungen die gleiche Stärke haben, was wiederum bedeutet, dass sich das Brustbein während der wiederholten Betonung genauso heben muss.

Zuerst trainiert der Patient mit dem Therapeuten, aber wenn der Patient die Übungen korrekt durchführen kann, sollte der Therapeut eine individuelle Tonbandaufnahme herstellen (Dauer 3-10 Minuten), mit welcher der Patient zu Hause selbst trainieren kann. Der Patient wird gebeten, dieses Tonband mehrmals täglich zum Training zu verwenden. Es ist wichtig, dass der Therapeut die Arbeitsweise des Patienten mit dem Tonband überprüft, bevor dieser daheim zu trainieren beginnt. So können Fehler vermieden werden.

### 10.1.1 Körper- und Armbewegungen im Tempo I

Die erste Übung im Tempo I wird sehr langsam durchgeführt und mit Körperbewegungen verbunden – denselben Bewegungen wie bereits unter „Ruheatmung" beschrieben – wobei sich der Körper mit der Einatmung ein wenig nach vorne und mit der Ausatmung zurück bewegt. Diese Bewegung kann unterstützt werden, indem die Arme nach vorne bis zur Waagrechten angehoben werden, um dann auf der Betonung nach unten und hinten geführt zu werden. Die Betonung muss zentral im Körper spürbar sein und die Armbewegungen müssen harmonisch mit den Körperbewegungen und der Phonation verbunden werden. Wir können diese Übung mit einem Wurf vergleichen. Wenn man einen Stein wirft, beginnt der Arm mit einer Bewegung nach hinten. Dann wird der Arm mit ständig steigender Geschwindigkeit nach vorne geschwungen, bis der Stein die Hand verlässt, wenn die Höchstgeschwindigkeit erreicht ist. Damit vergleichbar stimmt die Rückwärtsbewegung des Armes mit der ruhigen und langsamen Einatmung überein. Der Wurf wird zuerst mit leichter Anspannung durchgeführt, dann wird die Anspannung erhöht, bis der Stein aus der Hand fliegt; dann wird die Anspannung wieder reduziert. Dies entspricht der Vokalbetonung. Sie wird von schwach bis stark gesteigert und wieder zur schwachen Akzentuierung zurückgeführt. Der Patient muss spüren, dass der Ton den Mund mit maximaler Ausatmungsaktivität verlässt, genauso wie der Stein bei maximaler Geschwindigkeit aus der Hand fliegt. Es ist wichtig zu bemerken, dass eine harmonische Übereinstimmung zwischen Arm und dem die Hand verlassenden Stein besteht. Der Stein verlässt die Hand nicht, bevor die Höchstgeschwindigkeit erreicht ist.

Ebenso besteht eine entsprechende harmonische Beziehung zwischen der Ausatmung und der Körper- und Armbewegung. In diesen Übungen verstärken die Arm- und Körperbewegungen den Luftstrom aus den Lungen und erzeugen die betonte Lautproduktion. Die ruhige Einatmung und der pausenlose sanfte schwingende Rhythmus unterstützen eine körperliche und mentale Entspannung.

Emotionen und affektive Reaktionen gehören von Natur aus zum langsamen Tempo I – Largo. Wir können hier vergleichsweise an Armbewegungen bei militärischer Beerdigungsmusik oder an ein freudiges „Willkommen" denken, wobei wir ebenfalls unsere Arme heben. Deshalb eignet sich das Largo sehr gut für den affektiven Ausdruck. Diese affektiven Situationen können mit kurzen, meist emotionalen Äußerungen oder Ausdrücken geübt werden, wie z.B. „raus", „ja", „nein", „ah", „bäh", „oh". Wir werden dies im Kapitel 12, „Textübungen", noch weiter erläutern.

Wenn der Patient die Koordination von Atmung und Stimmgebung beherrscht und seine Stimmqualität sich in Richtung eines klangvolleren und sonoreren Timbres entwickelt hat, ist er so weit, dass zu den Stimmübungen im Tempo II – genannt Andante – übergegangen werden kann (dieser Begriff aus der Musikterminologie bedeutet „gehen").

## 10.2 Tempo II – Andante

### Tempo II, Variation 1

Der Rhythmus im Tempo II ist ein Marschrhythmus mit vier Schlägen pro Takt, ein 4/4-Takt. Die Übung besteht aus einer schnellen Einatmung, gefolgt von einem unbetonten Auftakt und 3 betonten Schlägen. Nach dem Ende der Phonation folgt eine ganze Pause von 4 Schlägen.

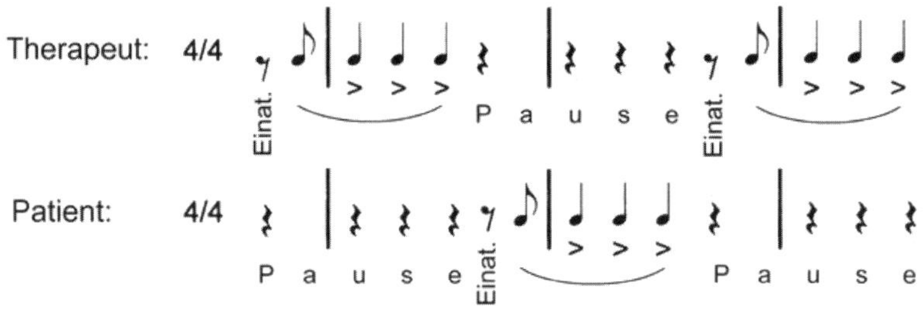

Therapeut: 4/4 Einat. Pause Einat.

Patient: 4/4 Pause Einat. Pause

*Abb. 10.6* *Das Notenbild zeigt die Grundübung im Tempo II, die Variation 1, wobei der Therapeut und der Patient die Übung wechselweise ausführen.*

Therapeut und Patient wechseln sich in der Weise ab, dass der Patient immer einen Takt später als der Therapeut beginnt. Das bedeutet, dass der Therapeut während der Pause des Patienten phoniert und der Patient phoniert während der Pause des Therapeuten (siehe Abb. 10.6).

Jede Übung beginnt mit 1 Achtel Pausezeichen für die Einatmung, gefolgt von 1 Achtel Note für den unbetonten Auftakt und 3 betonten Schlägen von je 1 Viertel. Sobald der Therapeut die Übung beendet hat, atmet der Patient 1 Achtel lang schnell und tief ein, daraufhin folgt sofort der unbetonte Auftakt.

Während den Übungen im Tempo II wird die Betonung durch eine plötzliche Erhöhung der Bauchaktivität erreicht, die zu einem passiven Anheben des oberen Brustkorbes führt. Dieses Anheben kann bei jedem betonten Vokal beobachtet werden und kann vom Patienten selbst kinästhetisch kontrolliert werden, wenn er eine Hand auf den Bauch und die andere Hand auf den oberen Brustkorb legt. Wie bei der Ruheatmung sollte sich die Hand auf dem Bauch sowohl bei der Ein- als auch bei der Ausatmung bewegen. Die Hand auf dem Brustkorb soll sich bei der Einatmung nicht bewegen, sie soll jedoch bei jeder Betonung einen kleinen Schub bekommen, d.h. bei den unbetonten Auftakten sollen keine Bewegungen im Brustkorb stattfinden.

Die Übungen werden in tiefer Stimmlage durchgeführt, wie im Tempo I. Die Stimmlippen haben die niedrigste Spannung bei der Phonation tiefer Töne. Deshalb kann am allerleichtesten ein Wechsel zwischen niedriger Spannung, höherer Spannung und niedriger Spannung bei tiefer Stimme erreicht werden. Dieser Wechsel ist eines der Grundprinzipien motorischen Übens in Bezug auf eine optimale Beweglichkeit und Elastizität der beteiligten Muskulatur. Im Tempo I werden die Stimmübungen mit luftvoller Stimmqualität durchgeführt, um die Grundfunktion des Brustregisters zu trainieren. Im Tempo II können wir die Stimmübungen den Bedürfnissen und der Diagnose des Patienten anpassen. Patienten mit hypotonen Stimmen werden mit kräftigeren und nicht-luftvollen Übungen trainiert, Patienten mit hypertonen Stimmen werden weiterhin mit luftvollen und tiefen Stimmübungen trainiert. Die sanften, leisen Übungen müssen auch im Tempo II bei den Patienten fortgesetzt werden, die kurz zuvor wegen Knötchen oder Papillomen operiert wurden oder bei denen noch Reste einer laryngealen Pathologie bestehen. Im Falle von Entzündungen können die Patienten sanfte, leise und luftvolle Übungen durchführen ohne Schäden zu erleiden. Im Tempo II sind die verwendeten Vokale nicht auf die engen Vokale beschränkt. Alle Vokale und Diphthonge können benutzt werden. Die Auswahl hängt hauptsächlich von der Artikulationsfähigkeit des Patienten oder dessen Bedürfnis nach einem spezifischen Artikulationstraining ab (im Falle von Rhinolalie, Sigmatismen, etc.).

Nach einem gewissen Training mit den Grundübungen im Tempo II kann der Therapeut mit Rhythmusvariationen fortfahren, wobei sicherzustellen ist, dass

1) die aktive Atmung kurz genug bei ausreichender Luftaufnahme ist,
2) der Auftakt unbetont ist,
3) die drei betonten Schläge gleich lang und gleich stark sind und
4) eine unmittelbare Entspannung der abdominalen Muskulatur auf den letzten betonten Vokal folgt, wobei sich die Bauchdecke während der Entspannung ein wenig nach außen bewegt und eine spontane Einatmung erfolgt.

**Tempo II, Variationen 2, 3 und 4**

Die Variationen im Tempo II werden eingeleitet, um die Koordination zwischen Respiration, Phonation und Artikulation zu verstärken und um die Elastizität und Beweglichkeit der gesamten Körpermuskulatur zu fördern. Dies bedeutet eine stärkere Stimulation für den Patienten.

Der natürlichste Rhythmus im Tempo II bei Erwachsenen beträgt ungefähr 70 Schläge pro Minute für die Grundübung am Anfang. Die Geschwindigkeit kann dann auf ca. 80 Schläge pro Minute erhöht werden, wenn der Patient die Atemübungen der Variationen beherrscht.

Die Grundübung im Tempo II besteht aus drei betonten Schlägen, mit einer Länge von je 1 Viertel. Wenn einer der Viertelschläge in zwei betonte Achtelschläge aufgeteilt wird – wobei wir vier betonte Schläge in jeder Übung erhalten – haben wir drei neue Übungen, genannt Variationen (2), (3) und (4). Die drei neuen Variationen sind in Abb. 10.7 dargestellt.

**Tempo II, Variation 1**

Therapeut: 4/4
Einat. Pause Einat.

Patient: 4/4
Pause Einat. Pause

**Tempo II, Variation 2**

Therapeut: 4/4
Einat. Pause Einat.

Patient: 4/4
Pause Einat. Pause

**Tempo II, Variation 3**

Therapeut: 4/4
Einat. Pause Einat.

Patient: 4/4
Pause Einat. Pause

**Tempo II, Variation 4**

Therapeut: 4/4
Einat. Pause Einat.

Patient: 4/4
Pause Einat. Pause

*Abb. 10.7* *stellt Notenbilder der vier letzten Variationen im Tempo II dar:*
*Variation 2: Der erste betonte Schlag ist in zwei betonte Achtel aufgeteilt.*
*Variation 3: Der zweite betonte Schlag ist in zwei betonte Achtel aufgeteilt.*
*Variation 4: Der dritte betonte Schlag ist in zwei betonte Achtel aufgeteilt.*

## 10.2.1 Körper- und Unterarmbewegungen im Tempo II

Die Bewegungen im Tempo II bestehen aus zwei gleichzeitigen, zusammengesetzten Bewegungen: den Körperbewegungen und den Unterarmbewegungen. Andante heißt „gehen“ und im Tempo II – Andante streben wir eine Körperbewegung an, bei welcher sich der ganze Körper abwechselnd um seine vertikale Achse dreht, wie man es beim natürlichen Gehen beobachten kann. Die Körperhaltung im Tempo II ist das aufrechte Stehen, die Füße sind ca. 30 cm auseinander gestellt. Abhängig vom Patienten wird die Körperrotation mehr oder weniger ausgeprägt sein. Manche Patienten führen diese Übung eher zurückhaltend aus, während andere Patienten lebhafter sind.

Mit den Unterarmbewegungen werden die Vokale betont. Im Tempo II werden die Arme angewinkelt, so dass die Unterarme ungefähr horizontal liegen. Aus dieser Stellung heraus bewegen sich die Unterarme mit den Körperbewegungen abwechselnd bei den betonten Schlägen nach unten. Es werden also nur die Unterarme zur Betonung im Tempo II verwendet, im Gegensatz zu Tempo I, wo der ganze Arm gebraucht wird. Während der Durchführung der Übungen im Tempo II werden die beiden erwähnten Bewegungen – des Körpers und der Armgeste – derart harmonisch kombiniert, dass die Armgesten aus der vertikalen Körperdrehung gefördert werden.

Wenn der Patient die Variationen im Tempo II beherrscht, die aus vier betonten Schlägen bestehen und rhythmisch mit gleicher Länge und Stärke phoniert werden müssen, ist er bereit für die Übungen im Tempo III – Allegro (ein Begriff aus der Musikterminologie mit der Bedeutung „schnell“).

## 10.3 Tempo III – Allegro

### Tempo III, Variation 1

Der Rhythmus im Tempo III ist ein 4/4-Takt, so wie im Tempo II, jedoch ist das Tempo etwas schneller, ungefähr 88 Schläge pro Minute für Erwachsene. Die Grundübung wird ebenso wie die Übung im Tempo II durchgeführt. Im Unterschied dazu werden *im Tempo III sowohl der erste als auch der zweite betonte Schlag in 4 betonte Achtel aufgeteilt.* So besteht die ganze Übung aus einer kurzen und tiefen Einatmung, die nur 1 Achtel dauert. Im Anschluss daran folgen ein unbetontes Achtel als Auftakt, vier betonte Achtel und ein betontes Viertel. Genau wie im Tempo II erfolgt nach der letzten Phonation eine vollständige abdominale Entspannung, der sich sofort eine Pause anschließt.

Tempo III ist die am schwierigsten durchzuführende Übung, weil die Ausatembewegungen sehr klein sind und schnell aufeinander folgen. Es ist deshalb sehr wichtig, das bereits erwähnte passive Anheben des oberen Brustkorbes zu beobachten.

Alle Betonungen müssen sich wie eine verbundene Einheit anhören und anfühlen. Dies bedeutet, dass es keine Pausen zwischen den einzelnen Betonungen gibt. Die Übung muss von Beginn des Auftaktes an stimmhaft durch alle Betonungen durchgeführt werden.

**Tempo III, Variation 1**

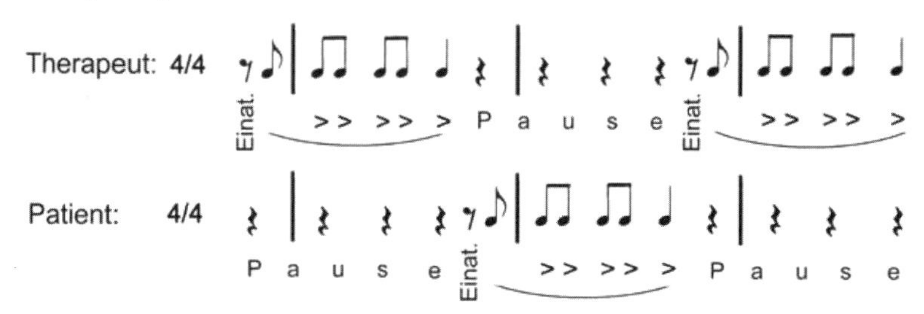


*Abb. 10.8* *Das Notenbild zeigt, wie die Grundübung im Tempo III abwechselnd von dem Therapeuten und Patienten durchgeführt wird.*

Der Therapeut muss die Übungsausführung des Patienten genau überwachen. Er achtet auf:

1) Den Stimmeinsatz jeder Akzentuierung bezüglich verhauchter Einsätze. Es muss gesichert werden, dass die Phonation nicht mit einem [h]-Laut beginnt, sondern eher mit einem weichen, vom subglottischen Luftdruck unterstützten Stimmeinsatz, d.h. jede einzelne Betonung sollte von den Kontraktionen der Bauchmuskeln begleitet werden.

2) Die Gliederung der Vokale, wobei eine ununterbrochene Phonation erreicht werden sollte, ohne die Artikulationsorgane zu bewegen.

3) Die Akzentuierungen, die die gleiche Länge und Stärke haben müssen. Wenn alle Betonungen mit dem gleichen Nachdruck und der gleichen Spannung, mit einer sanften Stimmgebung zwischen den Betonungen, erfolgen, haben die Übungen den größten Wert. Die Bauchmuskeln werden zwischen jeder Kontraktion entspannt oder fast entspannt und die reflektorische Verschlusseinstellung der Stimmlippen wird während der Phonation am effektivsten trainiert.

Falls der Patient die Übungen nicht wie beschrieben durchführen kann, muss der Therapeut das Tempo verlangsamen. Kann der Patient das langsamere Tempo nicht bewältigen, so soll das Training im Tempo II oder im Tempo I wiederholt werden, bis der Patient für das Tempo III bereit ist.

Der Zweck der Übungen im Tempo III ist es, die Anzahl der erzeugten Akzentuierungen auf eine Ausatmung oder Phonation zu erhöhen. Die Grundübung hat 5 Betonungen, die auf 13 Betonungen in der Variation 2 (siehe Abb. 10.9) erweitert werden können. Die letzte Variation ist sehr schwierig und wird nur im Endstadi-

**Tempo III, Variation 2**

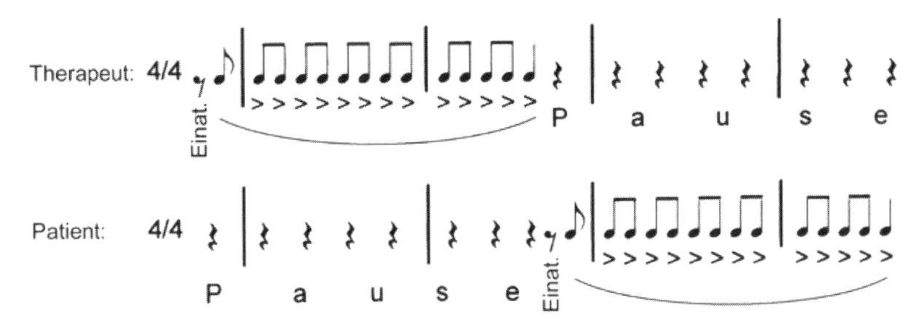


*Abb. 10.9* *Das Notenbild zeigt das schnellere Tempo III (Allegro). Die Variation 2 hat zwei Takte mit einem Auftakt, dem 13 Betonungen folgen.*

um benutzt, gewöhnlich mit Schauspielern oder Sängern, die in der Lage sein müssen, lange Phrasen mit mehreren aufeinander folgenden Akzentuierungen zu bewältigen.

Indem wir eine schnelle Reihe aufeinander folgender Betonungen trainieren, übt der Patient oder Schauspieler auch die Beweglichkeit und feine Koordination von Atmung, Phonation und Artikulation.

Bei den Variationen im Tempo III können die einzelnen Bewegungen der Bauchdecke und des Brustkorbes aufgrund der vielen Betonungen nicht eindeutig beobachtet werden. Deshalb sieht man bei den beiden erwähnten Variationen eher eine ununterbrochene Einwärtsbewegung der Bauchdecke und eine ununterbrochene schwächere Auswärtsbewegung des Brustkorbes. Bei der Durchführung der Übungen im Tempo III ist es sehr wichtig, dass die Einatmung tief genug ist, damit genügend Luft für die langen Phrasen zur Verfügung steht.

Es ist offensichtlich, dass sich die Übungen im Tempo III gut als Artikulationstraining eignen, weil diese Übungen fast mit der gleichen Geschwindigkeit wie flüssiges Sprechen durchgeführt werden. Durch den Wechsel von gerundeten und ungerundeten Vokalen wird die Lippenmuskulatur trainiert; durch den Wechsel von vorderen und hinteren Vokalen wird die Zungenmuskulatur trainiert und durch den Wechsel von offenen und geschlossenen Vokalen werden die Kiefermuskulatur und die Pharynxmuskulatur trainiert. In der *Akzentmethode* werden diese artikulatorischen Bewegungen nie als separate Übungen trainiert, sondern immer in Verbindung mit den Betonungen, wodurch eine Einheit von Phonation und Atmung gebildet wird.

### 10.3.1 Körper- und Handbewegungen im Tempo III

Im Allegro besteht die natürliche Körperbewegung aus einem leichten, schnellen Hüpfen mit leicht gebeugten Knien. Der Übungsrhythmus im Tempo I wird durch die Bewegungen des ganzen Armes unterstrichen. Im Tempo II wird der Unterarm verwendet und im schnellen Tempo III werden nur die Hand und die Finger zur Betonung des Rhythmus gebraucht. Je schneller das Tempo ist, desto weniger Körpermasse wird bewegt. Wenn das Tempo gesteigert wird, bekommen wir eine natürliche Reduzierung der Körperbewegungen. Wenn der Patient mittels der Stimmübungen Schritt für Schritt die Körperbeweglichkeit entwickelt, werden Fehlspannungen im Rücken, in den Schultern, im Nacken und im Hals gelockert und sogar beseitigt. Das Endresultat ist eine umfassende Entspannung des Körpers, sogar in Körperbereichen, die nicht gesondert trainiert wurden.

## 10.4 Kombination von Tempo II und Tempo III

Hat der Patient die gewünschte Beweglichkeit und Elastizität erlangt, können die Übungen lebendiger und natürlicher gestaltet werden, indem man zwischen Tempo II und Tempo III und mit verschiedenen Vokalen und rhetorischen Ausdrucksformen abwechselt. Auf diese Weise nähern sich die Übungen dem normalen Sprechen an und bekommen einen eher kommunikativen Charakter. Die Übungen sollten nun wie ein Spiel zwischen Therapeut und Patient mit natürlicher Sprechprosodie ausgeführt werden. Dem Patienten ist es jetzt erlaubt, verschiedene prosodische Sprechelemente (Betonung, Intonation, Stimmqualität und Rhythmus) als Übergang zum spontanen Sprechen frei anzuwenden, wie es im folgenden Kapitel gezeigt wird.

Beim Lesen und spontanen Sprechen soll der Patient das strikte rhythmische Muster der *Akzentmethode* nicht beachten, sondern versuchen, der Prosodie des Sprechmusters zu folgen.

## 10.5 Übungen der Konsonanten

Geradeso wie bei den Vokalen erscheint es bei Konsonanten oft hilfreich, einige Arten von Konsonantenmustern zu haben, denen man während der Therapie von Artikulationsstörungen folgen kann. Die Übungen mit Konsonanten sind immer mit Vokalen verbunden. Den Übungen der Haupttempi I, II oder III gehen somit Konsonanten voraus, z.B.:

bi – BI – BI – BI[35]

35 In dieser Übungsbeschreibung stehen die kleinen Buchstaben für die nicht akzentuierten Vokale, die Großbuchstaben für die akzentuierten Vokale.

du – DU – DU – DU
my – MY – MY – MY
na – NA – NE – NI

Jedoch kann auch ein 2/4-Rhythmus für das Konsonantentraining verwendet werden. Diese Übungen werden immer mit einem oder zwei Vokalen kombiniert:

| | | |
|---|---|---|
| ba – BA, | a – AB, | bi – BIB |
| dœ – DŒ, | e – ED, | va – VAV |
| ga – GA, | u – UG, | me – MEM |
| su – SU, | i – IS, | lo – LOL |
| va – VA, | a – A, | ka – KAK |

**Variation im 2/4-Takt für Training der Konsonanten**

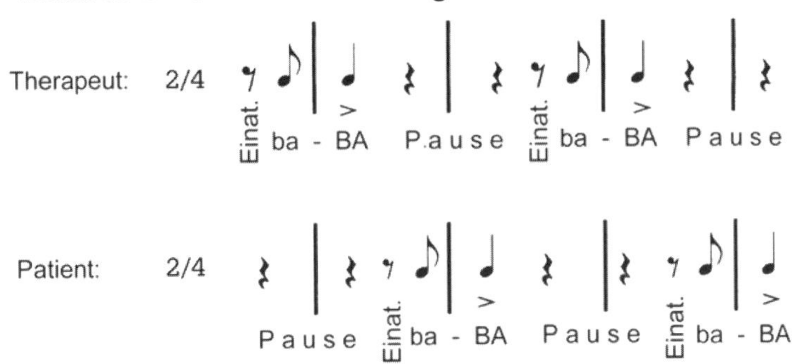


*Abb. 10.10* *Das Notenbild zeigt, wie die Übungen im 2/4-Rhythmus abwechselnd von Therapeuten und Patienten durchgeführt werden.*

## 10.5.1 Verbesserungen durch das Konsonantentraining

Während des Stimm- und Sprechtrainings mit der *Akzentmethode* unterziehen sich nicht nur die Vokale, sondern auch die Konsonanten einer Veränderung.

Bei Stimmstörungen werden die Stimmübungen in der ersten Lektion normal ohne Konsonanten trainiert, später werden sie in Verbindung mit Konsonanten trainiert. Bei Artikulationsstörungen beinhalten die Übungen von Anfang an die Konsonanten.

Selbst in Fällen, in denen die Konsonanten nicht gesondert trainiert wurden, treten sie nach dem Training stärker und deutlicher hervor, weil die Übungen die Ausatmungsstärke und die generelle Präzision der Artikulation trainieren. Die allgemeine Erfahrung nach dem Stimm- und Sprechtraining zeigt, dass die Konsonanten deutlicher ausgesprochen werden, sie sind stärker. Sogar der letzte Konsonant in einem langen Satz wird klar ausgesprochen.

# 11 TROMMELÜBUNGEN

Moderne Gymnastikprinzipien betonen die Körperfunktionen als eine Einheit. Svend Smith verband diese Vorstellungen mit den Stimmübungen der *Akzentmethode,* indem er Rhythmus und Bewegung in die Übungen integrierte. In vielen Fällen wird eine Kombination aus Rhythmus, Bewegung und Stimmübungen die Aufmerksamkeit vom Kehlkopfbereich ablenken. Dadurch können die Stimmübungen automatisch ausgeführt werden. Außerdem sind die Übungen leicht zu lernen und angenehm für den Patienten.

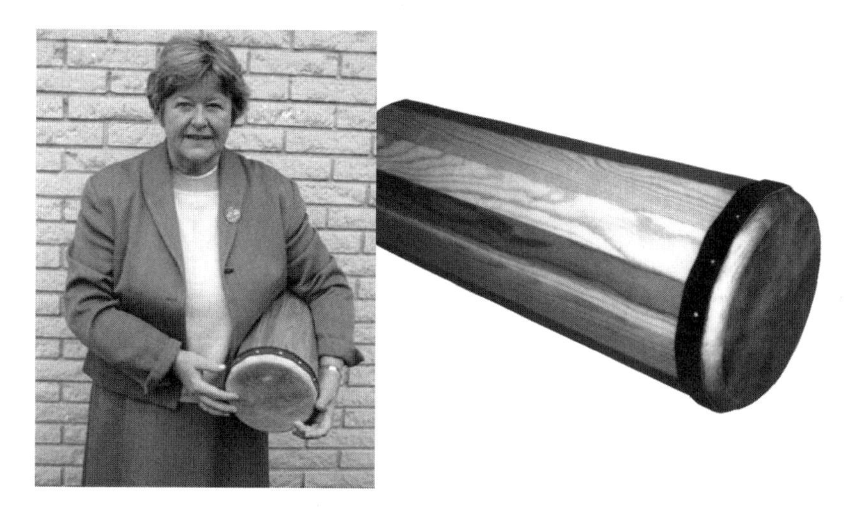

*Abb. 11.1* *Rechts: Eine Fotografie der für die Stimmtherapie entworfenen Trommel. Die Trommel ist aus hölzernen zusammengeleimten Fassdauben hergestellt. Ein Ende der Trommel ist mit einer Schweineblase bespannt, das andere ist offen. Aufgrund des Materials ist der Klang intensiv, ohne unangenehm stark oder laut zu sein. Technische Daten: Länge 45 cm, größter Durchmesser 18 cm, Gewicht weniger als 1300 Gramm. Links: Das Bild zeigt, wie die Trommel korrekt gehalten wird.*

Zu jener Zeit, als Svend Smith nach einer rhythmischen Unterstützung für die Übungen suchte, die mit der physiologisch bedingten Betonung der Prosodie übereinstimmten, hörte er Josephine Bakers Trommler Bogana, wie bereits in Kapitel 2 dargestellt, und er fühlte sofort, dass diese Trommelrhythmen geeignet sein könnten, die Übungen zu begleiten. Dann wurde mit Bogana zusammen ein einfaches Set von Trommelrhythmen entwickelt. Im folgenden Jahr wurde das Rhythmussystem an verschiedenen Patienten ausprobiert. Weil es sich als wirksam erwies, wurden die unterstützenden Rhythmen in die *Akzentmethode* aufgenommen.

Normalerweise bekommen die Patienten selbst keine Trommel. Nur der Therapeut spielt die Trommel und stimuliert so den Patienten, aus den Übungen den größten Nutzen zu ziehen. Ausnahmen sind sprachgestörte Kinder mit Defiziten in der

Prosodie und dem Sprechrhythmus sowie Patienten mit verschiedenen Formen von Aphasie und Dysarthrie, bei denen das Trommeln die Prosodie anregen kann.

Da man die Trommel unter dem Arm tragen muss, darf sie nicht zu schwer sein. Ferner muss sie so fest sein, dass sie nicht auseinander bricht, selbst wenn Kinder sie auf den Boden fallen lassen. Eine spezielle Trommel wurde zu diesem Zweck von Svend Smith und Kirsten Thyme-Frøkjær entworfen (siehe Abb. 11.1). Seit mehr als 30 Jahren wird diese Trommel von einer Schreinerei eines dänischen Behindertenzentrums hergestellt.

Rechtshänder halten die Trommel zwischen dem linken Arm und der Hüfte (siehe Abb. 11.1). Die Trommel liegt in der linken Handfläche und die Finger sind frei beweglich, so können sie zum Trommeln auf die Trommelkante verwendet werden (Position C in der Illustration). Linkshänder halten die Trommel zwischen dem rechten Arm und der Hüfte. Rechtshänder führen alle betonten Schläge mit den Fingern der rechten Hand aus, Linkshänder führen alle betonten Schläge mit den Fingern der linken Hand aus. Die unbetonten Schläge werden mit der anderen Hand ausgeführt. Die folgenden Anweisungen beziehen sich nur auf Rechtshänder:

## 11.1 Tempo I – Largo

Der langsame Rhythmus im *Tempo I – Largo* hat drei gleich lange Schläge, die beiden ersten Schläge sind betont und der dritte Schlag ist unbetont. Die drei Schläge werden in den Ecken eines imaginären Dreieckes auf der Trommel (Abb. 11.2) ausgeführt.

Die Trommelübung beginnt mit einem unbetonten Schlag mit den Fingern der linken Hand auf den äußersten linken Rand der Trommelbespannung. Siehe Position C der Zeichnung.

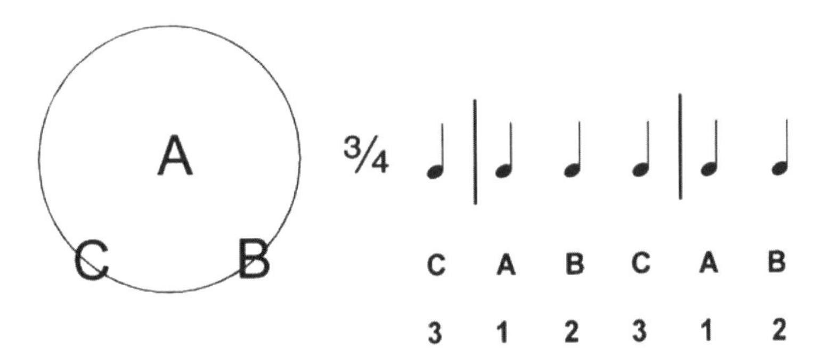


*Abb. 11.2* *Links: Hinweis auf die drei Stellen, an denen die Finger auf die Trommel schlagen: A: Die rechte Hand schlägt in die Mitte der Trommel. B: Die rechte Hand schlägt auf die Kante der Trommel. C: Die linke Hand schlägt auf die Kante der Trommel. Rechts: Das Notenbild des Rhythmus im Tempo I – Largo.*

Der nächste Schlag ist betont und erfolgt in die Mitte der Trommel mit den Fingern der rechten Hand; er ist am stärksten.

Der letzte Schlag auf die Trommel erfolgt knapp neben der rechten Trommelkante mit den Fingern der rechten Hand, er ist etwas schwächer als der vorige Schlag in die Trommelmitte. Da der Schlag auf die Trommelkante erfolgt, unterscheidet sich sein Klang vom Klang des „A"- Schlages.

Indem man einen gleichmäßigen Rhythmus einhält, folgen die Schläge A, B und C einander mit einer Geschwindigkeit von 54-62 Schlägen pro Minute (wahlfrei sind 58 Schläge pro Minute bei Erwachsenen und langsamer bei älteren Leuten). Auch wenn der Therapeut Variationen der Stimmübungen im Tempo I – Largo verwendet, bleibt der Trommelrhythmus unverändert, und so ändern sich die Trommelschläge nicht, wenn der Therapeut zwischen den beiden Variationen im *Tempo I – Largo* wechselt.

## 11.2 Tempo II – Andante

Der Rhythmus im *Andante* ist etwas schneller als im *Largo*. Eine Geschwindigkeit von etwa 80 Schlägen pro Minute ist optimal, kann jedoch dem Alter und Temperament des Patienten angepasst werden.

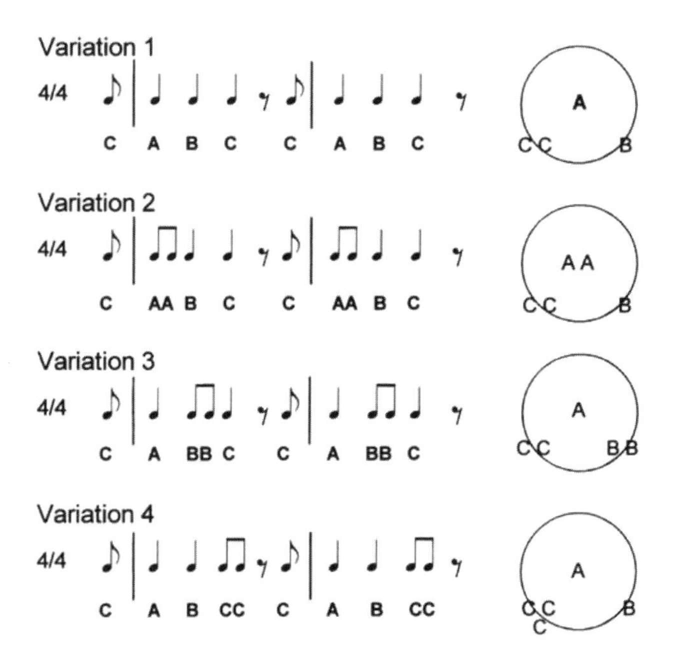


*Abb. 11.3* *Die vier Variationen des Trommelrhythmus im Tempo II – Andante mit den Notenbildern. Die Stellen auf der Trommel, an denen die Finger auf das Fell schlagen, sind dieselben wie in Abb. 11.2.*

Im *Andante* folgt der Trommelrhythmus mit vier Schlägen pro Takt dem Rhythmus der Übungen im *Tempo II – Andante*, d.h. sowohl die Viertel als auch die Achtel werden getrommelt.

Die Variation 1 ist der Grundrhythmus im 4/4-Takt im Andante mit einem unbetonten 1/8 Schlag, dem drei betonte 1/4 Schläge folgen (Abb. 11.3).

Bei der Variation 2 wird der erste betonte 1/4 Schlag in zwei 1/8 Schläge geteilt, bei Variation 3 wird der zweite betonte 1/4 Schlag in zwei 1/8 Schläge geteilt und bei Variation 4 wird der dritte 1/4 Schlag in zwei 1/8 Schläge geteilt.

Wie in Abb. 11.3 zu sehen ist, werden die beiden unterteilten Schläge immer mit derselben Hand getrommelt.

## 11.3 Tempo III – Allegro

Der *Allegro*rhythmus wird im 4/4-Takt mit ungefähr 88 Schlägen pro Minute getrommelt, wenn die Übung nur aus einem Takt mit 5 Betonungen besteht. Der Rhythmus ist etwas schneller – ungefähr 100 Schläge pro Minute – wenn die Übung um einen Extratakt auf 13 Betonungen erweitert wird. (Sänger können mit zwei Extratakten, d.h. mit 21 Betonungen trainiert werden).

Die Variation 1 ist tatsächlich die Basisvariation im Andante. Teilt man Schlag 1 und Schlag 2 auf, erhält man vier betonte 1/8 Schläge, denen ein betonter 1/4 Schlag folgt (Abb. 11.4). Den so erhaltenen Rhythmus nennen wir Variation 1 im Allegro. Bei Variation 2 wird die Dauer der Übung um einen ganzen Takt mit 8/8 Schlägen erweitert, wodurch man eine Gesamtmenge von 13 betonten Schlägen erhält.

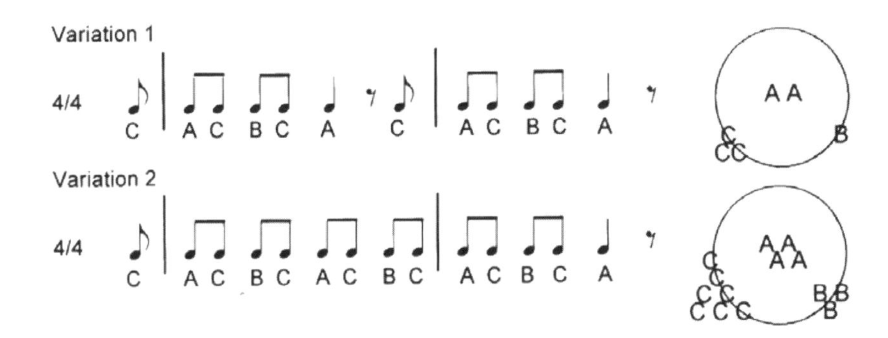


*Abb. 11.4* *Der Trommelrhythmus im Tempo III – Allegro. Die Variation 1 mit einem Auftakt und 5 Betonungen. Die Variation 2 mit einem Auftakt und 13 Betonungen. Die Stellen auf der Trommel, an denen die Finger auf das Fell schlagen, sind dieselben wie in Abb. 11.2.*

Die Trommel ist nur ein Hilfsmittel, um eine unbewusste Entspannung und Automatisierung der Stimm- und Sprechproduktion zu erreichen, sie darf nie der Übungszweck sein, denn sie stellt eine motivierende Übungsvariation dar!

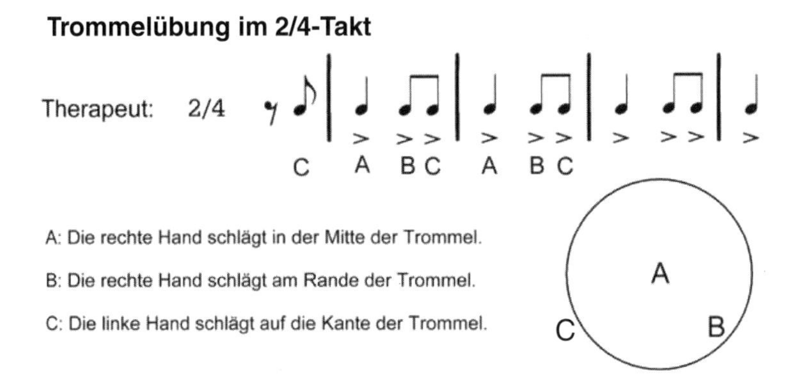


*Abb. 11.5* *Musikalische Beschreibung des 2/4-Rhythmus, besonders für das Konsonantentraining*

# 12 Übergang von den Stimmübungen zum Sprechen

## 12.1 Die Akzentuierung beim Sprechen

Eines der bedeutendsten Merkmale der flüssigen mündlichen Kommunikation ist die Prosodie. Prosodie ist ein weiter Begriff, der die Akzentuierung, die Intonation und das Stimmtimbre beim Sprechen umfasst. Alle diese erwähnten Termini, einschließlich der Stimmgebungsdauer, sind qualitative Merkmale der Kehlkopffunktion. Sie müssen als solche von der Artikulation getrennt werden, die auf Resonanzveränderungen und Verengungen im oberen Teil des Vokaltraktes beruht, und durch die Zunge, den Kiefer, die Lippen, das Velum und die Pharynxmuskulatur erfolgen.

Anfangs werden die Stimmübungen hauptsächlich zum Training der betonten Vokale durchgeführt. Später, wenn man mit den Übungen zum Textlesen und spontanen Sprechen übergeht, wird das Training der Prosodie und besonders der Betonung als sehr wichtig erachtet. Die Erfahrung zeigt, dass sich die Artikulation mit den Betonungsübungen nach der *Akzentmethode* spontan verbessert. Dies ist sowohl auf die Tatsache zurückzuführen, dass dem Patienten sein Sprechen bewusster gemacht wird, als auch auf das allgemeine Training, welches zu feineren Einstellungen der Sprechorgane insgesamt führt. Ein Artikulationstraining für die Patienten ist nur dann notwendig, wenn besondere Artikulationsschwierigkeiten festgestellt wurden.

Untersuchungen haben erwiesen (siehe Kapitel 15), dass ein Stimmtraining, dem sich ein Sprechtraining anschließt, welches auf den in der *Akzentmethode* verwendeten physiologischen und theoretischen Prinzipien beruht, eine insgesamt verbesserte Prosodie ergeben wird. Nicht nur die Betonung wird verbessert, sondern auch die Fähigkeit, die Stimmqualität bei vergrößertem Intonationsumfang, Akzentuierung und Lebendigkeit zu verändern, d.h. die Verteilung der spektralen Energie wird erweitert.

Auch wenn der Schritt von den Stimmübungen zum natürlichen Sprechen klein scheint, haben viele Patienten Schwierigkeiten, die verbesserte Stimmqualität und Atmungskontrolle in ihr spontanes Sprechen zu übertragen.

Um den Übergang zu erleichtern, wird die Veränderung in zwei Schritten durchgeführt: Zuerst lernt der Patient eine Übung mit der gleichen Prosodie (und den gleichen betonten Vokalen oder Konsonanten) wie bei den vorgegebenen Sprechaufgaben, dann wird er gebeten, einen Satz zu sprechen und die natürliche Sprechprosodie, die Vokale und Konsonanten, zu verwenden. In der mündlichen Kommunikation werden die Silben und Betonungen je nach Inhaltsanalyse in verschiedene rhythmische Muster aufgeteilt oder zusammengefasst. Ferner werden die rhythmischen Muster der Prosodie und insbesondere der Betonungen durch Gestik unterstützt.

In dieser Hinsicht sind die Bewegungen des ganzen Armes, der Unterarme und der Hände sehr wichtig und können eingesetzt werden, um zwischen Silben zu unterscheiden, die isoliert, selektiert oder gruppiert werden sollen. Diese Ausdrucksbewegungen stimmen mit den Stimmübungen im Tempo I – Largo, Tempo II – Andante und Tempo III – Allegro überein.

### 12.1.1 Tempo I – Isolation

Beim flüssigen Sprechen werden einige der Silben isoliert ausgesprochen, d.h. in Silben, ohne irgendeine morphologische Verbindung zu den benachbarten Silben. Diese Silben sind normalerweise mit Gefühlen verbunden. Meistens ist das eine Geste, die wir in Verbindung mit den isolierten Silben verwenden, eine Bewegung des ganzen Armes, wie wenn wir „Oh!“ oder „Hilfe!“ rufen. Deshalb werden diese Äußerungen normalerweise langsamer gesprochen, da es einige Zeit dauert, die Bedeutungen in einer emotionalen Sprechsituation auszudrücken oder zu erkennen. In dramatischen Situationen kann sich der ganze Körper verhalten wie eine langsame aber wirkungsvolle Ausdrucksbewegung, z.B. wenn eine Schauspielerin sich „unglücklich“ zu Boden wirft. Um die Prosodie zu unterstützen, wird die Bewegung des ganzen Armes als Geste eingesetzt. Die Bewegung muss jedoch nicht so genau wie bei den Stimmübungen im Tempo I erfolgen; bei den Sprechübungen sieht die Armbewegung eher wie eine Deklamation aus.

Wenn man die Stimmübungen auf das Textlesen und das spontane Sprechen überträgt, wird der Rhythmus nicht mehr so präzise ausgeführt wie im Largo; der Rhythmus folgt nun dem Ausdruck und der Prosodie des natürlichen Sprechens.

Wenn man diese isolierten Äußerungen trainiert, können die Übungen im Tempo I – Largo verwendet werden und das Training wird mit den Vokalen der jeweiligen betonten Silben in den Äußerungen durchgeführt. Bei allen Textübungen (im Tempo I, II und III) wird der Auftakt immer mit demselben Vokal wie der erste betonte Vokal vorgetragen. Die Einatmung muss immer noch tief genug sein, um genügend Luft für die darauf folgende Phonation zu liefern.

Es kann eine Hilfe sein, dem Patienten den Text schriftlich vorzulegen. *In diesen Fällen werden die betonten Vokale doppelt unterstrichen.* Die folgenden Beispiele zeigen einige Äußerungen und die entsprechenden Stimmübungen:

| | | | |
|---|---|---|---|
| „Hilfe“ | i – I | „Hinaus“ | au – AU |
| „Geh“ | e – E | „Sieh“ | i – I |
| „Ah“ | a – A | „Feuer“ | eu – EU |

Für die Äußerungen im Tempo I ist es typisch, dass sie nur eine einzige isolierte Bedeutung ausdrücken, die nur durch eine einzige Betonung verdeutlicht wird.

### 12.1.2 Tempo II – Selektion

Ein vergleichsweise schnelleres Tempo finden wir bei Bedeutungen, die eine Auswahl ausdrücken. Wenn ein Mann drei Personen aus einer Gruppe von zehn auswählen muss, wird er typischerweise auf die drei Personen zeigen, indem er seinen Unterarm auf und ab bewegt und sagt: „Sie, Sie und Sie müssen das so und so und so machen". Es ist offensichtlich, dass eine von einer Unterarmbewegung begleitete Phrase schneller ist als isoliert gesprochene Wörter, denen die Bewegung des ganzen Armes folgt. Im Tempo II können eine oder ein paar Betonungen pro Phrase vorkommen. Jede Betonung hat einen neutralen und logischen Inhalt und die Betonungen sind nicht morphologisch gruppiert. Beim normalen Sprechen kommen ungefähr 2-3 Betonungen pro Sekunde vor, das ist langsam genug, um eine gute Wahrnehmung beim Hörer sicherzustellen. Die systematischen Bewegungen im Tempo II – Selektion werden als vertikale Bewegungen des Unterarmes mit horizontaler Handfläche ausgeführt und bei jedem betonten Vokal nach unten bewegt.

Im geschriebenen Text *werden die betonten Vokale 1-fach unterstrichen.*

Die folgenden Beispiele veranschaulichen dies:

| | |
|---|---|
| „Stuttgart ist eine Stadt" | u – U – A |
| „Hans ist ein Junge" | a – A – U |
| „Das Auto ist blau" | au – AU – AU |
| „Willst Du leben oder sterben" | e – E – E |
| „Honig oder Käse" | o – O – Ä |
| „Tee mit Milch" | e – E – I |

### 12.1.3 Tempo III – Gruppierung

Beim flüssigen Sprechen folgen einige der Betonungen oft schnell aufeinander. Dies ist der Fall, wenn der Sprecher inhaltlich zusammengehörende Betonungen gruppieren möchte. Diese Gruppen bestehen aus mindestens 2 Betonungen. Da diese Betonungen durch die Bedeutung verbunden sind, dürfen keine Pausen zwischen ihnen entstehen und sie müssen unmittelbar aufeinander folgen. Daher ist die Geschwindigkeit im Tempo III (ca. 2-3 Betonungen pro Sekunde) etwas schneller.

Auch die Bewegungen erfolgen im Tempo III viel schneller. Sie werden als *kleine Handbewegungen ausgeführt und bei jedem betonten Vokal nach unten bewegt.* Normalerweise setzen viele Sprecher spontane Kopfbewegungen ein, um die Prosodie zu unterstützen. Patienten mit Stimmproblemen oder Stotternde verwenden sehr wenige Ausdrucksbewegungen. Deshalb ist es ein Vorteil, dass wir die Patienten lehren können, die Betonungen der *Akzentmethode* im Spontansprechen einzusetzen. Dafür verwenden wir die Handbewegungen. Der Unterschied in der Handbewegung zwischen Tempo II – Selektion und Tempo III – Gruppierung besteht darin, dass die *Hand bei den Bewegungen im Tempo II horizontal und im Tempo III vertikal gehalten wird und sehr häufig nur ein Finger verwendet wird, um die Prosodie zu unterstützen.* Die Patienten können aufgefordert werden, den Rhythmus mit einem Schreibstift o.Ä. auf den Tisch zu klopfen. Im Gegensatz zu den Stimmübungen werden die Textübungen nicht von Körperbewegungen begleitet wie dem Drehen des Oberkörpers im Tempo II oder dem Beugen der Knie im Tempo III.

Schriftlich werden die betonten Vokale mittels einer verbundenen 1-fachen Unterstreichung folgendermaßen gekennzeichnet:

| | |
|---|---|
| „Geh weg" | e E – ɛ |
| „Komm her" | ɔ Ɔ – E |
| „Folge mir" | ɔ Ɔ – I |
| „Ein schwarzer Rabe" | a ɑ – ɑ |

Im Tempo I und II verwenden wir nur gespannte Vokale. Diese sind laut Definition betonte Vokale. Im Tempo III sprechen wir aus pädagogischen Gründen in der *Akzentmethode* auch nur von betonten Vokalen, obwohl wir auch ungespannte Vokale verwenden, die per Definition unbetont sind (z.B.: „Geh weg"), aber inhaltlich von Bedeutung sind.

### 12.1.4 Mischung von Tempo II und Tempo III

Im spontanen Sprechen liegt die Betonung immer als Mischform aus Tempo II – Selektion und Tempo III – Gruppierung vor, wie z.B. im folgenden Gedicht:

**Das Fräulein stand am Meere.**

Das Fräulein stand am Meere.

Und seufzte lang und bang.

Es rührte sie so sehre

Der Sonnenuntergang

Mein Fräulein! Sei´n Sie munter.

Das ist ein altes Stück

Hier vorne geht sie unter

Und kehrt von hinten zurück.

(Heinrich Heine 1797-1856)

Der Therapeut kann den Text im Voraus unterstreichen, um einem Patienten, z.B. einem Stotternden, zu helfen. Jedoch ist es vorteilhaft, wenn der Patient den Satz selbst sagt, da die Prosodie von der eigenen Inhaltsanalyse, dem dialektalen und sozialen Hintergrund des Sprechers abhängt. Wenn die Interpretation des Patienten nicht in Konflikt mit der Bedeutung der Äußerung steht, so wäre es sinnvoll und höchst therapeutisch, die Sprechweise des Patienten zu akzeptieren. Falls notwendig, kann der Patient die Äußerung mehrmals wiederholen, bis die Prosodie stabil ist.

Während der Textübungen ist es wichtig, dass der Patient den Blickkontakt mit dem Zuhörer aufrechterhält und mit einer korrekten Einatmung beginnt.

## 12.2 Bewusstes Lesen

Wenn der Patient mit betonten, kurzen Sätzen vertraut und erfahren ist, kann eine selbstständige Vorbereitung für ein längeres Lesen von Texten beginnen, in denen betonte und unbetonte Silben wie beim natürlichen Sprechen vermischt sind. Zuerst sucht der Therapeut Texte mit kurzen Sätzen, mit 1 Sinnschnitt pro Zeile, aus, z.B. Sprichwörter, kleine Gedichte oder Märchen, die oft eine einfache Struktur haben, die leicht auszusprechen sind und mündlich überliefert wurden.

Das bewusste Textlesen wird dem Patienten als 4-stufiges Modell vorgestellt und genannt:

***Optimales Kommunikationsmodell***

(**ABIS**)

**1)** **A**nalyse des Textes

**2)** **B**lickkontakt mit dem Zuhörer

**3)** **I**nspiration

**4)** **S**prechen, deutlich und betont (artikuliert und akzentuiert)

Der Therapeut muss wieder sorgfältig auf die Bewegungen der Bauchdecke und des Brustkorbs achten, besonders in Verbindung mit den betonten Silben, da der Patient sehr leicht die anfangs erlernten Techniken vergisst, wenn die Stimmübungen durch das Textlesen ersetzt werden. Die Atembewegungen beim Textlesen und beim spontanen Sprechen sind jedoch viel kleiner als während der Übungen.

Nach dem Textlesen muss der Patient eine Pause machen, die für

- eine physiologische Entspannung
- eine psychologische Vorbereitung auf den nächsten Satz
- eine Wahrnehmungszeit und eine Verarbeitung für den Zuhörer

notwendig ist.

Ein Sprecher mit einem zu hohen Sprechtempo wird mit dieser Methode seine Sprechgeschwindigkeit auf ein annehmbares Tempo verlangsamen.

Vom bewussten Lesen führt der nächste Trainingsschritt zum Erzählen.

## 12.3 Erzählung und spontanes Sprechen

Der Patient muss nun mit seinen eigenen Worten den gerade gelesenen Text nacherzählen. Falls notwendig, kann der Therapeut einige Leitfragen zum Text stellen, die der Patient dann mit seinen eigenen Worten zu beantworten versucht. In dieser Phase muss der Therapeut immer noch kontrollieren, ob der Patient die vier bereits gelehrten Phasen anwendet:

(**ABIS**)

**1)** **A**nalyse des Textes

**2)** **B**lickkontakt mit dem Zuhörer

**3)** **I**nspiration

**4)** **S**prechen, deutlich und betont (artikuliert und akzentuiert)

Hat sich dieses Sprechverhalten gewissermaßen wie ein Sprechreflex stabilisiert, kann der Therapeut normale Konversation einführen, die sich nach und nach mit bedeutungsvollen Themen befasst.

Wenn der Patient diesen schwierigen Test besteht und dabei sein neues Sprechverhalten aufrechterhält, ohne in die alte gewohnte Stimmfunktion zurückzufallen, war die Behandlung erfolgreich!

## 12.4 Nachbehandlung

Die Patienten sollten noch nachkontrolliert werden, in Intervallen von 1 Monat, 3 Monaten, 6 Monaten und falls möglich 1 Jahr nach der Behandlung, bei Sprechunflüssigkeiten bis zu 3 Jahren, um bei einem Rückfall eine sofortige Intervention vorzusehen. Nach einem Jahr wird sich der Gebrauch der neuen Stimmfunktion als Gewohnheit stabilisiert haben und ein Rückfall ist nicht mehr zu erwarten.

# 13 Die Behandlung des Stotterns

## 13.1 Was ist Stottern?

Zu den verschiedenen Methoden zur Stottertherapie bestehen paradoxe Sichtweisen. „Sich an ein flüssigeres Sprechen annähern“ und „sich an ein flüssigeres Stottern annähern“ (Gregory H., 1994) zählen zu den beiden wichtigsten Auffassungen. Das Erstere bedeutet eine physiologische Behandlung, das Zweite eine mehr psychologisch orientierte Therapie.

Basierend auf unserer Erfahrung können wir sagen, dass nahezu alle Stotternden gute Ergebnisse mit einer Behandlung erzielen, durch die sie „sich an ein flüssigeres Sprechen annähern“. Dagegen scheinen nur wenige Stotternde Erfolg mit einer mehr psychologisch orientierten Behandlung zu haben, wo sie immer wieder ihre schlechten Stottergewohnheiten zu wiederholen haben. Deswegen denken wir, dass eine an die Prinzipien der *Akzentmethode* angepasste Stottertherapie eine gute Annäherung sein würde, das Stottern zu verbessern.

Nachdem nun die *Akzentmethode* bei Stotternden seit mehr als 50 Jahren angewendet wurde und die Therapie allmählich an die speziellen Stotterprobleme angeglichen wurde, wagen wir zu sagen, dass eine Therapie, die auf der *Akzentmethode* basiert, der schnellste Weg ist, das Stottern für die meisten Stotternden zu verbessern.

Eine Form des Stotterns wird als klonisches Stottern beschrieben, es ist durch leichte Wiederholungen von Wörtern und Silben charakterisiert. Mit steigender Spannung der Wiederholungen, die auch artikulatorische Spasmen mit einschließt, wird es als tonisches Stottern bezeichnet. Der Sprechfluss kann vollständig unterbrochen sein. Spasmen und Tics betreffen nicht nur das respiratorische, phonatorische und artikulatorische System, sondern alle Körperteile können von verschiedenen Tics[36] betroffen sein und begleiten den Stimmeinsatz nach einer Unterbrechung. Der Stotternde ist sehr sensibel für Situationen, in denen von ihm erwartet wird sich mitzuteilen.

Wahrscheinlich verschlimmert sich das Stottern in einer stressvollen Situation. Auf der anderen Seite stottert man meistens nicht, wenn man eine Rolle spielt oder etwas auswendig wiederholt, sondern gibt eine flüssige Vorstellung. Die Störung kommt fünfmal häufiger bei männlichen als bei weiblichen Sprechern vor. Sie ist häufiger bei Kindern als bei Erwachsenen. Das Vorkommen in einer Bevölkerung wurde mit 2-4% (Van Riper, C.,1971) angegeben. Viele Stotternde fürchten sich vor einigen oder allen Sprechsituationen. Andererseits ist ihr Wunsch zu sprechen oft größer als ihre

36 Spastische Bewegungen von irgendwelchen Körperteilen, die das Stottern begleiten, werden Tics genannt. Tics sind z.B. den Kopf vor dem Sprechen hochheben, Schläge mit einem Fuß oder einem Arm.

Fähigkeit. Oftmals schwitzen sie vor Angst, vermeiden den Blickkontakt, umgehen spezifische Wörter, die sie nicht sagen können oder versuchen das Sprechen sogar ganz zu vermeiden. Es ist schwierig, diese Personen als Stotternde zu erkennen, deshalb werden sie als maskierte Stotternde bezeichnet.

Das erwähnte psychologische Verhalten ist einer der Hauptgründe dafür, dass das Stottern als eine komplexe Störung der psychosomatischen Persönlichkeit klassifiziert wird und deshalb psychologisch behandelt werden muss. Es ist offensichtlich, dass Personen, die Schwierigkeiten haben, ihre Gefühle und Gedanken auszudrücken, sich unsicher und ängstlich fühlen und schlecht Blickkontakt beim Sprechen halten können, versuchen werden, eine mündliche Kommunikation zu vermeiden.

Ihr Verhalten weist darauf hin, dass sie psychologisch nicht gut angepasst sind. Sie empfinden, dass der Grund für ihre Angst darin liegt, dass sie ganz einfach unfähig sind, bestimmte Laute, Silben oder Wörter auszusprechen. Diese verbalen Versuche haben häufig Muskelverspannungen und auch Spasmen zur Folge. Dadurch wird die Verständlichkeit des Sprechens weiter reduziert und somit die Angst in Sprechsituationen erhöht. Das Ergebnis sind lange und störende Pausen, häufig begleitet von überflüssigen Mitbewegungen des Kopfes und des Halses. Dieses trägt zur Schwierigkeit in der Kommunikation bei.

Aber was war zuerst vorhanden? Wird das Stottern durch die psychosomatischen Störungen verursacht oder ist das psychosomatische und psychologische Verhalten der Stotternden durch das Stottern bedingt?

Die Ätiologie des Stotterns ist noch unbekannt. Die meisten Stotternden reagieren bei neurologischen Tests normal, obwohl Untersuchungen der Alpha-Aktivität in den Gehirnen einiger Stotternder zu zeigen scheinen, dass sie als eine Gruppe gesehen, eine erhöhte linguistische Aktivität in der rechten Hemisphäre haben. Einige Stotternde zeigen organische Anzeichen einer Hirnschädigung im Anschluss an Läsionen, die durch Traumen, Infektionen oder einem Tumor verursacht wurden und gelegentlich stellt sich heraus, dass eine Hirnschädigung die Ursache des Stotterns ist. Eine solche Schädigung wird entweder in der frontalen sprechmotorischen Area gefunden oder wirkt sich auf deren Afferenzen aus, oder liegt in den parieto-temporalen rezeptiv-intergrativen Areas. Schädigungen anderer Regionen des zentralen Nervensystems wurden nicht als Ursache von Stottern beobachtet (Heick, K., 1989). Diese Beobachtungen können auf drei Gruppen von Stotternden hinweisen:

1. Der neurologisch normale Stotternde, der während der Kindheit oder Jugend nach einem Zeitraum unbeeinträchtigten Sprechens zu stottern beginnt. Der Stotterbeginn lässt sich als eine verzögerte (genetisch bedingte) Entwicklung des linken Broca Areals relativ zum rechten Broca Areal erklären (Heick, K., 1989).

2. Stotternde mit einer frontalen Schädigung der linken Hemisphäre.
3. Stotternde mit einer parietal-temporalen Schädigung der linken Hemisphäre.

In diesem Buch werden wir nur die am weitesten verbreitete Form des Stotterns betrachten, die keine diagnostischen Anzeichen einer organischen Schädigung aufweist – den neurologisch unauffälligen Stotternden.

Heick (1985) gibt folgenden Erklärungsversuch für das Stottern: In der linken Hemisphäre wird ein normales Sprachsystem aufgebaut. Das linke Broca Areal braucht jedoch länger um sich zu entwickeln als das entsprechende Areal der rechten Hemisphäre. Dies kann zu einer erhöhten Sprechprogrammierungskompetenz der rechten Seite führen, was einen Antagonismus zwischen den beiden Arealen in der linken und rechten Seite zur Folge haben kann, die beide motorische Programme für die Sprechorgane enthalten. Das Ergebnis sind eine falsche zeitliche Programmierung und mögliche Unterbrechungen des Sprechens, weil die Informationen an die Muskeln der Sprechorgane vom linken Sprachzentrum früher ankommen als vom rechten. Das führt zu einem unflüssigen Sprechen oder Stottern. Es kann jedoch auch zu spontanen Remissionen kommen, wenn sich das linke Broca Zentrum auf den gleichen Stand wie das rechte Zentrum entwickeln kann, bevor sich eine signifikante Sprech-Programmierungskompetenz in der rechten Seite etabliert hat. Diese Form des Stotterns mit spontanen Remissionen wird häufig bei Kindern gesehen (normale Unflüssigkeit bei Kindern).

Wenn sich jedoch das Gehirn aus irgendwelchen Gründen nicht normal entwickelt, sich z.B. unsymmetrisch entwickelt hat, werden die falsch programmierten (oder doppelt programmierten) motorischen Befehle zu den Sprechorganen immer wieder verstärkt, sobald der Stotternde spricht. Nach ein paar Jahren ist das „stotternde Sprechen“ so gut etabliert, dass es für den Patient unmöglich ist, normal zu sprechen. Dies stimmt mit der aktuellen Lerntheorie überein, die das Lernen als psycho-neurologischen Prozess betrachtet. Wir können deshalb annehmen, dass das Stottern durch den Lernprozess gefestigt und aufrechterhalten wird.

Nach unserer Meinung hat die häufigste Gruppe der Stotternden, die neurologisch unauffälligen Stotternden, ein falsch programmiertes neurologisches sprechmotorisches System neben einem normalen Sprachsystem. Der einzige Weg diese Störung zu verbessern besteht darin, das neurologische sprechmotorische System umzuprogrammieren. Während dieses Prozesses wird die falsche Programmierung nicht verstärkt. Je mehr der Patient während der Behandlung stottert – und besonders, wenn der Therapeut versucht, den Patienten bewusst stottern zu lassen – desto länger wird der Prozess der Umprogrammierung zum normalen Sprechverhalten dauern. Deshalb bitten wir den Stotternden, nie absichtlich zu stottern, wie dies in anderen Stottertherapien der Fall ist. Ganz im Gegenteil, wir wählen Übungen aus, die Wiederholungen fehlerhafter Laute und Silben vermeiden und die physiologisch korrekte Atmung, Phonation, Artikulation und Prosodie trainieren. Diese sind eher als neurologische Neuprogrammierungsübungen denn als Vokalübungen anzusehen.

Das Training physiologischer Sprechproduktion ist gut bekannt. Schon 1898 empfiehlt Hermann Gutzmann in seinem Buch „Das Stottern“ (Gutzmann, H., 1898) Atmungs-, Phonations- und Artikulationsübungen kombiniert mit Sprechübungen als ein Mittel, um die Stottersymptomatik zu vermindern. Folglich kann sich eine Stottertherapie gemäß den Prinzipien der *Akzentmethode* aufbauen. Jedoch ist das Trainingsprogramm sowohl den allgemeinen Bedürfnissen der Stotternden als auch der speziellen Situation des individuellen Stotternden anzupassen.

Bei Kindern unter 6 Jahren kommt es vor, dass sich Unflüssigkeiten häufig im Laufe der Sprachentwicklung auflösen. Eine Beratung der Eltern zur Förderung eines guten sprachlichen Umfeldes ist oft alles, was benötigt wird (Gregory, H., 1993). Wenn das Kind im Alter von fünf oder sechs Jahren noch nicht flüssig sprechen kann, wird ein Therapieprogramm mit Entspannungs- und Atemübungen begonnen, gefolgt von Phonations- und Artikulationsübungen in der gleichen Art wie bei Erwachsenen. Mit Kindern werden die Übungen oft zusammen mit ihren Eltern als Spiel durchgeführt.

## 13.2 Das Übungsprogramm

Die Stottertherapie nach der *Akzentmethode* teilt sich in vier logische Phasen auf:

1. Neuprogrammierung des motorischen Atemsystems.
2. Neuprogrammierung des sprechmotorischen Systems.
3. Stabilisierung der neuen motorischen Funktionen.
4. Nachsorge mit einem pädagogisch-psychologischen Sicherheitsnetz.

### 13.2.1 Neuprogrammierung des motorischen Atemsystems

Die Patienten werden vor der Therapieplanung sorgfältig beobachtet. Ein hoher Prozentsatz der Patienten zeigt eine hohe kostale Atmung. Diese ist häufig sehr angespannt mit langen unbeabsichtigten Pausen zwischen der Ein- und Ausatmung.

Der erste Schritt ist deshalb, dem Patienten beizubringen, sich zu entspannen und mit einer guten abdominal-diaphragmalen Atmung zu atmen. Wie in Kapitel 8.1 beschrieben, werden die Entspannungsübungen täglich für ein paar Monate von allen unseren Stotternden in Verbindung mit Atemübungen in Ruhe durchgeführt. Normalerweise wird während der ersten Entspannungsphase, wenn der Patient auf dem

Rücken liegt, leise Musik abgespielt. Wenn sich die diaphragmal-abdominale Atmung zufrieden stellend eingestellt hat, kann die aktive Atmung, wie sie beim Sprechen verwendet wird, geübt werden, um dem Stotternden den Unterschied zwischen der Ruhe- und der Sprechatmung bewusst zu machen.

Die Anweisungen zur Entspannung und Atmung werden auf eine Kassette aufgenommen und dem Stotternden als häusliches Übungsprogramm mitgegeben. Absicht der täglichen Atemübungen ist es, eine bewusste tiefere Ein- und Ausatmung zu üben. Dies bedeutet eine verminderte Atemfrequenz, die wiederum eine Entspannung bewirkt.

Der Stotternde muss beide Atemübungen, in Rücken- und Seitenlage, täglich üben, bevor ihm erlaubt wird, zu den nächsten Übungen, den Atemübungen im Sitzen, weiterzugehen. Werden diese Übungen korrekt durchgeführt, wird die Atemübung im Stehen eingeführt. Diese Atemübungen sind wichtig, da sie dem Patienten die korrekte diaphragmale-abdominale Atemform bewusst beibringen. Um den besten Nutzen aus diesen Übungen zu ziehen, muss der Therapeut sicher sein, dass der Patient keine Pause zwischen der Ein- und Ausatmung macht. In Ruhe gibt es nur eine Pause zwischen der Exspiration und Inspiration.

Ist die korrekte diaphragmale-abdominale Atmung erlernt, folgen die Entspannungsübungen. Alle Stotternden haben Verspannungen im Hals, in den Schultern und in den Artikulationsorganen – sehr häufig sogar starke Verspannungen. Es ist wichtig, diese Spannung so weit wie möglich abzubauen, damit sie während der nachfolgenden Neuprogrammierung der motorischen Sprechkontrolle keine Probleme verursachen. Sehr wichtig sind Entspannungsübungen des Unterkiefers, der Lippen, der Zunge und des weichen Gaumens.

In der ersten Therapiephase kann der Patient bemerken, dass sich sein klonisches Stottern verändert hat und vielleicht leicht angestiegen ist. Dies ist auf ein entspannteres Sprechverhalten zurückzuführen, welches einige der starken Spasmen verringert und sie in ein klonisches Stottern umgeändert hat.

Die erste Phase dauert einen oder zwei Monate und führt allmählich in die zweite Phase.

### 13.2.2 Neuprogrammierung des sprechmotorischen Systems

In dieser Phase wird die diaphragmale-abdominale Atmung von der Ruhe- zur Phonationsatmung übertragen.

Die ersten stimmlosen Largo-Übungen werden gleichzeitig vom Therapeuten und dem Stotternden ausgeführt. Sie stehen nebeneinander und halten einander die Hände (Abb.10.3). Der Therapeut gleicht seinen Atemrhythmus dem des Patienten an. Nach ein paar Minuten spürt der Patient den ruhigen Rhythmus über die nahe taktile, visuelle und hörbare Verbindung zum Therapeuten und normalerweise kann er zusammen mit dem Therapeuten tiefe Inspirationen und völlige Exspirationen ohne Pausen ausführen. Gelingen ihm diese, phoniert der Therapeut einen tiefen, verhauchten, leisen, engen Vokal [u-U:] während der Ausatmung, im ruhigen ¾-Walzertakt bleibend. Der Patient wiederholt die Übungen nach dem Therapeuten.

Nach ein paar Minuten wechselt der Therapeut die Position wie in Abb. 10.4 gezeigt, in der sich Therapeut und Patient gegenüberstehen und sich beim Sprechen dieser Übung abwechseln. Der Stotternde bekommt vom Therapeuten noch taktile Feed-backs und der Therapeut kann seine Aufmerksamkeit noch auf die Atmung des Patienten richten, weil die Hände die abdominalen Bewegungen überprüfen. Erkennt der Therapeut, dass die Übungen korrekt ausgeführt werden, stellen sich der Therapeut und der Patient für den verbleibenden Teil des Trainings getrennt voneinander hin.

Der Erfolg der Largo-Übungen in der Stottertherapie ist darauf zurückzuführen, dass es im Atemrhythmus keine Pausen gibt. Ohne Pausen gibt es auch keinen Raum für Spasmen. Deshalb sind Largo-Übungen, die mit einem luftvollen tiefen Vokal beginnen, die nützlichsten Übungen für jemanden, der stottert.

Nachdem die einfachen Largo-Übungen trainiert worden sind (z.B. nur auf Vokalen), können sie mit verschiedenen Konsonanten sowohl mit KV, VK als auch KVK Strukturen angewendet werden. Abgestimmt auf den individuellen Patienten wird mit dem Konsonanten begonnen, der für ihn am leichtesten zu artikulieren ist und mit dem Konsonanten beendet, der ursprünglich Blockierungen verursacht hat.

In jedem Stotterprogramm sollte sich der Patient während der ersten sechs Monate jeden Tag 10 Minuten den Largo-Übungen widmen.

Kann der Patient die Übungen korrekt bilden, werden sie auf eine Tonbandkassette aufgenommen (ca. 5 Minuten). Die Kassette mit den Übungen wird dann für das tägliche Training zu Hause verwendet. Der Patient muss diese Übungen übereinstimmend mit dem Rhythmus auf dem Band zwei- bis dreimal pro Tag durchführen, während zusätzlich die Kassette mit den Entspannungs- und Atemübungen mindestens im ersten Monat täglich durchzuführen ist. Die Kassettenaufnahmen werden in jeder Therapiestunde überprüft und erweitert.

Nach ein paar Sitzungen enthält das Band ein persönliches Trainingsprogramm von 20-30 Minuten, welches an die Fortschritte des Patienten angepasst werden kann.

In der Stottertherapie ist es ein Vorteil, gleichzeitig mit den Stimmübungen so früh wie möglich mit den Sprechübungen zu beginnen. Deshalb ist es möglich, beim Training im Largo einsilbige Wörter oder kurze Ausrufe, wie in Kap. 12.1.1 beschrieben, mit aufzunehmen. Sogar einfache Textübungen werden in den ersten Therapiestunden miteinbezogen (z.B.: Namen, Wochentage, Farben, Grußformeln etc.). Im Largo werden die Textübungen mit den gleichen Vokalen wie in den Stimmübungen durchgeführt. Am besten eignen sich Reime und Sprichwörter für dieses Vorhaben. Der Grund dafür ist, dass der Stotternde von Anfang an merken soll, keine isolierten Übungen zu machen. Er muss spüren, dass er die gleichen abdominalen Bewegungen macht, wenn er das Wort „Hallo" sagt, wie wenn er die Übung [o-O:] macht. Wenn zwischen Übungen und Äußerungen abgewechselt wird, führen wir die Übung immer ein paar Mal mit dem gleichen Vokal und gleicher Akzentuierung wie bei der Äußerung durch. Kann der Stotternde die Übung automatisch wiederholen, wird die Übung ohne weitere Vorbereitung durch den Ausruf ersetzt. Auf diese Weise kann der Patient die korrekte Artikulation selbst von Lauten, die für ihn am schwierigsten sind, hervorbringen.

Wir empfehlen bei den Largo-Übungen, wie in Kap.10 erläutert, große Armbewegungen zu verwenden. Diese Bewegungen erleichtern die Entspannung und die Koordination von Respiration, Phonation, Artikulation und Sprechen. Es ist wichtig, diese Koordination zu trainieren, denn sie dient an sich der Deprogrammierung der Spasmen und Tics des Stotternden.

Die Grundübung in der *Akzentmethode*, die Largo-Übung in Tempo I, ist ein Geniestreich, denn der Stotternde wird unbewusst gezwungen, sofort nach einer tiefen abdominalen Inspiration zu phonieren. Geht etwas schief, wird der Stotternde gebeten, tief einzuatmen und die Übung zu wiederholen. Die Lösung für den Erwerb eines korrekten Sprechverhaltens ohne Wiederholungen und Spasmen ist: „Atmen Sie tief ein und starten Sie sofort nach der Einatmung ohne Pause". Auch ist es bei der Ausführung dieser Übungen wichtig, dass die Exspiration so aktiv und vollständig durchgeführt wird, dass der Stotternde gezwungen wird, sofort nach der Phonation zu atmen, wodurch weder vor noch nach der Phonation eine Pause entsteht.

Auf diese Weise werden die neurologischen Sprechsysteme und Feed-back-Schleifen programmiert, sofort nachdem die Inspiration in die Exspiration übergegangen ist, und deshalb wird es keine Pause geben, in der sich Blockierungen entwickeln können. Indem wir die Largo-Übungen immer wieder wiederholen, erhalten wir eine Deprogrammierung des falschen Sprechverhaltens und eine Reprogrammierung des physiologisch korrekten Sprechverhaltens, was mit den neurologisch korrekten sprechmotorischen Befehlen identisch ist.

Während der Übung ist der ruhige Rhythmus von drei Schlägen für die Inspiration und drei Schlägen für die Phonation, z.B. für 10 Minuten ohne Pausen einzuhalten.

Auf diese Weise ausgeführt, haben die Übungen einen fantastisch beruhigenden Einfluss auf den Stotternden, der kaum in der Lage sein wird, nach diesem Training zu stottern. Der Therapeut muss am Anfang jedoch darauf achten, nicht zu lange zu üben, da untrainierte Personen hyperventilieren und ihnen schwindelig werden könnte. Aus dem gleichen Grund werden die Patienten gebeten, die Übungen auch zu Hause nicht zu lange durchzuführen.

Nach 2-4 Monaten wird sich der Stimmklang zu einer sonoreren und weniger verhauchten Stimme ändern. Wenn das eintritt, kann der Therapeut zu den Stimmübungen in Tempo II – Andante und Tempo III – Allegro übergehen. Der erste Teil der Reprogrammierungsphase ist nun beendet. Die neue diaphragmal-abdominale Atmung sollte in solch einem Grade unbewusst sein, dass der Patient nicht mehr stottert, wenn er daran denkt, vor dem Sprechen gut einzuatmen. Außerdem hat sich die Stimme verbessert, sie ist kräftiger und das Timbre sonorer. Der Patient muss jedoch die Largo-Übungen weiterführen, obwohl er zu den Andante-Übungen übergehen kann. Neurologisch gesehen bedeutet das, dass er nun beginnt, die sprechmotorischen- und Feed-back-Systeme neu zu programmieren, die die prosodischen Elemente seines Sprechens verbessern.

Die Übungen in Tempo II und Tempo III werden – wie schon für die Stimme beschrieben – durchgeführt. Kleine Sätze mit wenigen Betonungen werden gleichzeitig zu den Übungen in Tempo I trainiert. Acht gegeben werden muss auf die Inspiration, die so tief wie möglich und sehr schnell sein soll. Diese Übungen trainieren die Elastizität und Flexibilität der Koordination zwischen Atmung, Phonation, Artikulation und natürlichen Körperbewegungen. Das Training vermindert Spannungen, die mit dem Stottern einhergehen und verbessert die Koordination.

Eine flüssige Artikulation der Konsonanten wird durch eine schnelle Übung im 2/4-Takt gefördert. Der Patient wechselt sich mit dem Therapeuten ab und wiederholt seine Übungen. Der Therapeut beginnt mit Konsonanten, die der Patient leicht aussprechen kann. Wenn die Phonation natürlich erscheint, verwendet der Therapeut allmählich Konsonanten, die für den Patienten schwieriger sind in KV, VKV und VK Kombinationen. Die Largo-Übungen können für die Initial-Konsonanten verwendet werden. Die Atmung im 2/4-Takt ist genau wie im Tempo II und III: Einer schnellen und tiefen Einatmung folgt die Phonation mit einer sichtbaren abdominalen Kontraktion. Wird die Übung kräftig phoniert, sollte sich auch der Brustkorb bei jedem akzentuierten Schlag heben.

In dieser Phase kann der Patient gebeten werden, 15 Wörter und die dazugehörenden Stimmübungen in Andante vor der Sitzung vorzubereiten. Dann soll er kurze Reime und Redewendungen mit den dazugehörenden Stimmübungen vorbereiten.

Nach 3-5 Monaten hat der Patient das Programm abgeschlossen.

Die Stottersymptome sollten sich nun erheblich verringert haben, aber das Training wird jedoch noch nicht beendet.

Der Patient sollte noch jeden Tag mit der Kassette zu Hause weiterüben. Nach und nach werden mehr Textübungen hinzugefügt, in denen die akzentuierten Vokale, wie in Kap.12 erläutert, trainiert werden. Diese betonten Vokale eines jeden Satzes werden mehrmals geübt; anschließend wird auch der Satz ein paar Mal wiederholt. Im nächsten Schritt erzählt der Patient einen gelesenen Text mit seinen eigenen Worten nach, er folgt dabei noch immer dem optimalen Kommunikationsmodell: Erst denken, dann Blickkontakt, dann Einatmen und dann Sprechen.

Danach geht der Therapeut zur Spontansprache über, wobei er zuerst dem erwähnten Schema folgt, die betonten Vokale zu trainieren.

Ist der Patient in der Lage, das Erlernte ohne zu stottern in Texte zu übertragen, setzen wir die Vokalübungen ab. Doch jedes Mal, wenn der Patient in einem Wort oder einer Silbe stottert, wird die Stimmübung für diesen Satz sofort wieder aufgenommen.

Zu diesem Zeitpunkt kann der Patient schon Rollenspiele mit dem Therapeuten ausführen. Diese können entweder nur aus Übungen der betonten Vokale bestehen oder aus einem kompletten Text, der aus einer Improvisation entstanden sein kann, wenn der Patient dazu in der Lage ist. Die Rollen sollten Situationen aus dem täglichen Leben sein und sich allmählich Situationen annähern, die für den Patienten vorher schwierig zu handhaben waren. Die Sitzungen werden auf Video oder Kassette aufgenommen und anschließend mit dem Patienten während der Wiederholung ausgewertet und diskutiert.

Die schwierigste Aufgabe für jemanden, der stottert, kommt noch: das Telefonieren. Der Patient wird gebeten, eine Telefonkonversation zu Hause vorzubereiten. In der folgenden Stunde wird sie, zuerst ohne Telefon, von Angesicht zu Angesicht mit dem Therapeuten durchgeführt, danach zwischen dem Patienten und dem Therapeuten über zwei Telefone im gleichen Raum, schließlich in verschiedenen Räumen. In den ersten Gesprächen ist der Therapeut verständnisvoll und geduldig, später spielt er eine beschäftigte und ungeduldige Person, eine Situation, die für den Patienten ohne zu stottern viel schwieriger zu bewältigen ist. Kann das Übungsgespräch ohne Schwierigkeiten durchgeführt werden, wird der Patient schließlich gebeten, im Theater anzurufen, um sich nach Eintrittskarten und Preisen, in Reisebüros nach Touristeninformationen usw. zu erkundigen.

Mit dem Programm für Stotternde nach der *Akzentmethode* werden somit die normalen Sprechfunktionen geübt. *Wir trainieren niemals die Fehlfunktionen oder lassen den Patienten bewusst stottern.* Dies würde den modernen Lerntheorien widersprechen und würde das Gegenteil des Erwünschten bewirken. Beim Training der optimalen inhärenten Fähigkeiten des Patienten werden die funktional korrekten Sprechgewohnheiten geübt, d.h. die motorischen Sprechzentren im Gehirn und die blockierten Sprech-Reflexbögen werden neu programmiert, um physiologisch korrekte Muskelkontraktionen in korrekter zeitlicher Abstimmung auszuführen. Auf diese Weise wird nach und nach die defekte motorische Programmierung durch ein adäquates und normaleres sprechmotorisches Programmierungsmuster ersetzt.

Erfahren die Patienten ein flüssiges Sprechen, indem sie die Ergebnisse über einen Kassettenrekorder hören oder sich in einer Videoaufnahme beobachten, wird ihr Selbstbewusstsein gestärkt, sie werden extrovertierter, glücklicher und sind deshalb mit dem Therapieprogramm zufrieden, auch wenn sie weiterhin noch jeden Tag üben müssen. Selbstverständlich trägt diese psychologische Befreiung zu einer Verbesserung des Sprechens bei.

Alle stotternden Patienten werden in einer der ersten Stunden sowohl auf einer Audiokassette als auch auf Video aufgenommen. Ein Standardtext wird gelesen und zusammen mit der Spontansprache aufgenommen. Dieselbe Aufnahme wird normalerweise nach 2-3 Monaten und nochmals nach 8-14 Monaten wiederholt, wenn die zweite Phase beendet ist. Am Ende der zweiten Phase wird der Patient in der Lage sein, flüssig zu sprechen oder zumindest mit so wenigen Symptomen, dass sie die Kommunikation nicht stören.

### 13.2.3 Stabilisierung der motorischen Funktionen

Die dritte Behandlungsphase dauert ungefähr vier Jahre. In diesem Zeitraum werden die Behandlungsstunden von einer Sitzung pro Woche auf einmal in 14 Tagen und später auf einmal pro Monat verringert. In den letzten zwei Jahren reduziert sich die Behandlung auf alle 3-6 Monate. Das Stimm- und Sprechtraining findet in diesem Zeitraum nur noch sporadisch statt. Intention ist es, die neu etablierten Sprechgewohnheiten zu stabilisieren. Wir stellen deshalb die Hypothese auf, dass wir in der dritten Phase einen normalen Weg der motorischen Sprachprogrammierung in den kortikalen Sprachzentren neurologisch stabilisieren.

Da sich die Häufigkeit der Sitzungen verringert hat, wird der Patient gebeten, den Therapeuten einmal pro Monat zu einer bestimmten Zeit anzurufen. Treten irgendwelche Probleme auf oder kommt es zu einem Rückfall, soll er sofort anrufen. Es ist wichtig, dass der Patient ein absolutes Vertrauen zum Therapeuten hat und dass er bei einem Rückfall sofort wieder mit seiner Kassette übt. Auf jeden Fall ist es von Vorteil, so oft wie möglich mit der Kassette zu üben. Nach unserer Erfahrung dauert es bis zu fünf Jahren, die drei Teile der Behandlung abzuschließen und das flüssige Sprechen zu stabilisieren, das den Patienten befähigt, Sprechsituationen ohne Angst zu begegnen.

## 13.2.4 Nachsorge-Zeitraum mit einem pädagogisch-psychologischen Sicherheitsnetz

Die vierte Phase ist ein Forschungszeitraum, der für die Patienten nichts kostet. In einem Zeitraum von weiteren fünf Jahren werden die ehemaligen Patienten einmal jährlich zu Interviews und einer Reihe von Aufnahmen, wie Audio- und Videoaufnahmen angerufen. Neben den akustischen Analysen (Grundfrequenz, Stimmumfang, Jitter, Modulation, Intensität, Shimmer, Spektralanalyse, Messungen der Satzdauer, Anzahl der Spasmen), die sich auf die Kassettenaufnahmen stützen, werden physiologische Messungen durchgeführt. Die Anzahl der Tics werden anhand der Videoaufzeichnungen gezählt. Diese Messungen werden mit denen vor und während der Behandlung verglichen und dienen als Erfolgsbestätigung für den Patienten und den Therapeuten. Dadurch wird selbstverständlich das Selbstwertgefühl des Patienten gesteigert. Außerdem dienen diese Analysen wissenschaftlichen Zwecken.

Die Tatsache, dass der Therapeut einen Kontakt über 10 Jahre aufrechterhält, dient als wichtiges Sicherheitsnetz für den Patienten, der dem Therapeuten deshalb vertraut, weil er immer reagiert, wenn Stottersymptome in irgendeiner Stresssituation wieder auftauchen sollten.

Wir beurteilen und zeichnen alle Patienten auf, die sich wegen Stotterns vorstellen, um vor, während und nach der Therapie die Therapieergebnisse zu messen. Wir wissen, dass unsere Methode unkonventionell ist; auf der anderen Seite sind die Ergebnisse aus den objektiven Messungen äußerst gut.

Wenn nachgewiesen werden kann, dass der Therapieerfolg 10 Jahre aufrechterhalten werden kann, können wir daraus schließen, dass wir so nah wie möglich an eine optimale Verbesserung des Stotterns gekommen sind.

Hunderte von Stotternden wurden von verschiedenen Therapeuten mit der *Akzentmethode* behandelt. Unsere eigenen Ergebnisse erhielten wir durch die Behandlung von über 50 Stotter-Patienten mit der *Akzentmethode*.

Die Ergebnisse müssen jedoch vor dem Hintergrund gesehen werden, dass erstens alle unsere Patienten über mehrere Jahre durch andere Therapiemethoden, meist psychologisch begründete Therapien, behandelt wurden, bevor sie es mit der *Akzentmethode* versuchten. Zweitens bemerkten die Patienten, dass die anderen Behandlungen nur einen geringen oder vorübergehenden Effekt gehabt haben und nicht den schnellen und dauerhaften Erfolg wie mit der hier beschriebenen Therapie erzielt haben. Wir haben keine oder keine ausreichend große Kontrollgruppe von Patienten für statistische Auswertungen. Deshalb können wir nicht verallgemeinernd sagen, dass die Behandlung von Stotternden mit der *Akzentmethode* anderen Therapiemethoden überlegen ist. Diesen Schluss lässt unser statistisches Material nicht zu, es erlaubt uns aber die Schlussfolgerung, dass wenn andere Therapien versagen, eine Therapie nach den Prinzipien der *Akzentmethode* mit sehr guten Ergebnissen versucht werden kann.

Viele Therapeuten haben an einem oder mehreren unserer 350 *Akzentmethode*-Kursen in verschiedenen Orten in und außerhalb Europas während der letzten 35 Jahre teilgenommen.Diese Kollegen informieren uns darüber, dass sie bessere Ergebnisse bekommen, wenn sie nach der *Akzentmethode* behandeln. Diese Aussagen erlauben uns die Schlussfolgerung, dass eine Behandlung nach den Prinzipien der *Akzentmethode* ein vernünftiger Weg ist, das Stottern zu behandeln. Ein ordentlich ausgestattetes Untersuchungsprojekt als Intervention gegen das Stottern sollte die *Akzentmethode* als Mittel der Wahl enthalten.

# 14 Befunderhebung

Eine Beurteilung der artikulatorischen und laryngealen Dysfunktionen muss sich mit sorgfältigen Beobachtungen des Sprechens und der Stimmlippenschwingungen befassen. Die Phoniater haben verschiedene Möglichkeiten diese Bewertungen auszuführen, die von der direkten Laryngoskopie über die indirekte Laryngoskopie – eventuell kombiniert mit der Stroboskopie oder Mikrostroboskopie – bis hin zu Luftstrom- und Luftdruckmessungen, verschiedenen Formen der Glottografie, lateralen und frontalen Röntgenaufnahmen, Kinematografie und artikulatorischen Untersuchungen des Sprechens mittels magnetischen Sensoren reichen. Selbst mit dieser Auswahl an Instrumenten zur artikulatorischen und laryngealen Untersuchung und Bewertung müssen die Phoniater häufig „keine objektiven Anzeichen einer Dysfunktion“, besonders bei funktionalen Störungen, berichten.

Basierend auf einem wachsenden Verständnis über den Zusammenhang zwischen dem physiologischen Verhalten der Stimmlippen und dem akustischen Spektrum der glottalen Schwingungswelle wissen wir, dass sogar kleine Veränderungen im Schwingungsverhalten einen großen Einfluss auf akustische Veränderungen haben können. Die feinen adduktorischen Einstellungen haben Einfluss darauf, wie sich die Stimmlippen unmittelbar bei der Schließung eines einzelnen Schwingungszyklus verhalten. Für die akustischen Ergebnisse sind sie daher von größter Wichtigkeit.

## 14.1 Audioaufnahmen

Es kann schwierig sein, Veränderungen der Tonhöhe, Modulation, Lautstärke und Stimmqualität, die während der Stimmbehandlung auftreten, herauszuhören, besonders für Patienten, die keine Erfahrung in der auditiven Bewertung der Stimme haben. Deshalb ist es wichtig, diese subjektiven Bewertungen mit objektiven Stimmregistrierungen zu unterstützen. Im Allgemeinen sind die Patienten an den Verbesserungen ihrer Stimmen sehr interessiert. Objektive Vergleiche der Stimme – vor und nach eines Zeitraumes des Stimmtrainings – sind daher willkommen und überzeugen normalerweise den Patienten von den in der Therapie erreichten Erfolgen. Ebenso kann der Therapeut seine eigene Arbeit bewerten und Kenntnisse darüber erhalten, welche Übungen für die Behandlung einer gegebenen Stimmstörung am effektivsten sind.

Die zurzeit wichtigste und meist verbreitete Möglichkeit zur Stimmaufnahme ist eine Mikrofonaufnahme. Sie ermöglicht es, Aufnahmen zu vergleichen, die vor und nach einem Abschnitt des Stimmtrainings gemacht wurden. Es ist sehr wichtig, eine Audioaufnahme mindestens vor und nach der Therapie als Beweis für eine Stimmverbesserung für solche Stimmuntersuchungen einzusetzen.

Wenn Mikrofonaufnahmen mit Tonband, Kassettenrekorder, Minidisk oder Computer gemacht werden, sollten ein paar grundlegende Maßnahmen ergriffen werden, um die Aufnahmen vergleichbar zu machen:

1. Verwenden Sie immer denselben Text für die Aufnahmen. Das ist wichtig, weil ein Vergleich verschiedener Aufnahmen leichter ist, wenn der Zuhörer nicht durch verschiedene Texte abgelenkt wird. Werden einzelne Wörter und Phrasen verglichen, verwenden Sie immer den gleichen linguistischen Rahmen.

2. Nutzen Sie für die Aufnahmen immer denselben Raum. Haben Sie keinen Zugang zu einem Tonstudio, reicht auch Ihr Wohnzimmer aus, weil sich darin normalerweise Möbel und Teppiche befinden, welche die Raumakustik verbessern. Es ist jedoch wichtig, dass Hintergrundgeräusche so weit wie möglich ausgeschlossen werden. Aufnahmen mit tickenden Uhren, schreienden Kindern und Straßenlärm sind für die Analyse untauglich.

3. Benutzen Sie immer dasselbe Mikrofon. Die Sensibilität, der Frequenzgang und die Richtcharakteristik zweier Mikrofone können sich unterscheiden. Aufnahmen mit verschiedenen Mikrofonen sind deshalb nicht immer vergleichbar.

4. Da der Schalldruckpegel mit dem Quadrat der Entfernung zwischen dem Mund des Sprechers und dem Mikrofon variiert, ist es wichtig, immer den gleichen Mikrofonabstand von normalerweise 30 cm einzuhalten. Werden Aufnahmen in einem nicht akustisch gedämmten Raum gemacht, empfehlen wir einen kleineren Mikrofonabstand, z.B. 15-20 cm je nach Mikrofon.

5. Verwenden Sie denselben Kassettenrekorder für die Aufnahme und für die Wiedergabe. Achten Sie besonders auf mögliche Frequenzkorrekturen und Geräuschunterdrückungssysteme wie das Dolby System oder dbx. Wenn eine Korrektur während der Aufnahme eingeschaltet ist, muss das entsprechende Korrekturverfahren auch bei der Wiedergabe eingeschaltet sein[37].

6. Verwenden Sie immer die gleichen Einstellungen für die Lautstärke- und Frequenzkontrolle. Wenn Sie nicht mit professioneller Ausrüstung arbeiten, die kalibrierbare Lautstärkekontrollen hat, ist es am besten, eine konstante Lautstärke für alle Aufnahmen einzustellen, um das bestmögliche Signal-zu-Geräusch-Verhältnis zu erhalten. Um das Sprechen mit einer gewohnten und angenehmen Lautstärke aufzunehmen, verwenden die Autoren als Standardeinstellung des Kassettenrekorders

37 Das beste Signal-zu-Geräusch-Verhältnis erhält man mit einem digitalen Audiorekorder, einem Mini-Disc-Rekorder oder mit direkten Aufnahmen auf einen Computer.

einen Lautstärkekontrollpegel von 75 dB SPL bei einem Mikrofonabstand von 30 cm, für eine 0 dB Ablenkung auf dem VU-Meter[38].

7. Stimmen verändern sich während des Tages. Normalerweise ist eine Stimme abends lauter und sonorer als morgens. Werden verschiedene Aufnahmen gemacht, ist es wichtig, die Stimme jedes Mal zur gleichen Tageszeit aufzunehmen.

8. Vor den Audioaufnahmen dürfen niemals Stimmübungen gemacht werden, denn sonst sind die Aufnahmen nicht vergleichbar.

## 14.2 Akustische Analyse des Sprechens

Neben der wahrnehmbaren Beurteilung der Stimme können die Audioaufnahmen für verschiedene akustische Analysen der Stimme verwendet werden. Für die Ergebnisse, die in Kapitel 15 präsentiert werden, haben die Autoren Audioaufnahmen verwendet, die vor und nach der Stimmtherapie gemacht wurden; die Aufnahmen eines kurzen Lesetextes wurden mit dem CSL-System und dem MDVP-Programm (Kay Elemetrics Corp.) analysiert, wobei die Grundfrequenz, die Intensität, die Intonation, die Akzentuierung und die spektralen Verhältnisse gemessen wurden. Die Vergleiche vor und nach der Therapie zeigen den Patienten, wie sich die Stimme und das Sprechen verbessert haben.

## 14.3 Elektroglottografie

Die Elektroglottografie (Baken, R.J., 1992) ist eine der Methoden, die in den letzten 35 Jahren nach und nach entwickelt wurden, um das Schließungsverhalten der Stimmlippen, das nicht unter der Stroboskopie sichtbar ist, zu veranschaulichen. Durch die Elektroglottografie erhält man wichtige Informationen. Der Elektroglottograf registriert Schwankungen des elektrischen Widerstandes zwischen zwei Elektroden, die am Hals auf beiden Seiten des Schildknorpels angebracht werden. Die langsamen und großen Signalschwankungen, die durch Schlucken, Kopfbewegungen usw. verursacht werden, können durch geeignete Filter vermieden werden.

---

38 Die meisten Aufnahmen der Autoren wurden in einem akustisch gedämpften Raum des „Institut of general and applied Liguistics“ der Universität Kopenhagen mit zwei parallel verbunden Kondensatormikrofonen (AKG type CK1 cardioid capsule mit Vorverstärker), mit 40 cm Abstand voneinander und mit 40 cm Abstand zum Mund gemacht. Durch diese Anordnung ist der Effekt möglicher Resonanzen im Raum verringert. Das Mikrofonsignal wurde auf Spur 1 eines Stereorekorders (Revox type B77) aufgenommen, Spur 2 wird immer für simultane elektroglottografische Aufnahmen verwendet. Das ist ein guter Kompromiss, da die Aufnahmen so innerhalb des 55 dB Dynamikbereiches des Rekorders bleiben, wenn die Patienten mit ihrer gewohnten Lautstärke sprechen.
Heute führen die Autoren die Aufnahmen mit einem Minidisc-Rekorder durch. Dieses Gerät hat einen besseren Frequenzbereich von 5-20000 Hz und einen Dynamikbereich von fast 100 dB.

Das Elektroglottogramm wird normalerweise so betrachtet, dass es den vertikalen Kontaktbereich der Stimmlippen in der glottalen Welle darstellt, aber es registriert kein Glottisareal. Elektroglottografische Aufzeichnungen sind die einzige nicht-invasive Methode, um die vertikalen Veränderungen zwischen den Schleimhäuten der Stimmlippen während der Schlussphase des Schwingungszyklus beobachten zu können. Ein wichtiger Parameter, den man aus der elektroglottografischen Aufzeichnung herleiten kann, ist der Dutycycle, der die Dauer des positiven Anteiles der glottalen Welle im Verhältnis zur Dauer des vollen Zyklus bezeichnet.

Es ist einfach, den Elektroglottografen zu handhaben[39]. Platzieren Sie die beiden Elektroden am Hals und das Instrument ist bereit, die elektroglottografische Wellenform aufzuzeichnen, die Informationen zur Grundfrequenz (Thyme, K., 1977; Kitzing, P., 1978), zu Schließungszeiten (Fog-Pedersen, M., 1976) und über den hyper- und hypofunktionellen Status der Stimme (Frøkjær-Jensen, B. & Thyme, K., 1983) gibt. Dieses Gerät wird deshalb zunehmend in HNO-Abteilungen und Sprechkliniken (Fourcin, A. & Abberton, E., 1974; Gordon, M., 1977,1980) eingesetzt.

## 14.4 Luftstromregistrierungen

Registrierungen zeichnen den Luftstrom und das Mikrofonsignal simultan auf und veranschaulichen die Ergebnisse auf einem Computer. Die maximale Luftstromgeschwindigkeit, die Vitalkapazität, die Tonhaltedauer, der durchschnittliche Luftverbrauch (Mean Flow Rate) und der Phonationsquotient werden registriert. Diese Messungen haben sich als sehr hilfreiche Werkzeuge bei der Evaluierung von Stimmen vor und nach der Therapie erwiesen[40].

## 14.5 Stimmfeldmessungen (Phonetogramme)

Wir haben eine große Anzahl von Phonetogrammen vor und nach der Stimmtherapie erstellt. Phonetogramme sind Diagramme, die den Schalldruckpegel als Funktion der Tonhöhe anzeigen. Der Patient singt 10-20 verschiedene Töne einer Tonleiter erst so leise und dann so laut wie möglich. Die entsprechenden Tonhöhen und Lautstärken werden in ein Diagramm eingetragen, in das so genannte Stimmfeld. Das Areal wird hier in Halbtönen x dB gemessen.

---

39 Der für unsere Untersuchungen verwendete Elektroglottograf ist der „Electroglottograph type EG 830" von F-J Electronics, Kopenhagen.

40 Das Instrumentarium mit der dazugehörigen Software wurde weiterentwickelt und umfasst die Luftdruck- und Luftstromregistrierung mit der Berechnung des glottischen Widerstandes, die glottische aerodynamische Eingangskraft, die glottische akustische Ausgangskraft und die glottische Effektivität. Es ist bei F-J Electronics, Kopenhagen unter der Bezeichnung „Aerophone II" erhältlich.

Der einfachste Weg, dieses grafisch darzustellen, ist der Gebrauch eines Klaviers und eines Schalldruckpegelmessers. Aber in den meisten Fällen sollte man einen Phonetografen oder eine Software zur Phonetografie (Stimmfeldmessung) verwenden, die standardisierte Aufnahmen unterstützten[41].

## 14.6 Laryngoskopie

Alle Patienten, deren Stimmen aufgezeichnet wurden, sind vom Laryngologen untersucht worden. Die wichtigsten Untersuchungen des Laryngologen oder Phoniaters sind normalerweise die Laryngoskopie, Stroboskopie und Mikrostroboskopie, die solche organische Fehlfunktionen oder Veränderungen erkennen, wie Noduli, Polypen, Papillome, Lähmungen usw. sowie viele funktionelle Störungen, z.B. die ungenügende Funktion des Transversus- oder Vokalismuskels usw.

Die Funktion der Stimmlippen kann während der strobolaryngoskopischen Untersuchung beurteilt werden durch: die Inspektion des Farbeindrucks, die schnellen Abduktions- und Adduktionsbewegungen mit Glottisschluss, die Gesangstöne mit steigender und fallender Tonhöhe, die Beobachtung der Wellenform in Brust- und Kopfregister, die Beobachtung der vertikalen Bewegungen der Stimmlippen (Randkantenverschiebung), etc.

41 Wir haben einen Phonetografen Typ PG100 von Voice Profile, Gentofte, Dänemark, verwendet, der verschiedene Areale berechnen und vergleichen kann.

# 15 Ergebnisse der Akzentmethode

Die Ergebnisse, die durch die *Akzentmethode* erzielt wurden, sind Gegenstand mehrerer instrumenteller Untersuchungen gewesen. Die *Akzentmethode* ist wahrscheinlich die am besten belegte Methode der Stimmtherapie, da sie sowohl aus physiologischer als auch aus akustischer, psychologischer und theoretischer Sichtweise untersucht worden ist. Während der vergangenen Jahre haben die Autoren Aufnahmen von ca. 500 Therapeuten und Studenten der Logopädie und mehreren hundert Patienten mit kranken Stimmen gemacht. Diese Aufnahmen wurden in Verbindung mit Intensivkursen, Workshops, regelmäßigem Training in der *Akzentmethode* und Therapie angefertigt.

## 15.1 Physiologische Untersuchungen

### 15.1.1 Peak flow (Maximale Luftströmungsgeschwindigkeit) und Vitalkapazität

Ein wichtiger Teil des Trainings der *Akzentmethode* konzentriert sich auf die Atmung. Jede Übung betont die aktive Atmung, besonders zu Beginn des Trainings werden die Ausatmungsbewegungen bewusst übertrainiert. In mehreren 1-wöchigen Intensivkursen der Autoren sind die Auswirkungen dieses Trainings erfasst worden, in denen der maximale Peak flow[42] und die Vitalkapazität[43] vor und nach dem 1-wöchigen Training aufgezeichnet wurden.

*Bei einer einheitlichen Gruppe von 12 skandinavischen Therapeutinnen, die an einem 1-wöchigen Training teilnahmen, wurden die folgenden Messergebnisse gewonnen:*

| | Vor Therapie | Nach Therapie | Unterschied in % | Signifikanz Niveau |
|---|---|---|---|---|
| Peak flow | 4990 ml/sec | 5410 ml/sec | 420 ml = 8,4 % | P<0,01 |
| Vital Kapazität | 3,65 Liter | 3,75 Liter | 0,10 Liter = 2,9 % | *P<0,1 |

* = nicht signifikant

*Messergebnisse, die aus einer einheitlichen Gruppe von 25 deutschen Studentinnen und Therapeutinnen gewonnen wurden, die an einem 1-wöchigen Training teilnahmen:*

| | Vor Therapie | Nach Therapie | Unterschied in % | Signifikanz Niveau |
|---|---|---|---|---|
| Peak flow | 5790 ml/sec | 6020 ml/sec | 227 ml = 3,9 % | P<0,04 |
| Vital Kapazität | 3,89 Liter | 3,97 Liter | 0,08 Liter = 2,0 % | P<0,025 |

*Abb. 15.1 Veränderungen des Peak flows und der Vitalkapazität aus zwei Untersuchungen*

42 Der Peak flow (Maximale Luftströmungsgeschwindigkeit) wird in Liter/Minute oder ml/Sekunde gemessen.
43 Die Vitalkapazität wird in Liter gemessen.

Diese Ergebnisse zeigen, dass die Fähigkeit zu plötzlichen und kräftigen exspiratorischen Kontraktionen der abdominalen Muskeln und Brustmuskeln während des relativ kurzen Trainingszeitraumes von 5 Tagen gesteigert wurde. In den zwei Kursen sind die gesteigerten Peak flow-Werte von 8,3% und 3,9% signifikant auf dem 1% und 4% Niveau. Die höheren Werte der beiden Parameter im zweiten Kurs sind durch das niedrigere Durchschnittsalter in der Gruppe bedingt. Die Ergebnisse könnten die allgemeine Beobachtung erklären, dass nach einem Stimmtrainingskurs die Studentinnen in der Lage sind, eine lebendigere und betontere Prosodie zu erzeugen.

Die Erfassung der Vitalkapazität zeigt gesteigerte Werte. Obwohl das Ergebnis des ersten Kurses nicht signifikant ist (die Tendenz ist klar), zeigt das Gesamtergebnis eine signifikante Zunahme von 2-3%. Dies bedeutet nicht, dass das Training dazu geführt hätte, die Lungen innerhalb von 5 Tagen wachsen zu lassen. Wir dürfen erwarten, dass eine erhöhte Flexibilität und Elastizität der Atmungsmuskulatur und des Gewebes erworben wurden und dass dies ein erhöhtes Luftvolumen in den Lungen zur Folge hatte, d.h. ein größerer Teil des exspiratorischen Reservevolumens wurde genutzt (Frøkjær-Jensen, B. 1992).

Somit wird die verbesserte Atemfunktion durch eine geringe Zunahme der Vitalkapazität und eine erhöhte Peak flow-Rate bewiesen, d.h. sowohl die Lungenkapazität als auch die Fähigkeit zu plötzlichen, kräftigen exspiratorischen Muskelkontraktionen sind während der Therapie gesteigert worden.

## 15.1.2 Elektroglottografie

Im Folgenden stellen wir einige Ergebnisse auf Grundlage von EGG Daten vor, die vor, während und nach einem Zeitraum von 10 Monaten Stimmtraining eines Jahrgangs von 15 Studenten der Sprachtherapie aufgezeichnet wurden (Thyme-Frøkjær, K. & Frøkjær-Jensen, B., 1989). Die Versuchspersonen, von denen alle normale gesunde Kehlköpfe hatten und die von einem Hals-Nasen-Ohrenarzt untersucht worden waren, wurden auf einem professionellen Tonbandgerät aufgenommen, wobei der Stimmklang auf Spur 1 und die Elektroglottografieaufnahme auf Spur 2[44] aufgenommen wurden.

Der Parameter, der in dieser Untersuchung verwendet wird, ist abgeleitet aus elektroglottografischen Aufnahmen.

Er wird Dutycycle genannt (Frøkjær-Jensen, B., 1983) und ist als die Dauer der positiven Halbwelle relativ zur Dauer der ganzen Welle (ausgedrückt in Prozent)

44 Da Tonbandgeräte normalerweise eine untere Frequenzgrenze von ungefähr 30 Hz haben, wurde der Frequenzbereich für diese Aufnahmen auf 30-10.000 Hz begrenzt. Die Aufnahmen wurden mit einem Elektroglottografen der Fa. F-J Electronics, Typ EG830 hergestellt.

definiert. Die Null-Linie ist derart gezogen, dass der Bereich unter der Null-Linie dem Bereich über der Null-Linie gleicht.

Vor den Messungen des Dutycycle wurden die 15 am Stimmtrainingsprogramm teilnehmenden Studenten in zwei Gruppen eingeteilt, wobei eine subjektive Bewertung ihrer Stimmen zugrunde gelegt wurde. Die erste Gruppe bestand aus 10 Stimmen, die als hypoton mit verhauchter und dumpfer Stimmqualität eingestuft wurden, die zweite Gruppe bestand aus 5 hypertonen Stimmen, die durch knarrende, raue und gepresste Stimmqualität charakterisiert waren.

Die Ergebnisse zeigten, dass sich der Dutycycle für die als hypoton bewerteten Stimmen während des Stimmtrainings im Durchschnitt von 63,5% auf 58,8% verminderte, d.h. um 4,6%. Das Ergebnis war signifikant (P < 0,001). Das entgegengesetzte Ergebnis wurde für die hypertonen Stimmen gefunden, wo der Dutycycle im

**Elektroglottografische Messungen des Dutycycle**
10 hypotone Stimmen

Dutycycle in %
75
70
65
60
55
50
SE BL IB HL SL OS AS EM VF FJ Mw
Probanden und ihre Mittelwerte

*Abb. 15.2.A Die normalisierende Wirkung des Trainings der Akzentmethode dargestellt durch Elektroglottografie*

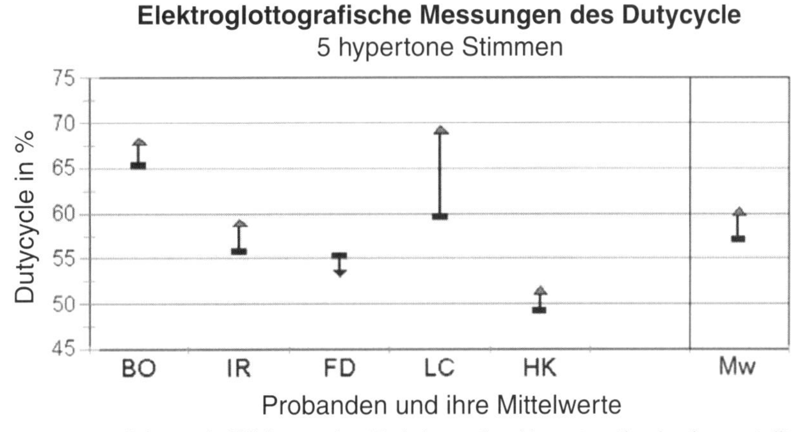


*Abb. 15.2.B Die normalisierende Wirkung des Trainings der Akzentmethode dargestellt durch Elektroglottografie*

Durchschnitt um 3,3% von 57% auf 60,3% vergrößert wurde. Aufgrund zu weniger Probanden in der letzten Gruppe war das Ergebnis nicht signifikant (P < 0,2). Die Ergebnisse sind anschaulich in Abb. 15.2a und b dargestellt.

Diese Untersuchungen zeigen, dass *das Stimmtraining in der* Akzentmethode *eine normalisierende Wirkung auf den Schwingungsablauf der Stimmquelle hat.* Das Gleichgewicht zwischen subglottalem Luftdruck und der Tätigkeit der Stimmlippen wird auf größte Leistungsfähigkeit im Verhältnis zur aufgewandten Energie eingestellt, d.h. hypotone Stimmen bekommen eine längere und hypertone Stimmen eine kürzere Schlussphase.

In einer anderen Untersuchung (Abb. 15.3) wurden 16 weibliche Stimmen subjektiv als hypoton bewertet, bevor sie ein Stimmtraining in der *Akzentmethode* begannen. Der Dutycycle von den drei langen Vokalen [a:, i:, u:] wurde vor dem Stimmtraining gemessen, nach vier Monaten, zum Ende des Stimmtrainings und nach einem halben Jahr nach Ende des Trainings, um zu prüfen, ob die erwiesenen Veränderungen in der Stimmfunktion stabil sind. Die Ergebnisse bestätigten*, dass die verkürzte Öffnungsphase nach dem Stimmtraining ziemlich aufrechterhalten wurde.* Abb. 15.3 zeigt, dass sich der durchschnittliche Dutycycle der drei Vokale von 62,8% vor dem Training auf 59% sofort nach dem Training veränderte. Ein halbes Jahr später sind die Werte etwas angestiegen, bleiben aber im Durchschnitt 2,4% niedriger als vor dem Stimmtraining. Die Ergebnisse waren signifikant (P< 0,05). Infolge der artikulatorischen Veränderungen im Querschnittbereich des Laryngopharynx ist ein typischer

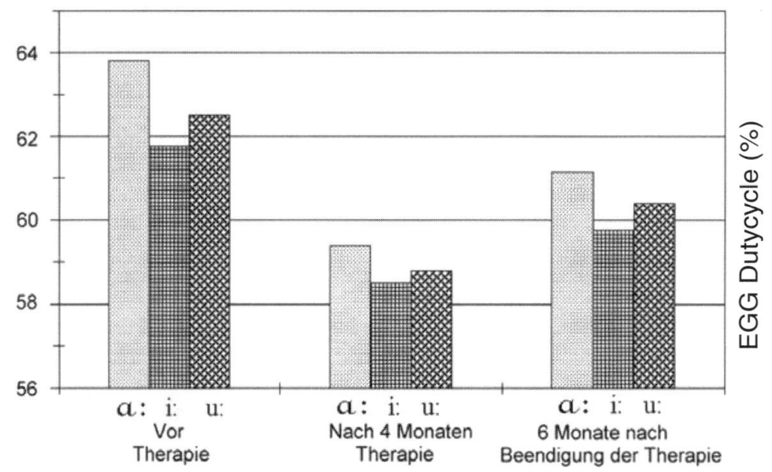


*Abb. 15.3* *Auf der Grundlage elektroglottografischer Aufnahmen des Dutycycle zeigt diese Abbildung eine verlängerte Schlussphase, die während des Stimmtrainings erreicht wurde. Die Veränderung scheint ziemlich dauerhaft, da der Dutycycle seinen anfänglichen Wert selbst nach 6 Monaten nicht erreicht.*

Unterschied zwischen den drei Vokalen zu sehen: [i:] hat immer den niedrigsten und [a:] immer den höchsten der Dutycycle-Werte.

Verbesserte Stimmfunktionen können z.B. durch Laryngoskopie der Stimmlippen mittels einer subglottalen Lichtquelle (Beleuchtung des Halses von außen) beobachtet werden.

Diese Technik zeigt, dass es möglich ist, die Ränder der Stimmlippen (die Schleimhaut) zu beleuchten, um auf diese Art zu studieren, wie die Schleimhaut auf das Stimmtraining reagiert. Eine einzelne Versuchsperson wurde vor und nach einem drei Monate dauernden Stimmtraining untersucht.

Vor dem Training mit der *Akzentmethode* konnte man Licht durch die Randkanten der Stimmlippen während der Schlussphase der Phonation sehen. Bereits während das Training durchgeführt wurde, konnte man kein Licht mehr in der Schlussphase sehen, da die verstärkte mediale Kompression einen besseren Epithelkontakt und eine engere Annäherung der tiefen undurchsichtigen Schichten der Laminia propria schaffte. Es war offensichtlich, dass das Durchscheinen des Lichtes während des Trainings vermindert wurde. Gleichzeitig mit dieser physiologischen Veränderung war eine Veränderung der Stimmqualität zu hören, die Stimme klang kräftiger, sonorer und klarer. Dies muss auf einen schnelleren Verschluss der Stimmlippen zurückzuführen sein. Physiologisch passiert wahrscheinlich Folgendes, *die Schleimhaut stellt einen besseren Kontakt mit dem darunter liegenden Gewebe her, wodurch nicht nur die Schleimhaut, sondern die ganze darunter liegende Masse* (Gewebe, Musculus vocalis und Ligamentum vocale) *der Stimmlippen nun in Schwingung gebracht wird.* (Diese Beobachtung erfolgte durch B. Sonesson, Physiologe in Lund, Schweden.)

Außer den erwähnten mehr organischen Veränderungen ist eine funktionelle Veränderung innerhalb einiger Tage zu sehen, z.B. im Vergleich der Werte des durchschnittlichen Luftverbrauchs in ausgehaltenen Vokalen. Messungen bei einer Gruppe von 12 Therapeutinnen, die an einem 1-wöchigen Intensivtraining teilnahmen, zeigten folgendes Ergebnis der Stimmgebung ausgehaltener Vokale in gewohnter Stimmlage und -höhe.

Eine große Senkung des durchschnittlichen Luftverbrauches (MFR) ist zu beobachten. Der Normalbereich des MFR beträgt 100-140 ml/sec. In diesem Fall hat

| Parameter | Vor Therapie | Nach Therapie | Differenz in % | Signifikanzniveau |
|---|---|---|---|---|
| Luftmenge | 3.466 ml | 2.955 ml | -511 = -4,7 % | P < 0,01 |
| Tonhaltedauer | 20,0 Sek. | 21,5 Sek. | 1,5 = 7,5 % | P < 0,01 |
| Mean flow rate | 173 ml/Sek. | 137 ml/Sek. | -20,8 % | P < 0,01 |

*Abb. 15.4 Durchschnittliche Veränderung des MFR von 12 Therapeutinnen eines 1-wöchigen Kurses*

die Gruppe der Therapeutinnen ihren MFR innerhalb von 5 Tagen in den Normalbereich gebracht, indem das Luftvolumen für eine bestimmte Stimmgebung um über 20% gesenkt wurde. Im Durchschnitt brauchten sie auch 15% weniger Luft für die Stimmgebung und konnten den Ton länger halten[45].

Dies wird als bessere Koordination des Luftverbrauchs und der Stimmlippenspannung nach dem Training in der *Akzentmethode* interpretiert.

**Zusammenfassung:**

Das Hauptergebnis des Trainings der Phonation ist ein verbessertes Gleichgewicht zwischen exspiratorischer Aktivität (Luftverbrauch und subglottaler Luftdruck) und Stimmlippenleistung (Spannung, Dicke, Länge, und Adduktion). Dies ist teilweise zurückzuführen auf eine verbesserte Beweglichkeit und Elastizität des Stimmlippengewebes und der Schleimhaut und einer besseren Verbindung der Schleimhaut mit dem darunter liegenden Gewebe. Teilweise auch auf eine verbesserte Kontrolle der an der Stimmgebung beteiligten Atmungs- und Phonationsmuskulatur, die durch das unbewusste Training der für die Sprachproduktion verwendeten Feed-back-Schleifen begründet ist.

## 15. 2 Akustische Ergebnisse

Diese physiologischen Veränderungen spiegeln sich in akustischen Messungen wider. Eine Reihe akustischer Untersuchungen wurde in der Vergangenheit durchgeführt. Die wichtigsten Ergebnisse sind unten aufgeführt. Einigen akustischen Ergebnissen liegen Untersuchungen von Stotternden zugrunde, da diese jedoch dasselbe Training wie die Stimmpatienten erhielten, ist die Verbesserung der Stimmfunktion dieselbe.

### 15.2.1 Grundfrequenz und Intensität

20 Therapeuten mit gut trainierten Stimmen nahmen an einem Kurs in der *Akzentmethode* teil, der von K.Thyme an der Universität Kopenhagen gehalten wurde. Das praktische Training dauerte 4 Stunden täglich über 5 Tage. Tonbandaufnahmen, EGG-Aufnahmen und Stimmfeldmessungen[46] wurden vor und nach dem Kurs durchgeführt

---

45 Diese Messungen wurden mit Aerophone II durchgeführt, einem Stimmfunktions-Analyzer, vertrieben von F-J Electronics, Dänemark.

46 Die Phonetogramme wurden von Hand durchgeführt unter Verwendung eines Pianos und Sound Pressure Meters = Stimmfeldmessgerät.

(Thyme, K. & Frøkjær-Jensen, B., 1983): Die Stimmfeldmessungen zeigten, dass der totale Grundfrequenzumfang um 3,3 Halbtöne und der Dynamikbereich um 10,6 db während des Trainings verbessert wurden.

Es ist ganz normal, dass die Stimme sich verbessert, wenn sie trainiert wird, selbst wenn es nur für eine Woche ist. Aber die Frage ist, ob die Verbesserung des Stimmfeldes aufrechterhalten wird. Um dies zu untersuchen, machten wir Stimmfeldmessungen von allen Teilnehmern der Grundkurse des Jahres 1985 und der Fortsetzungskurse derselben Teilnehmer des Jahres 1986. Die folgende Illustration (Abb. 15.5) zeigt ein durchschnittliches Stimmfeld von 20 norwegischen und dänischen Teilnehmern beider Kurse, die alle ausgebildete Logopäden waren, bevor sie den Grundkurs begannen.

Während des ersten Kurses bemerkten wir einen zunehmenden Tonhöhen- und Dynamikbereich wie vorhergehend beschrieben und wie bereits in dem Kongress-Vortrag von 1983 aufgeführt. Nach dem Kurs gingen die 20 Therapeuten zurück zu ihrer klinischen Arbeit und übten ein Jahr mit ihren Patienten, bis sie im folgenden Jahr zu einem Fortsetzungskurs zurückkamen. Als ihre Stimmfelder erneut aufgenommen wurden, bemerkten wir, dass diese sogar noch größer waren als nach dem Grundkurs. Dieses war auf die Tatsache zurückzuführen, dass sie an dem Training der *Akzentmethode* ihrer Patienten teilgenommen hatten.

Dies heißt, dass die erreichte Entwicklung der Stimme erhalten bleibt, wenn die Stimme in dieser angeeigneten Art eingesetzt wird. Es ist genau die gleiche Erfahrung, die wir bei Stotternden gewonnen haben. Überraschenderweise stellten wir während des zweiten Kurses eine weitere Zunahme der Tonhöhe und der Dynamik

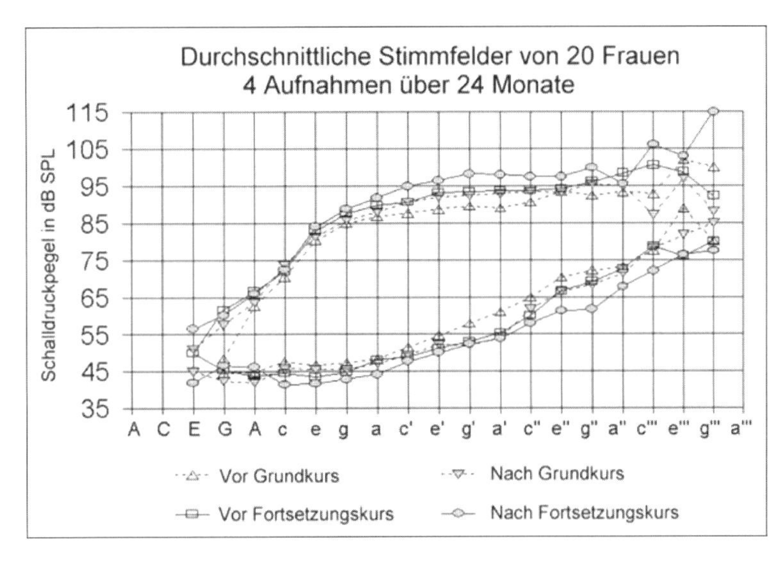


*Abb. 15.5* *Dieses durchschnittliche Phonetogramm zeigt, wie sich die Stimmen von 20 Therapeutinnen während zwei Kursen und einem dazwischen liegenden Zeitraum, in dem mit den Patienten trainiert wurde, entwickelt haben.*

fest. Als Ergebnis kann festgehalten werden, dass nach zwei Kursen und einem dazwischenliegenden Jahr, in dem mit der *Akzentmethode* geübt wurde, die Stimmen durchschnittlich ein viel besseres Kopfregister und einen besseren Dynamikumfang im Brustregister entwickelt haben. Der letzte Punkt ist wichtig. Wie wir aus der Kurve ersehen können, wurde der Anteil des Brustregisters, der für das Sprechen verwendet wird, in seinem Dynamikumfang um 15 dB verbessert, weniger bei den unteren, mehr bei den oberen Tonhöhen der Sprache.

*Im Allgemeinen beobachten wir, dass sich die Grundfrequenz der Sprache jeder Person gegen das Optimum normalisiert, d.h. die Frequenz wird tiefer bei Stimmen mit einer zu hohen Stimmlage und erhöht sich bei Stimmen mit einer zu tiefen Stimmlage bzw. bleibt unverändert, wenn die Stimmlage physiologisch korrekt ist. Für einzelne Personen kann sich diese Veränderung über 5-6 Halbtöne erstrecken.*

Um zu zeigen, wie viel bei einem Training einer normal guten Stimme erreicht werden kann, zeigen wir die Stimme mit der größten Verbesserung in Abb. 15.6. Die kleinen Sprünge bei e´ und zwischen a´ und c´´ weisen auf einen Registerwechsel hin.

Das Stimmfeld zeigt die Entwicklung der Tonhöhe und Lautstärke einer Stimme, die 12 Monate trainiert wurde. Das Kopfregister erweiterte sich um 11 Halbtöne, der Dynamikbereich im Brustregister erweiterte sich um 20 dB.

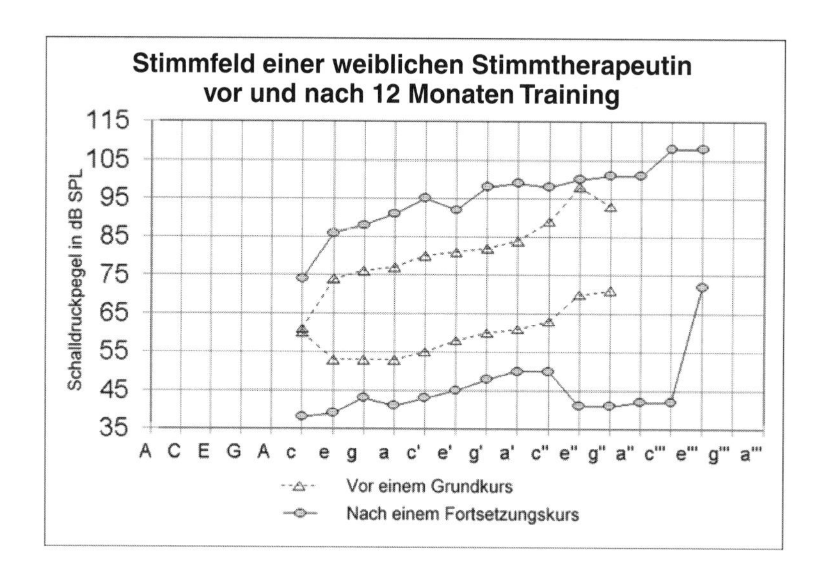


*Abb. 15.6*

*Die Lautstärke hat sich unter dem Training normal erhöht.* In einer Gruppe von 16 Studenten hat sich die Lautstärke eines Studenten vermindert, während sich bei den restlichen 15 Studenten die Lautstärke im Durchschnitt um 2,2 dB ($P < 0,01$) erhöht hat.

Eine andere Untersuchung mit 18 Therapeuten, die an einem Grundkurs teilgenommen haben, zeigte eine signifikante Lautstärkeerhöhung um mehr als 3,6 dB.

## 15.2.2 Tonhöhen- und Intensitätsmodulation

Die Tonhöhenmodulation (Intonation) ist auffallend erhöht. Eine Gruppe von 16 Studenten der Audiologopädischen Ausbildung der Universität Kopenhagen wurde vor und nach einem 4-monatigen Stimmtraining analysiert. Ein Ergebnis unter anderen war, dass der Varianzkoeffizient[47] der Grundfrequenz um 12% ($P < 0,003$) beim lauten Lesen eines neutralen Textes erhöht war.

Abb. 15.7 und die folgenden Illustrationen zeigen die akustischen Stimmwechsel einer Gruppe von 20 Stotternden, die 1991/1992 aufgezeichnet wurden. Alle wurden in der

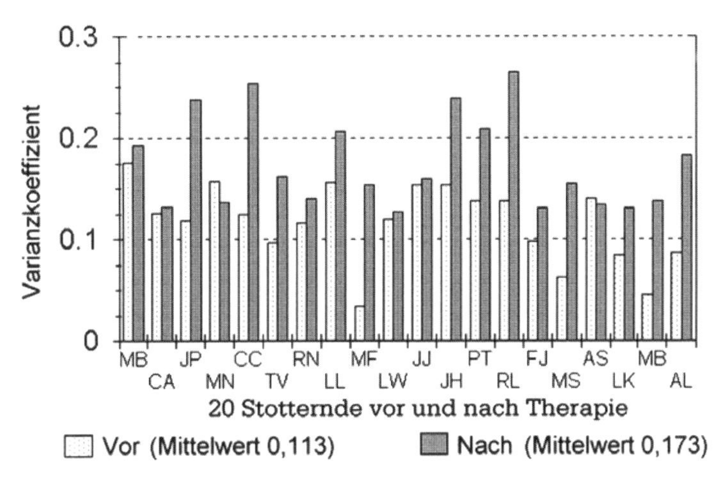


*Abb. 15.7* *zeigt die verbesserte Tonhöhenmodulation einer Gruppe von 20 Stotternden nach der Therapie*

47 Der Varianzkoeffizient (Standardabweichung geteilt durch die durchschnittliche Grundfrequenz) gibt Informationen über die Intonation: Wenn er im verwendeten dänischen Satz unter 0,13 liegt, ist die Modulation geringer als normal. Ist der Varianzkoeffizient größer als 0,2, ist die Modulation lebhafter als gewöhnlich. Der Varianzkoeffizient wird statt der Standardabweichung verwendet, da dieser eine Normalisierung der Messparameter in Bezug auf den gemessenen Durchschnittswert darstellt, d.h. wir bekommen dasselbe Variationsgebiet für Frauen und Männer: 0,12-0,20.

Stottertherapie nach der *Akzentmethode* (Thyme-Frøkjær, K. & Frøkjær-Jensen, B., 1993) behandelt. Die Stotternden wurden bei Therapiebeginn, nach 4 Monaten und wieder nach einem Jahr auf Band aufgezeichnet. Aus einem Lesetext von einigen Minuten wurde ein einzelner phonetisch repräsentativer Satz für die Festsetzung der Veränderungen während der Behandlung ausgewählt.

Nach 4 Monaten – und noch mehr nach einem Jahr – Therapie, beobachteten wir eine hoch signifikante Veränderung des durchschnittlichen Varianzkoeffizienten, der sich von 0,113 auf 0,173 erhöhte. 2 der 20 Stotternden zeigten eine reduzierte Intonation, bei den restlichen 18 Stotternden erhöhte sich die Intonation. Das wahrnehmbare Ergebnis ist, dass die Tonhöhe lebendiger und angenehmer anzuhören ist.

Die Variation in der Intensität, Intensitätsmodulation genannt, die als mehr oder weniger lebhafte Betonung (Akzentuierung) wahrgenommen wird, ist ebenso signifikant erhöht. Ebenso wie die Intonation während der Therapie mit der *Akzentmethode* lebendiger wird, wird auch die Betonung lebhafter. Eine lebhafte Akzentuierung gibt den Eindruck einer interessanten und lebhaft anzuhörenden Stimme.

Dieselben Aufnahmen, die zur Messung der Intonation verwendet wurden, wurden dann, wie in Abb.15.8 dargestellt, zur Messung der Akzentuierung verwendet.

Wir bemerkten, dass die durchschnittliche Standardabweichung[48] vor dem Training nur 7,2 dB beträgt, was bedeutet, dass der Stimmklang monoton mit nur schwacher

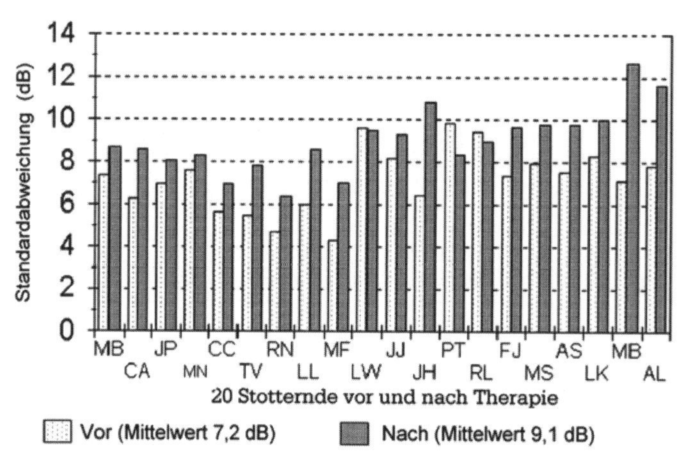


*Abb. 15.8* *zeigt die verbesserte Intensitätsmodulation (Akzentuierung) einer Gruppe von 20 Stotternden*

48 Die durchschnittliche Intensität und Standardabweichung werden berechnet. Die durchschnittliche Intensität gibt Auskunft über die Lautstärke der Stimme.
Die Standardabweichung zeigt das Maß der Akzentuierung: Wenn die Standardabweichung in diesem Satz unter 9 dB liegt, ist die Sprache schlecht akzentuiert, bei einer Standardabweichung von über 12 dB ist die Stimme überbetont.

Akzentuierung ist. Nach 12 Monaten erhöhte sich die Standardabweichung auf 9.1 dB, was im normalen Bereich liegt. Dies bedeutet, dass sich die Akzentuierung verstärkt hat und der Satzklang viel akzentuierter ist.

## 15.2.3 Jitter und vFo, Shimmer und vAm

Basierend auf einer anderen Gruppe von Stotternden, die 1993 eine Therapie begonnen hatten, verglichen wir Jitter, vFo, Shimmer und vAm über einen Zeitraum von 5 Jahren, die in Abb.15.9 dargestellt sind. Die Stimmen bekamen nur im ersten Jahr ein Stimmtraining. Die Aufnahmen bestehen aus dem langen Vokal [a:], der mindestens 3 Sekunden[49] in gewohnter Lautstärke und Tonhöhe phoniert wurde.

Sowohl die kurzzeitige Tonhöhenstörung (Jitter) als auch die langfristige Tonhöhenstörung (vFo) sind vermindert. Die Stimmen haben nach dem Training bedeutend weniger Frequenzschwankungen als vorher. Die Ergebnisse in Abb.15.9 zeigen, dass sich während des ersten Therapiejahres die kurzzeitigen Tonhöhenschwankungen (Jitter) von 2,3% auf 1,00% und die langfristigen Tonhöhenschwankungen (vFo) von 5,5 auf 1,66% vermindert haben. Während der folgenden vier Jahre reduzierte sich die kurzzeitige Tonhöhenschwankung (Jitter) weiter auf 0,34% und die langfristige Tonhöhenschwankung (vFo) auf 1,10%. Bemerkenswert ist, dass während der letzten vier Jahre kein oder nur sehr wenig Training stattgefunden hat. Es bestätigt, was schon

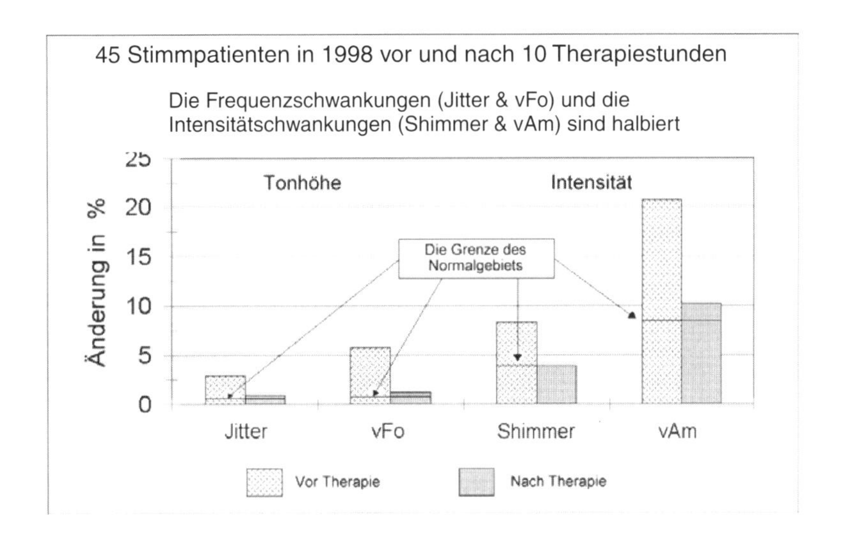


*Abb. 15.9 Schwankungen in den Frequenz- und Intensitätsparametern wurden während des Stimmtrainings verbessert.*

49 Das Programm „Multi-Dimensional Voice“ von Kay Electrometrics Corp. wurde für diese Berechnungen verwendet.

in Kapitel 13 „die Behandlung des Stotterns" beschrieben wurde: Wenn ein Patient gelernt hat, seine Stimme korrekt einzusetzen, dann ist der korrekte Gebrauch der Stimme ein sich selbst einstellender und verstärkender Prozess.

Die kurzzeitige Lautstärkeschwankung (Shimmer) und die langfristige Lautstärkeschwankung (vAm) wurden ebenso analysiert. Die trainierten Stimmen haben bedeutend weniger Lautstärkestörungen als die Untrainierten. Wir beobachteten wiederum dieselbe Entwicklung wie für die kurzzeitige Tonhöhenschwankung (Jitter) und die langfristige Tonhöhenschwankung (vFo): Eine erhebliche Abnahme während des ersten Jahres und ein sogar noch besseres Ergebnis nach fünf Jahren.

### 15.2.4 Geräusch-Harmonie-Verhältnis (NHR) und Stimmqualität (SPI)

Das Geräusch und die Stimmqualität wurden ebenso in der erwähnten Stotternden-Gruppe analysiert (Abb. 15.10). Der Parameter NHR (Noise-to-Harmonic-Ratio) wird als allgemeine Bewertung des Geräusch-Anteiles in dem analysierten Signal[50] gebraucht.

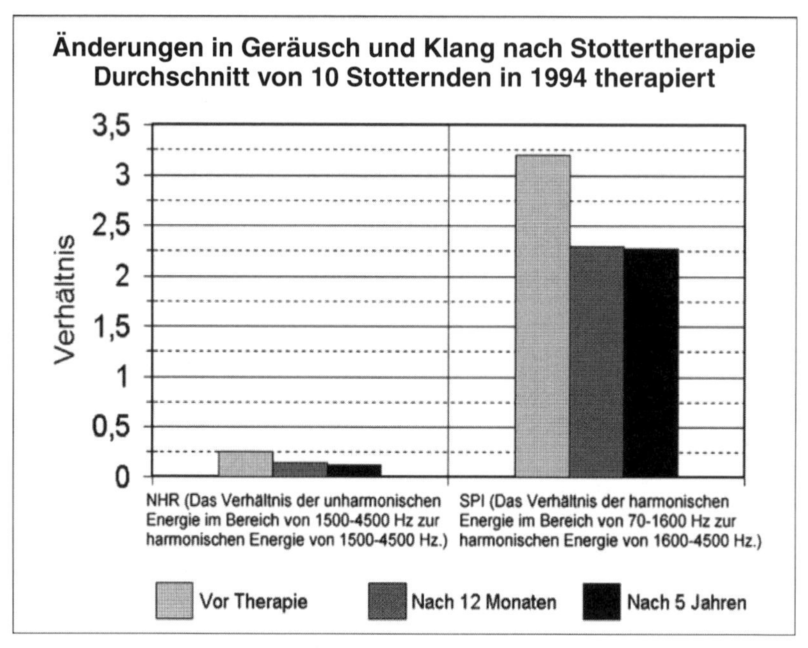


*Abb. 15.10 zeigt, wie sich das Geräusch verringert und sich die Stimmqualität während des Trainings verbessert*

50 Geräusch-Harmonie-Verhältnis ist das durchschnittliche Verhältnis der Energie der disharmonischen Komponenten im Bereich von 1500-4500 Hz zu der Energie der harmonischen Komponenten im Bereich von 70-4500 Hz.

Je stärker das Geräusch in einem Spektrum ist, desto höher ist der NHR-Wert. Wieder beobachteten wir eine Verbesserung, so dass sich der vor dem Training gemessene Parameter NHR von 0,25 nach 12 Monaten auf 0,14 und nach weiteren 5 Jahren auf 0,11 verringerte.

SPI (Soft Phonation Index) beschreibt in gewisser Weise die Stimmqualität[51] als das durchschnittliche Verhältnis von tieferer zu höherer harmonischer Energie. Daher könnte ein hoher Wert auf einen hypotonen Stimmklang während eines unvollständigen Glottisschluss hinweisen. Das Bild zeigt, das SPI während des Trainings verringert ist, d.h., man bekommt einen besseren Glottisschluss. Andererseits erreicht man den besten Wert schon während des ersten Jahres und deshalb verändert er sich in den nächsten 4 Jahren nur noch sehr wenig.

Abb. 15.10 zeigt, dass sich das Gleichgewicht des akustischen Spektrums verändert. Die 10 Stimmen wurden insgesamt heller und klarer. Nach unserer Erfahrung bekommen hypofunktionelle Stimmen nach dem Stimmtraining oberhalb 1600 Hz mehr Energie in Relation zum Spektrum unter 1600 Hz. Sehr häufig ist ein Anstieg von 3-4 dB über 1600 Hz zu sehen. Das Gegenteil ist der Fall, wenn man hyperfunktionelle Stimmen trainiert.

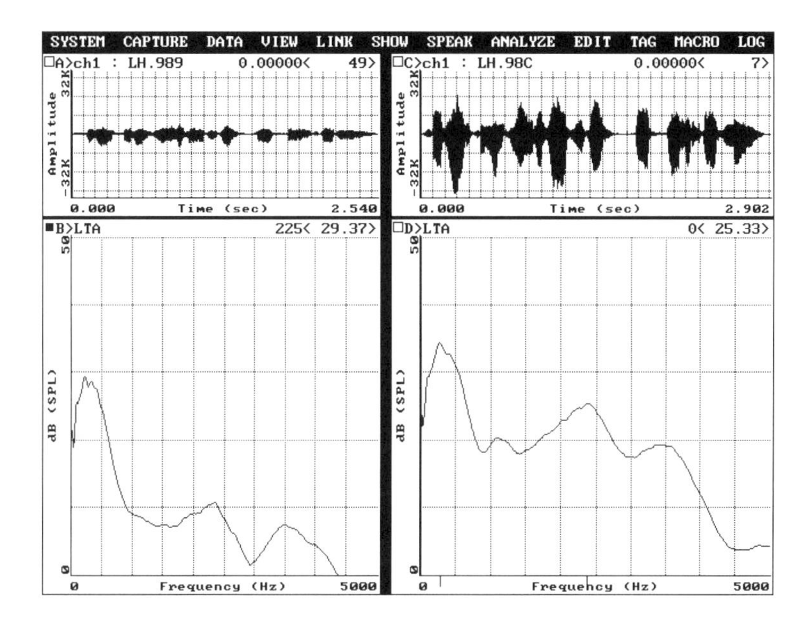


*Abb. 15.11 Energiespektrum eines Testsatzes vor und nach dem Stimm- und Sprechtraining. Es soll die veränderte Gewichtung des akustischen Spektrums zeigen. Eine gute Stimmqualität sollte in diesem Satz einen Abstand von weniger als 15 dB zwischen den beiden tiefen Energiegebieten haben (liegt hier bei ca. 250 bis 2400 Hz). Die rechte Kurve zeigt den Erfolg.*

51 Soft Phonation Index ist das durchschnittliche Verhältnis der Energie der tieferen harmonischen Frequenzen im Bereich von 70-1600 Hz zu der Energie der höheren harmonischen Frequenzen im Bereich von 1600-4500 Hz.

Jedoch ist es nicht immer sicher, nur die Stimmqualität der Phonation eines ausgehaltenen Vokals zu bewerten. Speziell dann, wenn der Patient ein geübter Sänger ist, wird er oft zwischen den Stimmtechniken beim Sprechen und Singen wechseln. Deswegen analysieren wir auch das Energiespektrum des aufgezeichneten Testsatzes (es ist der gleiche Satz, der für Abb. 15.7 und 15.11 benutzt wurde). Aufnahmen von mehreren Testpersonen mit normativ guten Stimmen haben gezeigt, dass die durchschnittliche Differenz im Niveau zwischen den ersten zwei Energiegebieten im akustischen Spektrum dieses Testsatzes kleiner als12-15 dB sein muss.

Wir können nicht jedes durchschnittliche Spektrum für diese Art der Analyse zeigen, da sich die Spektren in Abhängigkeit der Diagnosen, des Patienten, des Sprechverhaltens usw. unterscheiden. Abb. 15.11 zeigt einen Patienten vor (links) und nach (rechts) einem 3 monatigen Training[52]. Die beiden Mikrofonkurven (A und C) weisen nach, dass der Schalldruckpegel (SPL) deutlich angestiegen ist und der Patient nach dem Training auch langsamer spricht. Die beiden Energiespektren (B und D) zeigen einmal den Unterschied in der Lautstärke, aber noch deutlicher die Gewichtungsveränderung des Spektrums. In B ist ein Abstand von 18,0 dB und in D ein Abstand von 9,0 dB zwischen den ersten beiden Energiegebieten (diese liegen bei ca. 250 und 2400 Hz). Das bedeutet eine weiche und dumpfe Stimmqualität bei B, während die Stimmqualität bei D viel heller und klarer ist.

## 15.3.1 Wahrnehmbare Ergebnisse

Der allgemeine subjektive Eindruck von einer mit der *Akzentmethode* trainierten Stimme ist: eine bessere Verständlichkeit, ein größeres Volumen, eine lebhaftere Prosodie und eine speziell bessere Akzentuierung.

Darüber hinaus bewirkt das Training von gelesenem Text und freier Rede eine bessere Kommunikation mit Pausen und Blickkontakt zwischen Sprecher und Hörer. *Es ist wichtig, dass der Patient lernt, langsam zu sprechen und Pausen einzuhalten. Wenn ein Patient zu schnell spricht, ist die Verständlichkeit vermindert.* Die beste Verständlichkeit ergibt sich bei einer Sprechrate von ca. 175 Wörtern pro Minute (das trifft nur für isolierte Wörter zu). Wenn z.B. die Sprechrate auf 300 Wörter pro Minute erhöht wird, verringert sich die Verständlichkeit um 40%.

---

52 Fig.15.11 ist mit dem CSL-System (Computorised Speech Lab) von Kay Elemetrics Corp., NY, USA erstellt worden.

### 15.3.2 Psychologische Ergebnisse

Die Übungen zeigen auch einen erstaunlich guten Effekt bei Stotternden. Schon nach ein paar Therapiestunden spüren die Stotternden eine Verbesserung, die das Selbstvertrauen fördert und eine psychologische Stabilität aufbaut, die durch keine andere Technik erreicht wird.

Die Stimme ist unser psychischer Spiegel, die sehr viel über den Menschen aussagt, dem sie gehört. Wenn man die Stimme hört, kann man Auskünfte über Geschlecht, Alter, Ausbildung sowie emotionale, soziale und kulturelle Verhältnisse bekommen. Insofern kann man unsere Stimme als unsere Visitenkarte betrachten.

Eine Person, die eine gute, schöne, klangvolle Sprechstimme von Natur aus besitzt oder mit Hilfe einer Therapeutin erhalten hat und die ohne Mühe sehr lange sprechen kann, weil die Stimme richtig funktioniert, wird ein größeres Selbstvertrauen bekommen und bessere Möglichkeiten haben, mit anderen Menschen zu kommunizieren. Damit verbessert sich auch die Lebensqualität.

# Literaturverzeichnis


**Airainer R & Klingholz F,** 1993, 'Quantitative Evaluation of Phonetograms in the Case of Functional Dysphonia', *Journal of Voice*, Bd. 7, Nr. 2.

**Åkerlund L et al.,** 1992, 'Phonetogram and Averages of Sound Pressure Levels and Fundamental Frequencies of Speech: Comparison Between Female Singers and Nonsingers', *Journal of Voice*, Bd. 6, Nr. 1.

**Alexander G,** 1985, *Eutony -The holistic Discovery of the Total Person*, Felix Morrow, Great Neck, New York, USA.

**Arnold GE,** 1961, 'Physiology and pathology of the cricothyroid muscle', *Laryngoscope,* Bd. 71, 1961.

**Baken RJ,** 1987, *Clinical Measurement of Speech and Voice*, Kap. 4-11, Taylor & Francis Ltd., London, England.

**Baken RJ,** 1992 'Electroglottography', *Journal of Voice*, Bd. 6, Nr. 2.

**Behrman A et al.,** 1996, 'Meaningful Features of Voice Range Profiles from Patients with Organic Vocal Fold Pathology: A Preliminary Study', *Journal of Voice*, Bd. 10, Nr. 3.

**Berg J van den,** 1956, 'Direct and indirect determination of the mean subglottic pressure', *Folia Phoniatrica, 8*, S. 1-24.

**Berg J van den,** 1958, 'Myo-elastic-aerodynamic Theory of Voice Production', *Journal of Speech and Hearing Research*, Bd. 1, S. 227-244.

**Berg J van den & Janwillem,** 1958, 'Myoelastic-Aerodynamic Theory of Voice Production', *Journal of Speech and Hearing Research*, Bd. 1, Nr. 3.

**Berg J van den & Moll J,** 1955, 'Zur Anatomie des menschlichen Musculus Vocalis', *Zeitschrift für Anatomie und Entwicklungsgeschichte*, 117, S. 465-470.

**Berg J van den & Tan TS,** 1959, 'Results of experiments with human larynges, *Practica Oto-Rhino-Laryngologica*, Bd. 21.

**Bough ID et al.,** 1996, 'Intrasubject Variability of Objective Voice Measures', *Journal of Voice,* Bd. 10, Nr. 2.

**Brown LO,** 1996, *Discover Your Voice - how to develop healthy voice habits (med CD)*, Singular Publishing Group Inc., San Diego, CA, USA.

**Böhme G,** 1978, *Methoden zur Untersuchung der Sprache, des Sprechens und der Stimme*, Bd. I, (3. Ausgabe 1998), Gustav Fischer Verlag, Stuttgart, Deutschland.

**Böhme G,** 1980, *Therapie der Sprach- , Sprech- und Stimmstörungen*, Bd. III, Gustav Fischer Verlag, Stuttgart, Deutschland.

**Böhme G,** 1981, *Klinik der Sprach-, Sprech- und Stimmstörungen*, Bd. II, Gustav Fischer Verlag, Stuttgart, Deutschland.

**Broad DJ,** 1979, 'The new Theories of Vocal Fold Vibration', Felix Trojan (Herausgeber), *Speech and Language*, Bd. 2, Academic Press, New York, USA.

**Buchthal F,** 1960, 'Electromyography of the intrinsic laryngeal muscles', *Experimental Physiology*, Bd. 44, S.137-148.

**Caruso AJ,** 1991, 'Neuromotor Processes underlying Stuttering', Peters HFM et al. (Herausgeber): *Speech Motor Control and Stuttering,* Kap. 6, S.101-116. Elsevier Science Publishers BV, Amsterdam, Holland.

**Charron R,** 1965, *An Instrumental Study of the Mechanisms of Vocal Intensity*, Ph.D. Abhandlung, University of Illinois, Champaign, Illinois, USA.

**Chiba T & Kajiyama M,** 1958, *The Vowel*, Phonetic Society of Japan, Tokyo, Japan.

**Code & Cris & Ball M,** (Herausgeber) 1984, *Experimental Clinical Phonetics - Investigatory Techniques in Speech Pathology and Therapeutics*, Croom Helm Ltd., Beckenham, Kent, England.

**Costello-Ingham JC,** 1993, 'Current Status of Stuttering and behavior modification', *Journal of Fluency Disorders*, 18, S. 27-55.

**Dalhoff K & Kitzing P,** 1987, 'Voice Therapy according to Smith. Comments on the Accent Method to treat disorders of Voice and Speech', *Journal of Research in Singing and applied Vocal Pedagogy*, Bd. XI, Nr. 1.

**Draper M & Ladefoged P & Witteridge D,** 1959, 'Respiratory muscles in speech', *Journal of Speech and Hearing Research*, 2/1959.

**Faaborg-Andersen K,** 1965, 'Electromyography of laryngeal muscles in Humans. Technics and Results', Felix Trojan (Herausgeber), *Aktuelle Probleme der Phoniatrie und Logopädie,* S. Karger, New York, USA.

**Fant G & Qi-guang L & Gobl C,** 1985, 'Notes on glottal flow interaction'*, Quarterly Progress and Status Report*, 2-3/1985, Speech Transmission Laboratory, Royal Institute of Technology, Stockholm, Schweden.

**Fant G,** 1960, *Acoustic Theory of Speech Production*, Mouton & Co., S. Karger, New York, USA.

**Fant G,** 1972, 'Vocal tract wall effects, losses, and resonance bandwidths', *Quarterly Progress and Status Report*, 2-3/1972, Speech Transmission Laboratory, Royal Institute of Technology, Stockholm, Schweden.

**Fant G,** 1979, 'Glottal source and exitation analysis', *Quarterly Progress and Status Report*, Speech Transmission Laboratory, 1/1979, Royal Institute of Technology, Stockholm, Schweden

**Fex B,** 1998, 'Voicing with eustyress combined with the Accent Method', *Kongressbericht des 24. Internationalen Kongresses für Logopädie und Phoniatrie in* Amsterdam, Nijmegen University Press.

**Flanagan JL,** 1965, *Speech analysis, synthesis, and perception*, Springer Verlag, New York, USA.

**Fletcher WW,** 1950, 'A Study of internal Laryngeal Activity in Relation to Vocal Intensity', *Dissertation,* Northwestern University, Evanston, USA.

**Forchhammer J,** 1937, 'Stimmbildung auf stimm- ud sprachphysiologischer Grundlage', Bd. I: *Die wichtigsten Probleme der Stimmbildung.* Bd. II*: Die Ausbildung der Sprechstimme*, München, Deutschland.

**Forchhammer V,** 1963, *Taleøvelser*, 1. Ausgabe 1917, 5. Ausgabe 1963, Nyt Nordisk Forlag, Kopenhagen, Dänemark.

**Freedman ERK & Read DJC,** 1974, 'Respiratory Control Mechanisms in Loaded Breathing', in Barry Wyke (Herausgeber): *Ventilatory and Phonatory Control Systems*, Oxford University Press, Ely House, London, England.

**Frøkjær-Jensen B & Ludvigsen C & Rischel J,** 1971, 'A glottographic study of some Danish consonants', S.123-140 in Hammerich et al. (Herausgeber): *Form & Substance*, Akademisk Forlag, Kopenhagen, Dänemark.

**Frøkjær-Jensen B,** 1980, 'Acoustic-statistic Long-time Analysis of the Voice', *Kongressbericht des 23. Internationalen Kongresses für Logopädie und Phoniatrie*, Washington DC, USA.

**Frøkjær-Jensen B,** 1983, 'Can Electroglottography be used in the Clinical Practice?', *Kongressbericht des 19. Internationalen Kongresses für Logopädie und Phoniatrie*, Edinburgh, Schottland, U.K.

**Frøkjær-Jensen B,** 1989, 'PC-based Instrumentation for Speech Analysis', Singh W (Herausgeber): *International Voice Symposium*, S. 30-34, Edinburgh, Schottland, U.K.

**Frøkjær-Jensen B,** 1992, 'Data on Air Pressure, Mean Flow Rate, Glottal Input and Output Energy, Aerodynamic Resistance, and Glottal Efficiency for Normal and Healthy Voices. A preliminary Study'*, Kongressbericht des 22. Internationalen Kongresses für Logopädie und Phoniatrie*, Hannover, Deutschland.

**Frøkjær-Jensen B,** 1994, 'Evaluation of results Obtained after one Year in a Physiological Stutter treatment'*, Kongressbericht des 1. Weltkongresses für Stotterer* (Band I), München, Deutschland.

**Frøkjær-Jensen B,** 2002, 'A portable Electroglottograph used for Measurements of Therapeutic Efficiency', Teilnehmerskript zum 5. Internationalen Stimmsymposium, Salzburg, Österreich, unveröffentlicht.

**Frøkjær-Jensen B & Prytz S,** 1976, 'Registration of Voice Quality', *Technical Review,* Brüel & Kjær, 3, S. 3-17, Nærum, Dänemark.
**Frøkjær-Jensen B & Thyme K,** 1989, 'Changes in respiratory and phonatory efficiency during an intensive voice training course', *Kongressbericht des 21. Internationalen Kongresses für Logopädie und Phoniatrie*, Prag, Tschechoslowakei.
**Fröschels E,** 1952, 'Die Wesenseinheit der Kau- und Artikulationsbewegungen', *Wiener Klinisch-Wissenschaftliche Schriften*, 64/1952.
**Fucci D & Petrosino L,** 1981, 'The Human Tongue: Normal Structure and Function and Associated Pathologies', Felix Trojan (Herausgeber): *Speech and Language*, Bd. 6, Academic Press, New York, USA.
**Fujimura O,** 1988, 'Vocal Fold Physiology', *Vocal Physiology - Voice Production, Mechanisms and Functions*, Bd. 2, Raven Press, New York, USA.
**Fourcin AJ & Abberton E,** 1974, 'The Laryngograph and the Voice Sdcope in Speech Therapy', *Kongressbericht des XVI. Internationalen Kongresses für Logopädie und Phoniatrie,* Interlaken, Schweiz, Karger, Basel, Schweiz.
**Glaser V,** 1981, *Eutonie - Das Verhaltensmuster des menschlichen Wohlbefindens*, Karl F. Haug Verlag, Heidelberg, Deutschland.
**Gordon MT,** 1977, 'Physical Measurements in a clinically oriented Voice Pathology Department', *Kongressbeitrag des 17. Internationalen Kongresses für Logopädie und Phoniatrie*, Kopenhagen, Dänemark.
**Gordon MT,** 1980, 'Vocal Fold Vibratory Patterns in Normal and Dysphonic Subjects', *Kongressbeitrag des 18. Internationalen Kongresses für Logopädie und Phoniatrie*, Washington, USA.
**Görttler K,** 1950, 'Die Anordnung, Histologie und Histogenese der querstreiften Muskulatur im menschlichen Stimmband', *Zeitschrift für Anatomie und Entwicklungsgeschichte, Bd. 115.*
**Gramming P,** 1988, *The Phonetogram - an experimental and clinical study,* Abteilung für Otolaryngologie, Lunds Universität & Malmø Hospital, Malmø, Schweden.
**Grassegger H,** 2001, Phonetik – Phonologie, BasisWissenTherapie, Schulz-Kirchner Verlag, Idstein, Deutschland.
**Grønnum N,** 2001, *Fonetik og Fonologi*, neue revidierte Ausgabe, Akademisk Forlag, København, Dänemark.
**Gregory HH,** 1979, *Controversies about Stuttering Therapy*, University Park Press, Baltimore.
**Gregory HH,** 1994, 'Stuttering: Where are we? Where are we going?', *Kongressbericht des 1. Weltkongresses für Stotterer,* Band II, München, Deutschland.
**Grützner M,** 1879, 'Physiologie der Stimme und Sprache", Hermann (Herausgeber): *Handbuch der Physiologie*, Bd. I, Kap. 2, 1879.
**Gutzmann H,** 1928, *Physiologie der Stimme und Sprache*, 2. Auflage, Friedr. Vieweg & Sohn, Braunschweig, Deutschland.
**Gutzmann H,** 1898, *Das Stottern*, J. Rosenheim, Frankfurt am M., Deutschland.
**Haji T & Isshiki N et al.**, 1991, 'Experimental Study of the Mobility of the Vocal Fold Mucosa', *Folia Phoniatrica,* 1991, Bd. 43.
**Hammerberg B & Fritzell B et al.,** 1980, 'Acoustic and perceptual analysis of vocal dysfunction', *Phoniatric and logopedic Progress Report No. 2,* Huddinge Universitets Hospital, Stockholm, Schweden.
**Hanson HM & Stevens KN,** 1995, 'Subglottal resonances in female speakers and their effect on vowel spectra', *Kongressbericht zum 13. Internationalen Kongress für Phonetik*, Stockholm.
**Harvey N,** 1985, 'Vocal control in singing: a cognitive approach, Howel P (Herausgeber): *Musical Structure and Cognition*, S. 287-332, Academic Press, London, U.K.
**Heick A,** 1985, *Balbutio – aphasiologisch betrachtet*, Abhandlung von Dr. Alex Heick, Tonemestervej 9, 2400 Kopenhagen V, Dänemark.

**Hertegård S,** 1994, *Vocal fold Vibrations as studied with flow inverse filtering*, Singular Publishing Group Inc, San Diego, CA, USA. Auch erschienen in: *Studies in Logopedics and Phoniatrics* Nr. 5, Karolinska Institut, Huddinge Universitets Hospital, Stockholm, Schweden.

**Hillman RE & Weinberg B,** 1981, 'Estimation of Glottal Volume Velocity Waveform', Lass NJ (Herausgeber): *Speech and Language*, Bd. 6, Academic Press, New York, USA.

**Hirano M,** 1975, 'Phonosurgery – basic and clinical investigations', *Otologia (Fukuoka)*, Supplementum 1/Bd. 21, 76th Annual Convention of the Oto-Rhinolaryngological Society of Japan.

**Hirano M,** 1976, 'Structure and vibratory behaviour of the vocal folds', *U. S.-Japan Joint Seminar on Dynamic Aspects of Speech Production,* Dept. of Otolaryngology, School of Medicine, Kurume University, Kurume, Japan.

**Hirano M,** 1981, *Clinical Examination of Voice*, Springer Verlag, New York, USA.

**Hirano M,** 1989, 'Objective Evaluation of the Human Voice: Clinical Aspects', Hauptvortrag des 21. *Internationalen Kongresses für Logopädie und Phoniatrie*, Prag, *Folia Phoniatrica*, Bd. 41/2-3.

**Hirano M & Bless DM,** 1993, *Videostroboscopic examination of the larynx*, Singular Publishing Group, San Diego, USA.

**Hirano M & Ohala J,** 1969, 'Use of hooked-wire electrodes for electromyography of the intrinsic laryngeal muscles', *Journal of Speech and Hearing Research*, Bd.12, S. 362-373.

**Hirano M & Vennard W & Ohala J,** 1970, 'Registration of register, pitch, and intensity of voice', *Folia Phoniatrica*, 22.

**Hixon, TJ et al.,** 1991, *Respiratory Function in Speech and Song*, Taylor & Francis Ltd., London, U.K.

**Hollien H & Curtis J F,** 1960, 'A Laminagraphic Study of Vocal Pitch', *Journal of Speech and Hearing Research,* 3, S. 361-371.

**Holmberg EB & Hillman RE & Perkel JS,** 1988, 'Glottal airflow and transglottal air pressure measurements for male and female speakers in soft, normal, and loud voice', *Journal of the Acoustical Society of America*, Bd. 84/2, August 1988.

**Husson R,** 1950: Études des Phénomènes Physiologiques et Acoustiques Fondamentaux de la voix chantée (Dissertation), Paris, Frankreich.

**Isshiki N,** 1964, 'Regulatory Mechanisms of Voice Intensity Variations', *Journal of Speech and Hearing Research*, 1964, S. 17-29.

**Ishizaka K & Matsudaira M,** 1972, 'Fluid mechanical considerations of vocal fold vibration', *Monographie No. 8*, Speech Communication Research, Laboratory, Santa Barbara, CA, USA.

**Ishizaka K & Flanagan JL,** 1972, 'Synthesis of voiced sounds from a two-mass model of the vocal cords', *Bell System Technical Journal*, Bd. 51, S.1233-1268.

**Jespersen O,** 1912, *English Phonetics*, (1. Ausgabe 1912), Gyldendalske Boghandel /Nordisk Forlag, Kopenhagen, Dänemark.

**Jespersen O,** 1897-1899, *Fonetik, en systematisk Fremstilling af Læren om Sproglyd*, Gyldendalske Boghandel / Nordisk Forlag, Kopenhagen, Dänemark.

**Kelly EM & Conture EG,** 1992, 'Speaking rate, Response Time Latencies, and Interrupting Behaviors of Young Stutterers, non-stutterers, and Their Mothers', *Journal of Speech and Hearing Research,* 35, S. 1256-1267.

**Kitzing P,** 1989, 'Clinical Applications of Electroglottography', Skript zum 18. Jahressymposium: *Care of the Professional Voice*, Philadelphia, Pennsylvania, USA.

**Kitzing P,** 1979, *Glottografisk Frekvensindikering* (Dissertation), Ørekliniken, Malmø sygehus, Lunds Universitet, Schweden.

**Kloster-Jensen M,** 1972, 'Analysis of a personal case of stuttering', Lebrun Y & Hoops R (Herausgeber): *Neurolinguistic Approaches to Stuttering*, Kongressbericht des Internationalen Stottersymposiums, Brüssel, Belgien.

**Kotby MN et al.,** 1991, 'Efficacy of the Accent Method of Voice Therapy', *Journal of Voice*, Bd. 5, No. 4.

**Kunze LH,** 1962, *An Investigation of the Ranges in Sub-glottal Air Pressure and Rate of Air Flow Accompanying Changes in Fundamental Frequency, Intensity, Vowels, and Voice Registers in Adult Male Speakers* (Dissertation), State Univ. of Iowa, Iowa, USA.

**Kunze LH,** 1964, 'Evaluation of Methods of Estimating Sub-glottal Air Pressure', *Journal of Speech and Hearing Research*, Bd. 7. S. 151-164.

**Ladefoged P & McKinney N,** 1963, 'Loudness, Sound Pressure, and Subglottal Pressure in Speech', *The Journal of the Acoustical Society of America*, Bd. 35/4, S. 454-60.

**Laver J,** 1980, *The phonetic description of voice quality*, Cambridge University Press, London, England.

**Laver J, Hiller S & Beck JM,** 1992, 'Acoustic Waveform Perturbations and Voice Disorders', *Journal of Voice* 6 (2).

**Leanderson R & Sundberg J & von Euler C & Lagercrants H,** 1983, 'Diaphragmatic control of the subglottic pressure during singing', Lawrence L van (Herausgeber): Abschrift von Tonbandaufnahme des 12. Symposiums: *Care of the Professional Voice*, Voice Foundation, New York, USA.

**Leden H von & Moore P,** 1961, 'The mechanics of the cricoarytenoid joint', *Archieve Otolaryngologica*, 73.

**Lindau M & Jacobsen L & Ladefoged P,** 1972, 'The Feature Advanced Tongue Root', *Working Papers in Phonetics,* Bd. 22, Phonetics Laboratory, UCLA, Los Angeles, CA, USA.

**Lindstad P-Å,** 1994, *Electromyographic and laryngoscopic studies of normal and disturbed voice functions,* Dept. of Logopedics and Phoniatrics, Huddinge University Hospital, Stockholm. Singular Publishing Group Inc, San Diego, CA, USA.

**Logan RJ,** 1991, *The three dimensions of stuttering: Neurology, behavior, and emotions.* Whurr Publishers, Ltd., London, England.

**McNeilage PF & Sholes GN,** 1964, 'An Electromyographic Study of the Tongue During Speech Production', *Journal of Speech and Hearing Research*, Bd. 7, S. 209-232.

**Menzerath & de Lacerda,** 1933, *Koartikulation, Steuerung und Lautabgrenzung*, Ferd. Dümmler, Berlin, Deutschland.

**Merkel CL,** 1873, *Der Kehlkopf*, Verlag Ambrosius Appel, Leipzig, Deutschland.

**Merkel CL,** 1863, *Anatomie und Physiologie des menschlichen Stimm- und Sprachorgans*, 2. Ausgabe, Verlag Ambrosius Appel, Leipzig, Deutschland.

**Mersbergen MR van et al.,** 1999, 'Time-of-day Effects on Voice Range Profile Performance in Young, Vocally Untrained Adult Femals', Journal of Voice, Bd. 13, Nr. 4.

**Milic-Emili J & Tyler J,** 1963, 'Relation between work output of respiratory muscles and end-tidal $CO_2$ tension', *Journal of Applied Physiology*, Bd. 18.

**Miller R,** 1986, *The Structure of Singing*, Schirmer Books, Macmillian Inc., New York.

**Motta G, Cesari U, Iengo M & Motta G Jr.,** 1990, 'Clinical Application of Electroglottography', *Folia Phoniatrica* 42(3).

**Pedersen MF,** 1977, 'Electroglottography compared with synchronized Stroboscopy in normal Persons', *Folia Phoniatrica,* 29. Ist auch gedruckt in: Pedersen MF, 1997, '*Biological Development and the normal Voice in Puberty,* (Dissertation), Acta Universitatis Ouluensis Medica, University of Oulu, Finland.

**Peters HFM et al.,** 1993, Timing and coordination of speech motor processes in stutterers', Johannsen HS & Springer L (Herausgeber): *Tagungsbericht Stottern in Münster*, S. 22-42. Phoniatrische Ambulanz der Universität Ulm, Deutschland.

**Rabine E & Seiler R,** 1989, 'Einführung in die Zusammenhänge zwischen Körper und Stimme auf der Basis der Doppelventilfunktion', Vortrag auf der *Jahresfortbildungstagung ZVL* in Kiel, Deutschland.

**Rommel D,** 1993, 'Psycholinguistische Aspekte des Stotterns', Johannsen HS & Springer L (Herausgeber): *Tagungsbericht Stottern in Münster*, S. 59-73. Phoniatrische Ambulanz der Universität Ulm, Deutschland.

**Rothenberg M,** 1968, 'The Breath-Stream Dynamics od Simple-Released Plosive Production', *Biblioteca Phonetica*, No. 6, S. Karger, Basel, Schweiz.
**Rothenberg M,** 1981, 'Some relations between glottal air flow and vocal fold contact area', *Bericht der 'Conference on the Assessment of Vocal Pathology'*, ASHA Report No. 11.
**Rubin HJ & Hirt CC,** 1960, 'The Falsetto – A high-speed Cinematographic Study', Laryngoscope, 70.
**Sadolin C,** 2000, *Komplet Sangteknik (med CD)*, Shout Publishing, Rosengården 7, 1174 Kopenhagen, Dänemark.
**Sataloff RT,** 1991, *Professional Voice - The science and Art of Clinical Care*, Raven Press, New York, USA.
**Saunders WH,** 1964, 'The Larynx', Nachdruck von *Clinical Symposia*, Bd. 16/3, CIBA Pharmaceutical Company, Summit, New Jersey, USA.
**Schönhärl E,** 1960, *Die Stroboskopie in der praktischen Laryngologie*, Georg Thieme Verlag, Stuttgart, USA.
**Schutte HK,** 1980, *The efficiency of voice production* (Dissertation), Kemper, Groningen, Holland.
**Seidner W & Wendler J,** 1997, *Die Sängerstimme*, Henschel Verlag, Berlin, Deutschland.
**Sievers E,** 1881, *Grundzüge der Phonetik.* Leipzig, Deutschland.
**Smith S,** 1966, 'Quelques résultats d'etudes expérimentales concernant la méchanique des vibrations des cordes vocales', *Journ. Franc. d'Oto-Rhin-Laryng.*, Bd. 15.
**Smith S,** 1957, 'Théorie aérodynamique de la vibration des cordes vocales', *Journal de la Societé Française de Phoniatrie*, Conférence 1957. Nachdruck in Aubin A (Herausgeber): *Larynx et phonation – anatomie, physiologie, clinique, pathologie*, Presses Universitaires de France, Paris, Frankreich
**Smith S,** 1959, 'The importance of the subglottal mucosa for voice production', *Nordisk Medicin*, No. 59, S. 997.
**Smith S,** 1959, 'Le jet d'air relatif aux mouvements des cordes vocales des deux modèles', *Journ. Franc. d'Oto-Rhin-Laryng.*, Bd. 8.
**Smith S,** 1961, 'On artificial voice production', *Proceedings from the IV International Congress of Phonetics*, Helsinki, Finnland.
**Smith S,** 1964, 'Vertikale Komponenten bei der Funktion der Stimmlippen', *Folia Phoniatrica*, Bd. 16.
**Smith S,** 1966, 'Movements and sound generation of a model', *Folia Phoniatrica*, Bd. 18.
**Smith S,** 1954, 'Om det rationelle i stemmeøvelser', *Tale og Stemme*, Talepædagogisk Forening, 14/1954.
**Smith S,** 1983, *Handreichungen zur praktischen Arbeit mit der Akzentmethode,* 2. Ausgabe, Bakkedal 13, DK-2900 Hellerup, Dänemark.
**Smith S,** 1983, 'Om Udtryksbevægelser og om Tempo', *Milepæle*, Audiologopædische Vereinigung, Dänemark. Ursprünglich in *Tale og Stemme*, Talepædagogisk Forening, Dänemark, 12/1949 veröffentlicht.
**Smith S & Thyme K,** 1976, 'Statistic Research on Changes in Speech due to Pedagogic Treatment (The Accent method)', *Folia Phoniatrica, Bd.* 28.
**Smith S & Thyme K,** 1978, *Accentmetoden,* Special-pædagogisk forlag, Herning, Dänemark.
**Smith S & Thyme K,** 1980, *Die Akzentmethode*, Special-pædagogisk forlag, Herning, Dänemark.
**Smith S & Thyme K**, 1996, Il Metodo dell'Accento e i suoi presupposti teorici, (Ed: Oskar Schindler), Omega Edizioni, Torino, Italien.
**Sonesson B,** 1959, 'Die funktionelle Anatomie des Cricoarytenoidgelenkes', *Zeitschrift für Anatomie und Entwicklungsgeschichte*, Bd. 121.
**Sonesson B,** 1960, 'On the Anatomy and Vibratory Pattern of the Human Vocal Folds', *Acta Otolaryngologica,* Supplementum 156.
**Steinberg JC & Farnsworth DW & Smith,** 1948, 'Motion Pictures of the human Vocal Cords', High-speed film recorded by Bell Telephone Laboratories, 1948.

**Stetson RH,** 1951, *Motor Phonetics*, 1. Ausgabe in *Archieve néerlandaise phonetique experimentale*, 1928, Amsterdam, Holland.
**Sundberg J,** 1972, 'Production and function of the singing formant', Glahn H & Sørensen S & Ryom P (Herausgeber): *Kongressbericht des: 11. kongres i international Musicological Society*, Bd. 2, Wilhelm Hansens Forlag, Kopenhagen, Dänemark.
**Sundberg J,** 1987, *The Science of the Singing Voice*, Northern Illinois University Press, Dekalb, Illinois, USA.
**Sundberg J & Gauffin J,** 1979, 'Waveform and spectrum of the glottal voice source', Lindblom B & Öhman S (Herausgeber): *Frontiers of Speech Communication research*, Academic Press, London, U.K.
**Sundberg S & Leanderson R & Euler C von & Lagercrants H,** 1983, 'Activation of the diaphragm in singing', Askenfeld & Felicetti & Jansson & Sundberg (Herausgeber): *Kongressbericht der Stockholm Music Acoustics Conference*, Royal Swedish Academy of Music, Stockholm, Schweden.
**Södersten M,** 1994, *Vocal fold closure during phonation,* Abteilung für Logopädie und Phoniatrie, Huddinge University Hospital, Stockholm. Singular Publishing Group Inc, San Diego, CA, USA. Auch erschienen in *Studies in Logopedics and Phoniatrics* Nr. 3, Huddinge University Hospital, Stockholm, Schweden.
**Södersten M & Lindestad P-Å,** 1990, 'Glottal Closure and Percieved breathiness during Phonation in Normally Speaking Subjects', *Journal of Speech and Hearing Research*, Bd. 33, S. 601-611.
**Taylor A,** 1960, 'The contribution of the intercostal muscles to the effort of respiration in man', *Journal of Physiology*, Bd. 51.
**Terasawa R & Seishi RH & Hirano M,** 1987, 'Mean Airflow Rates during Phonation over a Comfortable Duration and Maximum Sustained Phonation', *Folia Phoniatrica*, Bd. 39, S. 89-89.
**Thyme K,** 1977, 'The application of electroglottography for Fo measurements', *Kongressbericht zum 17. Internationalen Kongress für Logopädie und Phoniatrie,* Kopenhagen, Dänemark.
**Thyme K,** 1980, 'Traits of the Accent Method', *Kongressbericht zum 23. Internationalen Kongress für Logopädie und Phoniatrie*, Washington DC, USA.
**Thyme K,** 1987, 'Die Akzentmethode', Gundermann H (Herausgeber): *Aktuelle Probleme der Stimmtherapie*, Gustav Fischer Verlag, Stuttgart, Deutschland.
**Thyme-Frøkjær K,** 1994, 'A physiological Training of Stutterers According to the Principles of the Accent Method', *Kongressbericht zum 1. Weltkongress für Stotterer,* München, Deutschland.
**Thyme-Frøkjær K,** 1998, 'Results after 1, 2 and 5 years stutter treatment after the Accent Method', *Kongressbericht zum 24. Internationalen Kongress für Logopädie und Phoniatrie*, Amsterdam, Nijmegen University Press, Holland.
**Thyme-Frøkjær K,** 2000, 'A physiological approach to stuttering treatment', *Kongressbericht des 3. Weltkongresses für Stotterer*, Nyborg Strand, Dänemark.
**Thyme-Frøkjær K**, 2006 (4. Auflage), 'Stimm- und Sprechtherapie nach der Akzentmethode', Böhme G (Herausgeber): *Sprach-, Stimm- und Schluckstörungen, Band II: Therapie*, Gustav Fischer Verlag, Stuttgart, Deutschland.
**Thyme K. & Frøkjær-Jensen B,** 1982, 'Acoustic Changes caused by Speech Training Compared with Changes in Electroglottographic Registrations', Vorlesung am 10. Congress of the Union of the European Phoniatricians, Prag, Tschechoslowakei, 1982.
**Thyme K & Frøkjær-Jensen B,** 1983, 'Results of one Week's Intensive Voice Training', Kongressbericht des 19. *Weltkongresses für Logopädie und Phoniatrie,* Edinburgh, Schottland, U.K.

**Thyme-Frøkjær K & Frøkjær-Jensen B,** 1987, 'Analyses of voice changes during a 10 month period of voice of training at the education of logopedics in Copenhagen', *International Voice Symposium*, Edinburgh, Schottland, U.K.

**Thyme-Frøkjær K & Frøkjær-Jensen B,** 1993, 'Stottererbehandlung nach der Akzentmethode und eine Untersuchung der Ergebnisse nach 3 Monaten und einem Jahr nach der Behandlung', *Tagungsbericht des Deutschen Bundesverbandes für Logopädie und der deutschen Gesellschaft für Phoniatrie und Pädaudiologie*, München. Johanssen HS (Herausgeber), Phoniatrische Ambulanz der Universität Ulm, Deutschland.

**Thyme-Frøkjær K & Frøkjær-Jensen B,** 1998, 'Transfer from voice exercises to spontaneous speech in the Accent Method', *Kongressbericht zum 24. Internationalen Kongress für Logopädie und Phoniatrie*, Amsterdam, Nijmegen University Press, Holland.

**Thyme K & Frøkjær-Jensen B**, 2004, *De Accentmethode, Een stemtherapie in theorie en praktijk*, Harcourt Book Publishers, Lisse, Holland.

**Thyme K & Frøkjær-Jensen B**, 2005, 'Die Akzentmethode'. In: Peter Arnoldy (Herausgeber): *Sprachentwicklungsstörungen*, XXVI Kongress der Deutschen Gesellschaft für Sprachheilpädagogik, Von Loeper Literaturverlag, Karlsruhe, Deutschland.

**Timcke R & Leden H von & Moore P,** 1958, 'Laryngeal Vibrations: Measurements of the Glottic Wave. Teil I: The Normal Vibratory Cycle', *Arch. Otolaryngologica*, Bd. 68.

**Timcke R & Leden H von & Moore P,** 1959, 'Laryngeal Vibrations: Measurements of the Glottic Wave. Teil II: Physiologic Variations', *Arch. Otolaryngologica,* Bd. 69.

**Timcke R & Leden H von & Moore P,** 1960, 'Laryngeal Vibrations: Measurements of the Glottic Wave. Teil III: The Pathologic Larynx', *Arch. Otolaryngologica* Bd. 70.

**Titze IR & Talkin DT,** 1979, 'A theoretical study of effects of various laryngeal configurations on the acoustics of phonation', *The Journal of the Acoustical Society of America*, Bd. 66.

**Titze IR,** 1979, 'Comments on the myoelastic-aerodynamic theory of phonation', Kongressbericht des *9. Internationalen Kongresses für Phonetik, Bd. 1*, Institut für Phonetik, Universität Kopenhagen, Dänemark.

**Titze IR & Luschei ES & Hirano M,** 1989, 'Rôle of the Thyroarytenoid Muscle in Regulation of Fundamental Frequency', *Journal of Voice*, Bd. 3, No. 3.

**Tonev P,** 1994, 'Speech Control, Correction, and overcoming Stuttering: A Solution by perfectly mastered Breathing', *Kongressbericht zum 1.Weltkongress für Stotterer,* Bd. II, München, Deutschland.

**Wendler J & Seidner W,** 1987, Lehrbuch der Phoniatrie, VEB Georg Thieme, Leipzig, Deutschland.

**Wirth G,** 1987, *Stimmstörungen*, Deutscher Ärzte-Verlag, Köln, Deutschland.

**Wyke B,** 1974, 'Laryngeal Myotactic Reflexes and Phonation', *Folia Phoniatrica*, Bd. 26/4.

**Wyke B,** 1974, 'Laryngeal Reflex Mechanisms in Phonation, Loebell E (Herausgeber): *Kongressbericht zum 16. Internationalen Kongress für Logopädie und Phoniatrie*, S. Karger, Basel, Schweiz.

**Wyke B,** 1974, 'Respiratory Activity of Intrinsic Laryngeal Muscles: An Experimental Study', Wyke B (Herausgeber): *Ventilatory and Phonatory Control Systems*, Oxford University Press, Ely House, London, England.

**Wyke B,** 1983, 'Reflexogenic Contributions to Vocal Fold Control Systems', Titze I & Scherer R (Herausgeber): *Vocal Fold Physiology,* 1.Teil, S. 138-141, The Denver center for the Performing Arts, Denver, Colorado, USA.

**Wyke BD & Kirchner JA,** 1975, 'Neurology of the Larynx', Harrison & Hinchcliffe (Herausgeber): *Scientific foundations of Otolaryngology*, Heinemann, London, England.

**Wyke BD,** 1971, 'The neurology of stammering', *Journal of Psychosomatic Research*, Bd. 15.

**Zemlin WR,** 1988, *Speech and Hearing Science – Anatomy and Physiology*, Prentice Hall Inc., Englewood Cliffs, New Jersey, USA.

# Sachregister

# Kurse in der Akzentmethode

## Grund- und Fortsetzungskurse

**Jeder Kurs umfasst 4 intensive Tage mit jeweils 30 Lektionen Theorie und Praxis.**

Die Kurse werden von den Autoren


▶ **Dr. Kirsten Thyme-Frøkjær und Prof. Børge Frøkjær-Jensen**

Dänisches Stimminstitut
Ellebuen 21 · 2950 Vedbæk · Dänemark
Tel: +(45) 4589 1469
Fax: +(45) 4589 1865
E-Mail: KirstenThyme@mail.dk
mail@F-JElectronics.dk


sowie von den durch die Autoren ausgebildeten **Instruktoren in der Akzentmethode** (Dänisches Stimminstitut, Kopenhagen) durchgeführt:

▶ **Karl-Heinz Stier · Logopäde**
Entenweg 3 · 89143 Blaubeuren
Phone : (+49) 7344 55 77
Fax: (+49) 7344 58 88
E-Mail: stier-logopaedie@t-online.de

▶ **Rainer Stückle · Logopäde**
Gymnasiumstr. 19 · 89584 Ehingen
Phone: (+49) 7391 523 94
Fax: (+49) 7391 523 94
E-Mail: Stueckle.Rainer@t-online.de

▶ **Daniela Geier-Bruns · Dipl.-Sprachheilpädagogin**
Dachsweg 26 · 50859 Köln
Phone: (+49) 221 950 21 57
Fax: (+49) 221 950 21 59
E-Mail: geier-bruns@freenet.de

# Anhang

## CD mit Stimm- und Trommelübungen

Um das Verständnis des Therapeuten zu erleichtern, wie die Übungen praktisch umgesetzt werden, haben wir diesem Band eine CD beigefügt. Die CD kann auf jedem CD-Spieler oder Multimedia-PC abgespielt werden.

**Die CD enthält:**

Titel/Spur 1: Stimmübungen im Tempo I, Variation 1

Titel/Spur 2: Stimmübungen im Tempo I, Variation 2

Titel/Spur 3: Stimmübungen im Tempo I, Variation 3

Titel/Spur 4: Stimmübungen im Tempo II, Variation 1

Titel/Spur 5: Stimmübungen im Tempo II, Variation 2

Titel/Spur 6: Stimmübungen im Tempo II, Variation 3

Titel/Spur 7: Stimmübungen im Tempo II, Variation 4

Titel/Spur 8: Stimmübungen im Tempo III, Variation 1

Titel/Spur 9: Stimmübungen im Tempo III, Variation 2

Titel/Spur 10: Trommelübungen im Tempo I, II, III

---